U0051567

我以為
都是
我的錯

那些在親密關係中
無所不在的情感操縱

The
GASLIGHT
EFFECT
by Dr.
Robin Stern

羅蘋·史騰 博士——著　馬新嵐——譯

各界名家的肯定推崇

從社會智能的角度，提供讀者辨識並且對抗情緒虐待的方法……點亮一盞明燈，指引人們脫離關係的陰暗面。

——《EQ》作者／丹尼爾．高曼

本書極富同情心且十分坦誠，這本書就像艱困處境中，那位性格堅定、實話實說的朋友。羅蘋．史騰會讓你知道，在這些毒型關係中你並非孤身一人，她會幫助你辨識自身扮演的角色，以及該如何改變現況，最終你將成為更強大、更有智慧的人！

——《為什麼她們都不跟我玩？》作者／瑞秋．西蒙

本書是求生的必要工具。治療師羅蘋．史騰以清晰、舒心且練達的語調，循序漸進地帶著她遭受心理虐待的讀者踏上旅程，幫助他們找回對生活和命運的掌控力。

——《女人何苦為難女人》作者／菲莉絲．切斯勒博士

強而有力的指南，清楚地說明這種隱性操縱於公於私所帶來的惡果。

——經濟學家、《讓世界看見你》作者／席薇雅．安．惠列

她杜絕情感操縱的策略既實際又完備，將重點放在提升自尊並且設想可能的結果……強烈推薦！

——圖書館雜誌

清楚有力地點出經常被忽略的議題——情緒虐待……我非常確定這本書將會改善許多人的生活。

——美國學業、社會與情緒學習合作協會／琳達・藍提艾里

羅蘋・史騰博士是當今最聰慧的女子之一，我們能從她身上學到許多。

——《怕飛》作者／埃麗卡・容

推薦序

知名記者、女性主義作家／**娜歐蜜・沃爾夫**

有些時候，生命會出現有趣的巧合。

羅蘋・史騰頭一次跟我提起她考慮撰寫關於「情感操縱」的主題，那時我們正看著我的小孩在遊戲區玩耍。遊戲區外有條曲折的小路，一個四、五歲左右的男孩跟在他父親身邊，興高采烈地衝過小路，沒一會兒就絆到幾顆石子狠狠跌倒在地。他顯然很痛，而且很努力忍住不哭。他父親繃緊了臉：「你這回又對自己做了什麼好事？」他怒吼，粗魯地扯著男孩的手臂拉他站好。「我真不敢相信，你實在有夠笨手笨腳，我不是一直叫你要小心嗎？」

那是個糟透了的時刻，我們兩個大人都因為那個父親的表現而瑟縮，他想表達同情，但方法不對。我們不知道是不是應該說點什麼，但是更令人難過的是看著那個小孩，他試著安撫自己，試著讓父親的話聽起來合情合理。我們看得出他正努力解讀父親的話，想辦法讓那些句子聽起來沒那麼殘忍，你幾乎可以聽見他想著，「我太笨手笨腳了，我會覺得痛，並不是因為我父親剛剛傷害了我，而是因為我沒有好好聽父親的話，都是我不好。」

那一刻我催促史騰博士認真考慮她的打算，把這本書寫出來，我很高興她完成了，情感操縱這個主題終於獲得應有的重視與關注，近來也有許多關於這個主題的作品。這些日子以來，大眾更能夠看清情感操縱的真相，不過在上一個世代中，社會對於此類互動方式的接受度更高，特別是聊到教養小孩，大家都把這樣的互動當作「虎媽之愛」或「人格養成」。史騰博士在多年臨床經驗中培養出同情心與深刻的見解，並且特別關心年輕女性的情緒福祉，但她在這本書中所定義與研究的這種特殊情感操縱類型，更為隱蔽且有掌控力的虐待，並非源自於此。她運用更廣泛的經驗來撰寫這個議題，我覺得這是一件好事。

史騰博士與許多年輕女性一同努力，這些聰明的女性個個才華洋溢且滿懷理想，許多人都來自充滿愛的家庭，但卻發現自己身陷於包含某種情感操縱的關係之中。她所做的事非常神奇，不但幫助她們憶起並找回失去的力量與自尊，還在過程中討回自己的生活。過去僅有部分年輕女性受惠於她的智慧，如今全國的讀者都能從中獲益。史騰博士將解說如何辨識這種暗中進行的情緒操縱與虐待，以及如何抵抗這樣的情況。如果年輕女性希望捍衛自身的情緒健康，阻止他人操縱或控制，那麼對她們來說這本書將是非常重要的工具，她們將能夠選擇有助於自身發展的親密關係。

我曾親眼看著史騰博士引導年輕女性，所以很清楚她的能耐，她提出的「煤氣燈效應」見解對於改善情況有非常大的助益，但我認為她的發現不僅只於應用在女性身上。如果在小時候曾經受到來自成年人的情感操縱，那麼長大之後不分男女都會有相似的舉動。即便本書多數的範例都是取自史騰博士的實務研究，例子多是關於受虐女性，但我同樣也見過數不清的男性在聽過史騰博士的研究主題後，他們便敞開心胸，描述自己為了脫離從這種有害的互動關係所經歷的掙扎。而且聽過她的分析之後，他們感到多麼如釋重負和輕鬆自在。為人父母者尤其應該閱讀此書：我們太容易下意識地傷害孩子的自覺，或是操縱孩子的情緒。無論立意多麼良善，我們還是很可能會不經意地傷害自己所照顧的孩子，或者操縱他們的情緒，我們越能注意到這個事實，對我們的下一代就越好。

本書的讀者很幸運能擁有史騰博士這樣的心理治療師，她非常在意患者的心理成長與個人發展，每一頁都是誠心寫成。更重要的是，每一頁都讓我們更接近公園裡那個小男孩，讓我們能真正弄懂發生了什麼事，也更了解那些跟小男孩心有同感的成年人。

本書會幫助許多人找到新的自尊與力量。

獻給我的患者、學生、我所指導過的年輕人，以及每個與我一同踏上這段旅程的人。

我要向你們致上深深的謝意，

謝謝你們一起邁向不被情感操縱的生活，你們都是我的老師。

同時要獻給我的孩子們，史考特和梅莉莎，你們「永遠」是我最特別的「禮物」。

目錄

前言

這個概念的時代已經來臨

這陣子幾乎每隔幾天就聽見「情感操縱者」（gaslighter）這個名詞。在Google搜尋會立刻看見十幾篇文章標題寫著：「跟情感操縱者交往的八個徵兆」、「情感操縱者是否意識到自己的所作所為？」「情感操縱（gaslighting）：每個人都應該知道的心理遊戲」。俗語辭典有一條關於「情感操縱者」的定義，甚至我們那位四十五歲的總統也被稱為情感操縱者。

不過我十年前寫下這本書時，儘管這個現象本身隨處可見，但事實上根本沒人知道這個詞。我寫道：「情感操縱」是一種情緒的操縱，操縱者試著說服你，讓你懷疑自己記錯了、搞錯了，或者想錯了自己的行為或動機，這麼一來就會在你的心中埋下疑問，讓你感到脆弱與困惑。操縱者可能是男性或女性、配偶或情人、老闆或同事、父母或手足，不過他們都有共同點：讓你對自己的認知充滿疑問。情感操縱這件事永遠都需要兩個人才能發生，操縱者會加諸困惑與懷疑，被操縱者則願意懷疑自己的感受，好讓這段關係持續下去。

就我看來，雙方都該為情感操縱的本質負責。這不只是情感操縱，這是一段雙方共同經營的關係，我稱之為情感操縱雙人舞，因為這件事需要兩個人的積極參與。沒錯，操縱者讓被操縱者懷疑自己對於現實的認知，不過被操縱者也同樣對操縱者心懷期望，希望對方能依照自己期望的樣貌看待自己。

「你漠不關心。」操縱者可能會這麼說，被操縱者不會只是笑著回應：「我想那是你的看法吧。」被操縱者會覺得自己被迫堅稱：「我才不是！」因為被操縱者很在乎操縱者如何看待自己，除非說服對方自己並非漠不關心，否則無法善罷干休。

「我真不懂你怎麼能這樣亂花錢。」操縱者可能會這麼說。被操縱者無法輕鬆地回應：「這個嘛，每個人的想法都不一樣，再說這些是我的錢」，然後繼續過自己的生活。不過被操縱者可能會花上好幾個小時的時間，痛苦地自省，拚了命想知道操縱者說的是否沒錯。

就像我在本書開頭寫到的：

「煤氣燈效應」是兩人互動關係的結果：操縱者需要身為正確的一方，如此才能保護他的自覺並且保有對世界的掌控力，被操縱者則會將對方理想化，允許操縱者定義自身對現實的感受，以獲得對方的讚許……（若是）你自己認為自己不夠好，即使只有一小部分的自己這麼想，那麼你就可能會被情感操縱。操縱者將會利用這份脆弱感，使你懷疑自己，這樣的情況將一再重演。

某些時候被操縱者所面臨的懲罰不僅只是得不到贊同，或許被操縱者與操縱者正一同撫育小孩，並覺得自己在經濟上和情感上都無法成為單親家長；或許操縱者是老闆，被操縱者害怕轉換老闆或者離開現在的工作將影響職業生涯；操縱者也可能是親戚或者老朋友，被操縱者害怕會影響家族或者社交圈。操縱者影響被操縱者的方式還有一種，我稱之為「情緒末

日」，火力全開的辱罵、自殺威脅，或者是大吵一架。這些都非常令人沮喪，為了避免這樣的事態，被操縱者幾乎什麼都願意做。[1]

無論是怎麼樣的懲罰，情感操縱這件事端賴雙方的參與。操縱者得對自己的行動負責，不過被操縱者也該負起自己的責任。被操縱者之所以容易受到影響，來自於內心需要將操縱者理想化，並且得到認同，或者因為被操縱者不計任何代價也要保住這段關係。

共同參與是件好事，因為這表示被操縱者握有自身牢房的鑰匙。一旦了解狀況，就能從心中找回勇氣與理智，來抵抗操縱者扭曲現實的行為，不因此抓狂，並能堅守自己對現實的解讀。只要被操縱者信任自己的觀點，就不再需要外來的認可，無論來自操縱者或其他人。

當我們從個人角度，例如愛情、友情、工作和家庭，來思考情感操縱這件事，我相信這樣的敘述依然成立。「煤氣燈效應」的核心在於情感操縱雙人舞，這場舞需要雙方的投入。

發現「煤氣燈效應」

生活中隨處可見的情感操縱場景給了我這本書的靈感，那些場景發生在我的患者、我的朋友，還有我自己身上。我觀察了一個又一個情感操縱模式，最有自信的女性也會被這種潛

1. 當然，若是操縱者出口威脅或者施行肢體暴力，那麼被操縱者又會出現另一個弱點，此時她最優先的考量通常不會是結束這段情感操縱關係，而是保障她自己與孩子的安全。

藏的模式削弱自尊心，最終將會走向跟我第一段婚姻同樣的結局。我發現被操縱的女性們（無論是我的患者或朋友）都稱職又能幹、才華洋溢且又迷人。但是她們卻不知怎麼地（在家裡、在職場，還有在自己的家族裡）困在某段關係中，而且即便她們的自覺已經受到了前所未有的磨耗，她們卻似乎無意離開這些關係。

在最輕微的狀況下，情感操縱也會讓受影響的女性們坐立難安，思索著她們為什麼總會搞砸；她們的伴侶似乎是「好人」，但為什麼跟他們在一起的時候自己並不真正快樂。在最糟糕的狀況下，情感操縱會引發嚴重的沮喪感，過往堅強又有活力的女性變得自卑、痛苦，並且自我厭惡。無論身為治療師，或者在我的私人生活中所見，情感操縱的威力總是令我驚訝，它竟能引發那麼強烈的自我懷疑，並讓人對現實感到麻木。

我尋找著可以定義此種特殊虐待模式的方法，但無論是在大眾文化或者專業領域，我都沒有看到對於這種現象的敘述。我從電影《煤氣燈下》（Gaslight）找到靈感，這部一九四四年上映的電影由英格麗．褒曼、查爾斯．博耶和喬瑟夫．考登主演。在電影中，博耶飾演浪漫的男主角漸漸說服褒曼，讓她相信自己快瘋了。他會問起自己送給她的小胸針，然後看著她因為找不到東西而焦慮，因為她很確定自己把胸針收在包包裡面，博耶就是從包包裡拿走了胸針。「親愛的，妳真是健忘。」他會這麼堅稱。「我才不健忘。」褒曼的角色會這麼回應他，但她很快就開始相信博耶對事情的描述，而不再相信自己的感受，她也無法信任自己的記憶或者見解。

博耶在電影中的角色想要褒曼繼承的遺產，有意誘使對方覺得自己發瘋了，說服她不要

相信自己的看法，結果真的讓她發了瘋。在現實生活中，操縱者很少意識到他們自己的行為。操縱和被操縱雙方的舉動似乎都出自難以抗拒的衝動，雙方完全倚賴他扭曲的觀點，再加上她越來越相信他是正確的，結果將彼此困在致命的情感操縱雙人舞中。我找不到任何一本探討這種特殊情感操縱模式的書籍，至少沒有其他人清楚指出這種情況，並提供明確的建議，幫助被操縱者打破這個迷咒，重新找回自尊心。因此我為這個現象命名，並寫下這本書，得到的回應讓我感到訝異。

新的患者一個接一個出現在我的辦公室，堅稱我的書中所描述的正好就是他們的情況。「你是怎麼知道我所經歷的這一切？」他們說道。「我以為我是唯一一個！」我以為跟另一半關係良好的朋友對我傾訴，她們被情感操縱了，或者他們在前段關係中、在職場上、在家庭中成了被操縱者。同事感謝我為這種新的模式命名，此後他們就可以跟自己的患者討論這樣的情況。這個過去未被命名的現象似乎比我懷疑的更為廣泛。

本書上市後不久，我開始跟同事馬克．貝克特，以及耶魯大學情緒智商中心的院長共同為Facebook提供諮詢服務。社群網站那時才剛開始發展，Facebook的成員擔心易感的年輕人可能會遭受網路霸凌。馬克和我面談了數十位青少年與成年人，我們發展出線上使用規約，提供回報檢舉制度，我們解決了許多形式的霸凌，包含散布謠言、不友善的言論、非法跟蹤或騷擾，並且徹底排除恐嚇言論。

我們在全國各地的學校教授情緒智商課程，這份工作以及替Facebook所做的服務揭露了更多情感操縱造成的糟糕影響。馬克和我聽著一個又一個青少年的故事，他們都不僅只是某個人的被操縱者，他們的生活和Facebook上的朋友中有數十個操縱者。如果朋友為了些小事悶悶不樂，一個年輕女生可能會說朋友「太敏感」，然後就會有二、三十人按「讚」，或者補上更多的批評。這種情感操縱帶來驚人的加乘效果，目標人物現在不僅需要面對一位操縱者的操縱，顯然還會相信「她認識的每個人」和幾十個陌生人都認為她「太敏感」。

我們最終讓Facebook成立了霸凌預防中心（Bully Prevention Hub），青少年使用者自此有了可以通報的管道，老師與家長也有了可以開啟談話的主題。我一直很驚訝，情感操縱多麼常被霸凌者當作最偏愛的武器。情感操縱最糟糕的地方在於它難以辨認。你會感受到自己漸漸陷入混亂及自我懷疑，但是為什麼呢？是什麼讓你突然懷疑自己？一個理當在乎你的人怎麼會讓你感覺這麼糟糕？

事實上，情感操縱是種暗中進行的霸凌，通常由配偶、朋友或家人等人所施行，他們即便正在傷害你也會堅稱自己愛你。你知道有些事不對勁，但說不太上來怎麼回事。「煤氣燈效應」這個詞彙給了這種虐待一個稱呼，讓你可以看清你的男友、你的瑪莎阿姨，或者你號稱摯友的人到底在做什麼。馬克和我不斷地提醒我們的學生：「你必須先為它命名才行。」

新聞中的情感操縱

我的書出版兩、三年之後，我偶爾會看到用到這個詞彙的文章。舉例來說，在《新聞週刊》（The Week）中有篇《00:30凌晨密令》（Zero Dark Thirty）的影評，文章中把某種特定的審訊技巧歸類為某一種類型的情感操縱，嫻熟的審訊者信心十足地提起從未發生過的事件，誘使囚犯疑惑自己記憶的正確性。審訊者很清楚僅有少數事情能產生這種擾亂效果，讓你開始懷疑自己對現實的理解，情感操縱甚至比肢體暴力更能扭曲你的心智。

在此同時，無論主題是探討個人或職場的關係，越來越多的部落格文章將情感操縱與霸凌連結。大衛．山田在他的部落格Minding The Workplace中問道：「情感操縱是不是具有性別色彩的職場霸凌行為？」而許許多多的約會與自救部落格都談到了情感操縱的重要性，如何辨識情感操縱，以及如何挺身對抗操縱者。維基百科甚至為情感操縱下了定義，並且將我的書列為延伸閱讀。

不過情感操縱真正引起眾人關注是在二〇一六年，那年三月，喜劇演員兼HBO脫口秀節目主持人約翰．奧利佛宣稱唐納．川普對他進行情感操縱。這個故事乍看之下似乎相當單純，唐納．川普聲稱奧利佛邀請他上節目，但他拒絕了邀約。「約翰．奧利佛叫他的員工打給我，請我去上他那非常無聊而且評價很差的脫口秀。」川普的推文寫道。「我回答，『不了，謝謝』，它會浪費我的時間和精力！」

不過劇情在這裡發生了轉折：奧利佛從未發出邀約。他沒興趣邀請川普擔任節目的嘉賓，為什麼他會邀請對方呢？

奧利弗試著澄清真相，川普則擴大事態，在電臺訪問中，他堅持自己不只被問過一次，而是四、五次。

這下子，你可能覺得奧利佛會聳聳肩，將那條推文加進他公開播放的獨角戲裡面，或許會跟自己的員工笑談此事。但是奧利佛坦承，他真的開始懷疑自己身處的現實世界。川普似乎非常確定自己那個版本的事發經過，或許奧利佛真的邀請過他上節目。

「身為謊言的接收者真的會覺得很混亂，而且說謊的人還說得這麼有信心。」奧利佛在節目上說道。「我甚至檢查了一下，確定沒有人不小心邀請了他，當然囉，他們沒這麼做。」

約翰．奧利佛是喜劇演員、脫口秀主持人、左派自由主義評論家，絕對不需要唐納．川普的認同。他不介意川普對他的看法，也不介意他們將來的關係會變得如何。川普對他在情感上、財務上都沒有控制力。從各方面看來，約翰．奧利佛都是個自信十足的人，而且牢牢地掌握著自己對於現實世界的觀點。

但是不知怎麼地，川普還是成功讓他產生懷疑，而且是關於自己是否邀請川普上節目這麼確定的記憶。按照《赫芬頓郵報》（Huffington Post）的資深記者梅莉莎．傑頓的說法，「川普講得那麼興致勃勃，以至於儘管奧利佛清楚川普在說謊，他仍忍不住開始懷疑自己所知是否為真，這就是情感操縱的威力。」

傑頓為了撰寫這篇報導真的採訪過我，在這篇報導及其他的採訪中，我證實奧利佛的說法，川普就是活生生的情感操縱教材。「如果你不為自己的行為負責，或者意圖將責任轉嫁，或在別人質疑你的行為時削弱對方的信心，這就是情感操縱。」我這麼告訴她。

突然之間，到處都是這個詞：CNN、《青春時尚》、《美髮》，還有數十個不同的網頁文章、社群網站貼文，以及部落格文章。突然之間，大家都在聊情感操縱。

《我以為都是我的錯》再版

我的出版社表示他們想要再版這本書，我認為這是個好機會，我可以重新思考這本十年前寫成的書。身為一個執業中的治療師、Facebook的諮詢顧問，以及近期在耶魯大學情緒智能中心的工作，現在我對這本書有什麼看法？

我重新讀過整本書，我很高興可以向各位報告，這本書的觀點完全站得住腳。我不覺得需要改寫任何部分。跟十年前相比，我甚至更強烈地感受到，一個人的態度越是確定，或者該說他的自戀傾向越是強烈，他就越能堅持自己認定的現實，無論有多少人挑戰他的看法都沒有用。強烈的自戀心態讓他們無法認真看待他人，也不把他人對世界的看法放在心上。若是其他人跟他們有不同的想法，可能會激怒自戀者，許多操縱者的反應模式就是如此。不過那樣的憤怒不是出自他們對自己是否正確的懷疑，純粹因為他們無法忍受不能完全掌控的感覺。換句話說，你無法讓操縱者被情感操縱，或者至少可以說，針對置身「煤氣燈效應」中的人，很難再對他們情感操縱。

不過對我們其他的人來說，保持自己的世界觀更是困難，我們質疑自己，不確定自己的所見所聞。某種程度上，我們的謙虛和自覺使得我們較容易受到影響，較有自戀傾向的人可能不會如此。我們從小就被教育，其他人的看法有時會比我們自己的判斷更為正確。當我們太常聽到有人說「黑就是白」或者「上就是下」，很難不問問自己，他們是否知道什麼我們不清楚的事。

在這本書中，我提出一個我仍然認為很可靠的療法：我稱之為「看看你的情感空服員」。就跟搭飛機一樣，空服員的表現示意這次的傾斜是小亂流，還是一場大災難的序曲；同樣地，你人生中的「情感空服員」將會幫助你看出新男友只是今天過得不順利，還是正持續某種形式的虐待。若你開始懷疑自己對現實的觀感，你的情感空服員（朋友、家庭成員，甚至治療師），都可以幫助你完成正確的評估。

同樣地，面對政治或者社會上的情感操縱，或許我們都得成為彼此的情感空服員。我們需要全部動員，找到值得信任的新聞來源、足以參考的分析，以及禁得起仔細審視的事實。我們無法獨立完成，我們需要可以信賴的「專家」，也需要信任對方見解的朋友、鄰居、家人和同事。情感操縱極為容易令人混亂，或許需要傾眾人之力去找到共同的堅實基礎。

在此同時，若你的生活中，你自己或者任何認識的人正在一段情感操縱的關係中苦苦掙扎，這本書將會幫助你理解、重新思考，最終獲得自由，無論這代表著改善關係，或者永遠離開一段關係。在我畢生職涯中，我的目標一直都是幫助人們活得更有同情心，能夠有效地達成目標，充滿創造力，並且心滿意足。不過如果你活在一段情感操縱關係中，你永遠會在事後批判自己的回應，不斷為了自己感受到的失敗而道歉，你永遠無法那樣生活。就如同我十年前寫下的：

……你內心深處擁有一股力量，能夠讓自己脫離「煤氣燈效應」。第一個步驟就是注意到自己在情感操縱關係中的角色，你本身的行為、渴望以及發揮想像力的方式可能會讓你理想化自己的操縱者，並且尋求他的認同。

你的旅程就要展開，本書在此為你服務，幫助你度過每個階段。踏上這趟旅途需要勇氣，你們即將學會這一切，而我十分期待。

第一章

什麼是「煤氣燈效應」？

凱蒂是個和善開朗的人，她走在路上時總會對每個人微笑，她是個業務，也就是說她經常跟不同的人聊天，她也熱愛這麼做。這位外表迷人的女性已經快滿三十歲了，她花了好一段時間約會，才終於跟現任男友布萊恩穩定交往。

布萊恩很討人喜歡，他充滿保護慾而且體貼，不過同時也滿懷焦慮與恐懼，對所有剛認識的人都抱持戒心。他們倆如果一起出門散步，凱蒂會表現得外向健談，很容易跟路人聊起來，無論是停下來問路的先生，或者牽著狗走過他們眼前的小姐。不過布萊恩卻不停批評，她難道看不出來大家都在笑她嗎？她以為他們喜歡這些閒聊，但他們其實都在翻白眼，不知道她為什麼講個不停。至於跟他們問路的先生，只是想要追她，她真該看看自己轉身的時候，對方不懷好意的眼神。再說，她這麼做真的很不尊重他這個男友，她跟每個路過的男人眉來眼去的，有沒有想過他做何感想？

起初凱蒂對男友的抱怨一笑置之，她告訴他，自己這輩子都是這樣，而且她很喜歡當個親切友善的人。但聽了數週持續不斷的抱怨之後，她開始懷疑自己，或許大家真的在笑她，也不懷好意地瞄她；或許她真的在賣弄風情，還讓她的男友難堪，這麼對待愛她的男人真是糟糕！

到了後來，當凱蒂走在街上，她無法決定該如何表現。她不想放棄自己待人處事的方式，她想表現得溫暖友善，可是這下子，只要她對陌生人微笑，她就忍不住想像布萊恩會怎麼想。

麗茲擔任一間大型廣告公司的高階經理，她是個四十好幾的時髦女性，結婚二十年，沒有小孩，夫妻關係十分穩定，她非常認真工作，格外努力地投注於自己的事業，終於得到今天的地位。她幾乎快要達成自己的目標，有望接管公司在紐約的辦公室。

然後有個人在最後一刻接下了職務，麗茲嚥下自己的驕傲，盡力提供對方所需的協助。一開始，新任的老闆看似迷人且滿心感激，但麗茲很快就注意到自己被排除在重大決策之外，也沒人邀請她參加重要會議。她聽到傳言，有人告訴客戶她不想接他們的工作，建議客戶可以改找她的新老闆。她跟同事抱怨這件事，他們卻困惑地看著她，「可是他總是把妳捧上天。」他們強調著。「要是他打算弄走妳，他幹嘛說那些好話？」

麗茲最後總算跟她老闆當面對質，他舌粲蓮花地解釋了每個狀況。「好囉。」這場會議的結尾，他和藹地說道。「我認為妳對於一切太敏感了，或許可以算是有點疑神疑鬼，妳要休息幾天放鬆一下嗎？」

麗茲感覺自己完全無能為力，她很清楚有人蓄意針對她，可是為什麼只有她這麼想？

米契爾是二十幾歲的研究生，他希望能成為電子工程師，他身材高高瘦瘦，個性有點害羞，花了很多時間尋覓適合的女性，目前剛開始跟某個他真的很喜歡的人出門約會。有一天，他女友溫和地點出米契爾仍然穿得像個小男孩，米契爾覺得非常尷尬，但他了解她的意思，所以去了趟附近的百貨公司，請私人購物專家幫他挑了全套的衣服，這些服裝讓他覺得自己很不一樣，老練世故、充滿魅力。搭公車回家的路上，他很享受女士們投來的讚賞目光。

可是等他穿著一身新行頭來到父母家吃週日晚餐時，他的母親卻爆笑。「哦，米契爾，這身打扮完全不適合你，你看起來好可笑。」她說道。「拜託你！親愛的，下回你去購物時，讓我幫幫你。」米契爾覺得很受傷，並要求母親道歉，她卻憂傷地搖搖頭。「我只是試著幫忙。」她說道。「我倒希望你能向我道歉，因為你用那種口氣跟我講話。」

米契爾有點糊塗了，他喜歡自己的新衣服，但或許他的確看起來很可笑，此外，他真的對母親很無禮嗎？

了解「煤氣燈效應」

凱蒂、麗茲和米契爾有一個共同點：他們都承受「煤氣燈效應」的折磨。「煤氣燈效應」是兩人互動關係的結果：一位操縱者，他需要知道自己是對的，才能保護他的自覺，並保有對世界的掌控力；以及一名被操縱者，他會將對方理想化，允許操縱者來定義他對現實的感受，以獲得對方的讚許。操縱者和被操縱者不限性別，任何關係都可能發生情感操縱狀況。不過我會稱呼操縱者為「他」，被操縱者為「她」，因為這是我在實務中最常見到的組合。我會探索各種關係，朋友關係、家庭關係、上司和同事的關係，不過我最關注的是男女之間的浪漫關係。

舉例來說，凱蒂的操縱者男友堅信世界是個危險的地方，而凱蒂的行為既不適切還很遲鈍。當他有壓力或覺得受到威脅，他就必須在這個議題上成為正確的那一方，他必須讓凱蒂同意自己是正確的。凱蒂珍惜這段關係，不願意失去布萊恩，所以她開始從他的觀點來看待事物，或許他們碰到的人真的在嘲笑她，或許她真的在賣弄風情，情感操縱就這麼開始了。

同樣地，麗茲的老闆強調自己真的很在乎她，她心中的任何疑慮都是因為太疑神疑鬼。麗茲希望老闆對自己的評價良好（畢竟她的職業生涯出現危機），所以她開始懷疑自己的認知，試著接受他的看法。不過老闆看待事情的方式對麗茲來說並不合理。如果他沒有蓄意針對她，那麼她為什麼沒能參與那些會議？為什麼她的客戶不回她電話？為什麼她覺得這麼憂慮與困惑？麗茲很容易信任他人，所以她就是無法想像有人會這樣明目張膽地操縱他人，但她老闆似乎就是這種人。她肯定做了什麼，讓他覺得有必要對她這麼差勁。她非常希望她老闆是對的，但內心深處知道他並非如此，這種衝突讓麗茲十分迷惘，她不再相信自己所見，也不相信自己的認知，她徹底被操縱了。

米契爾的母親堅稱自己有這樣的資格，她想對兒子說什麼都行，如果他有任何異議就是沒禮貌。米契爾希望母親是個和善可愛的人，而不是個會對他說刻薄話的人，因此在她傷害了他的感受時，他責怪的是自己而非母親。米契爾和他的母親都同意：母親是對的，米契爾是錯的，他們攜手創造了「煤氣燈效應」。

沒有錯，凱蒂、麗茲和米契爾都有其他的選擇，凱蒂可以不管她男友的負面評論，要求他不要再這樣講話，或者用最後一招，跟他分手。麗茲可以對自己說：「哇，這個新老闆真是一絕。不過，或許他用滿嘴好話哄過了公司裡每一個人，但我可不會上當！」米契爾可以冷靜地回應：「抱歉，媽，但妳才是那個欠我一句道歉的人。」他們全都可以選擇不一樣的做法，基本上就是，他們情願得不到操縱者的認可，重點在於他們清楚自己是個很好、很能幹而且值得被愛的人。

如果這三位被操縱者能夠採取這樣的態度，就不會被情感操縱了。或許他們的操縱者還是會表現得很差勁，不過他們的舉止將不再有這麼嚴重的影響力。情感操縱只有一種狀況下才能發揮效用，那就是你相信操縱者所說的話，也需要他對你有正面想法。

問題在於，情感操縱是暗地進行的，它要弄我們最深沉的恐懼、最焦慮的想法還有最隱密的希望，我們想要被人理解、受到感謝，並且被愛。只要我們信任、尊重或者深愛的人很確定地開口（尤其當他的話語中有那麼一丁點的真實，或者他命中了我們特別焦慮的議題），我們很難不相信他。只要我們將操縱者理想化，只要我們意圖將他視為我們此生摯愛、值得欽佩的老闆，或者很棒的家長，那麼我們就更難堅持自己對現實的解讀。我們的操縱者需要處在正確的一方，我們需要贏得他的贊同，情感操縱因此繼續發生。

沒有錯，你們沒人意識到究竟發生了什麼事。操縱者可能真心相信他告訴你的每一句話，或者他只是不希望你害了自己，別忘了：他的動力是來自於自己的需要。你的操縱者或許看起來是個強大威猛的男人，他也可能看起來像個沒有安全感又愛發脾氣的小鬼，無論是哪一種，他都覺得脆弱無力。為了保有掌控力與安全感，他必須證明自己是正確的，他必須讓你同意他。

同時，儘管你自己可能沒有察覺到這一點，但你將自己的操縱者理想化，所以非常渴求

他的認同。但若是你認為自己不夠好，即使只有一小部分的自己這麼想，那麼你就有遭受情感操縱的可能性。操縱者將會利用這份脆弱感，使你懷疑自己，這樣的情況將一再一再重演。

你被情感操縱了嗎？

打開情感操縱雷達，檢查以下二十項洩密的徵兆。

情感操縱或許不會包含下列所有狀況與感受，但若你發現自己具有以下任何一種情況，請特別留心。

1. 你總是會在事後批評自己。
2. 一天下來，你會問自己好幾次：「是我太敏感了嗎？」
3. 工作時，你時常覺得困惑，甚至覺得自己快要發瘋。
4. 你總是在對你的父母親、伴侶或老闆道歉。
5. 你常常想著自己是不是個「夠好」的伴侶／員工／朋友／孩子。
6. 既然你的生活中有這麼多好事，你不懂自己為什麼沒那麼開心。
7. 你買自己的衣服、自己公寓裡的家具，或者其他私人物品時，都掛念著你的父母，想的是對方可能會喜歡什麼，而不是買什麼會讓自己開心。

8. 你時常需要對朋友和家人解釋伴侶的舉止。
9. 你對朋友和家人有所保留，這樣一來你就不需要解釋，也不用找藉口。
10. 你知道狀況非常不對勁，但你沒辦法表達到底怎麼回事，就連對自己也說不上來。
11. 你開始說謊，這樣就不用聽到奚落或者扭曲事實的話。
12. 你難以作出簡單的決定。
13. 你提到看似單純無害的聊天主題之前會先考慮。
14. 你的伴侶到家之前，你會在腦海中檢查過一遍自己那天可能犯了什麼過錯。
15. 你發覺自己過去是個非常不一樣的人，更有自信、更風趣、更放鬆。
16. 你開始透過老公的秘書傳話，因為你擔心某些事可能會讓他不開心，這樣一來你就不用親自告訴他。
17. 你覺得自己好像什麼事都做不好。
18. 你的孩子試著保護你，避免你的伴侶傷害你。
19. 你過去總是跟這些人相處愉快，但現在卻發現自己很氣他們。
20. 你感到絕望，而且不快樂。

我是如何發現「煤氣燈效應」

過去二十年來我都在私人診所擔任治療師，同時也是老師、領導力培訓師、顧問，並任職於伍侯領導力中心（Woodhull Institute of Ethical Leadership），這些工作讓我能夠針對各個年齡層的女性展開培訓計畫。在這些領域中，我不斷遇到強大、聰明而且事業成功的女性，但我總是聽到同樣的故事。不知怎麼地，這些自信且成就不凡的女性中，許多人的親密關係都令人沮喪、對自己有不良影響，而且讓人不知所措。即便朋友和同事都認為這個女生獨立幹練，但她卻覺得自己很無力，無法相信自己的能力，也無法信賴自己看待世界的觀點。

這些故事的相似之處令人不適，我不僅是以專業治療師的身分傾聽她們的故事，也逐漸了解到她們反映出我的朋友與我自己的經驗。每個個案中，看似強大的女性和愛人、配偶、朋友、同事、老闆，還有家族成員之間的關係，使得她開始質疑自己對於現實的感受，並讓她感受到焦慮、困惑，以及深深的沮喪。由於這些女性在其他領域如此有力且沉穩，這些關係更顯得異乎尋常。不過總有這麼一個特別的人（愛人、老闆，或是親戚），就算他對她的態度越來越糟，但她還是想得到對方的認可。後來我終於將這種痛苦的狀況命名為：「煤氣燈效應」，來自一部名叫《煤氣燈下》的老電影。

這部一九九四年上映的經典電影是講述寶拉的故事（英格麗．褒曼飾演），這位年輕易感的女性嫁給了貴格利，他是一位充滿魅力而且有點神秘的年長男子（查爾斯．博耶飾演）。寶拉不知道的是，她深愛的丈夫為了奪取她繼承的遺產，試圖讓她發瘋。他不停地說她身體不好、非常虛弱，他會重新布置家裡，然後指責她亂弄一通，而最有心機的一招是調整她的煤氣燈，如此一來她就會看到燈光無緣無故地變暗。在丈夫的陰謀詭計影響之下，寶拉開始相信自己快要發瘋了，她既混亂又害怕，於是開始出現歇斯底里的行為，結果就像他不停灌輸她的觀念，她真的成了一個虛弱、迷失自我的人。這是個不停惡化的循環，她越是懷疑自己，就變得越混亂與歇斯底里。她渴望丈夫能夠認同自己，告訴自己還是愛她，但他總是拒絕，堅稱她瘋了。只有在警官告訴她，他也看見燈光變暗之時，她才恢復理智與自我肯定。

《煤氣燈下》說得很清楚，情感操縱關係永遠都需要兩個人參與。貴格利需要誘導寶拉，如此一來他才會覺得自己強大而且能掌控情況，但是寶拉同時也急著被誘導。她把這個強壯英俊的男子理想化，她非常想相信他會珍惜她、保護她。他開始出現不對勁的舉動時，她沒能因此指責他，或者改變對他的看法，寧願維護丈夫完美浪漫的形象。她對自己沒有安全感，又把他想得太美好，兩者都替對方的操縱手段提供了極佳的切入點。

在《煤氣燈下》這部片中，操縱者追求的東西很實際，他知道自己想要讓老婆發瘋，如此一來就能夠得到她的財產。現實生活中這麼邪惡的操縱者很少見，雖然他們的行為可能真的很差勁。若從操縱者的角度思考，他只不過是在保護自己。操縱者的自覺有太多缺陷，這讓他無法忍受自己看待事物的角度產生任何一點改變。無論他決定怎麼看待這個世界，你也必須有相同的看法，否則他就會被龐大的焦慮感折磨。

假設你在派對上對別人微笑，你的操縱者會覺得不安。沒有被情感操縱的人可能會說：

「對啊，我是會吃醋的類型」或者「親愛的，我知道你沒做錯什麼，但是看到你跟別的男人相處得這麼開心，我都快瘋了。」至少他會把自己的不安歸因在眼前的情況，或者會想到自己的不安全感。就算你真的跟別人眉來眼去（就算你很誇張地跟別人眉來眼去），非操縱者發現這件事的時候，就算不喜歡你的行為，或許會要求你停止這種行為，但他還是有可能明白你的舉止不是想羞辱他。

但是操縱者永遠不會想到這些，不認為這跟自己的嫉妒心、不安全感或者多疑有關。他堅信自己的解釋：他心情不好是因為你愛招蜂引蝶。他也不會滿足於僅僅知道這一點，他必須讓你也同意這個看法，如果你不同意，將會面對好幾個小時的憤怒、冷戰、心痛的感覺，或者看似莫名其妙的批評。（「我不懂耶，你怎麼看不出來你傷我有多深，難道我的感受對你來說根本不重要嗎？」）

但這個舞步需要兩個人的參與，得有個心甘情願的被操縱者，情感操縱才會開始，某個將操縱者理想化的人，並且強烈地渴望他的認可。如果你不打算被操縱，那麼聽到愛吃醋的男友亂說你招蜂引蝶，你可能就笑一笑，然後把這些批評拋到腦後。不過要是你無法忍受他對你有這種錯誤的看法，那麼你可能會開始跟他吵，試著改變他的心意。（「親愛的，我沒有招蜂引蝶，那完全就是個單純的微笑。」）就如同操縱者非常希望女友道歉，被操縱者也非常渴望男友的認同。為了讓男友開心，她可能什麼都願意，包括接受他對她挑剔的負面看法。

情感操縱：每下愈況

情感操縱往往會有幾個階段。一開始，事件可能相對輕微，真的，你甚至可能沒注意到。男朋友說你故意破壞他的形象，參加他公司的派對還遲到，你認為這是因為他太緊張了，還假設他並不是真的有那樣的意思，或許甚至開始懷疑自己是不是故意破壞他的形象，但沒過多久就沒放在心上了。

但是你的生活終究是被情感操縱占據了更大的空間，你無暇他顧，難以抵抗它對情緒的影響。最後，你陷入了完全的沮喪，感到絕望且不快樂，甚至記不得自己曾經是怎樣的人，忘記你擁有過自己的看法與自覺。

沒錯，你或許不會三個階段都經歷，不過對很多女生來說，情感操縱的狀況每下愈況。

第一階段：懷疑

第一階段的特點是懷疑，你的操縱者說了句誇張的話（「那個跟我們問路的人其實只是想要把你拐上床！」），你簡直無法相信自己的耳朵。你覺得對方誤會了，也許他真的誤會，也許他只是在開玩笑。這件事聽起來太過離奇，你可能就算了。你或許會試著糾正對方，但不會花很多力氣，你甚至可能會吵上很長一段時間，但還是很確定自己的看法，雖然你會想得到操縱者的認可，不過還不是非常渴望。

凱蒂有好幾週都維持在這個階段，她一直試著說服男友，他誤會她了，也誤會了她遇到的那些人，她沒有跟人眉來眼去，也沒人對她送秋波。有些時候凱蒂覺得布萊恩就快懂了，但從未真正成功。接著她開始擔心：是他的問題嗎？還是她的錯？一切順利的時候，他可以表現得非常討喜，但為什麼有時候又這麼奇怪？如你所見，在相對和睦的第一階段中，情感操縱還是會讓你覺得混亂、挫折，還有焦慮。

第二階段：防禦

第二階段的特徵是自我防禦的需求，你尋找證據，想要證明操縱者搞錯了，忍不住一直與他爭辯，而且這些辯論經常發生在你的腦海中，你非常渴望能得到他的認可。

麗茲是第二階段的被操縱者，她只能想著該怎麼做，她的老闆怎麼樣才會跟她有同樣的看法。他們開過會之後，她不停重複著他們之間的每句對話，無論是上班路上，跟朋友吃午餐的時候，還是每晚睡覺前。她需要找到方法，讓他知道她是對的，這麼一來，或許他會認同她的能力，然後一切就會沒事了。

米契爾也處於第二階段，他把母親看得太過理想，所以某一部分的他希望她是正確的。米契爾跟母親衝突過後想著：好吧，我猜我是有點沒禮貌，然後他覺得糟透了，自己是個那麼差勁的兒子。不過至少他的母親沒那麼差勁，他不必為此難過，他可以繼續試著得到母親的認可，而不必承認她的行為不當。

如果你發現自己經常覺得難以釋懷，有時感到還有點絕望，那麼你就是在第二階段。你不再肯定自己能得到操縱者的認可，但你還沒放棄希望。

第三階段：絕望

情感操縱的第三階段是裡面最困難的：絕望。到了此時，你已經主動試著證明操縱者說得沒錯，因為如此一來，你或許就能按照他的方法行事，最終獲得他的認可。不過第三階段令人筋疲力盡，你通常已經累到無力爭辯。

我的患者梅蘭妮完全處在第三階段中，她是個年約三十五歲的美麗女性，在紐約一間大公司裡做市場分析，不過她第一次來見我的時候，我幾乎不敢相信她是個高階主管。她穿著看不出身材的毛衣，筋疲力竭地顫抖著，在我沙發的邊上縮成一團，一邊無法控制地掉眼淚。

她之所以前來諮商，是因為某次她去超市採購發生的事。她在走道間衝來衝去，忙著買齊晚餐派對所需的材料，那晚老公的同事們要來聚餐。喬登要求她準備特製的炭烤鮭魚排，還特別說了他朋友很注重健康，比較希望吃到野生鮭魚，但是梅蘭妮在魚肉區只找到養殖鮭魚。她有兩個選項：購買品質較差的魚肉，或者再想另外的主菜。

「我當場就開始發抖。」她哭得沒那麼厲害之後這麼告訴我。「我只想到喬登會有多麼失望，要是我告訴他我找不到那種鮭魚，店裡沒賣，他臉上會有什麼表情。他肯定會這樣質問我：『梅蘭妮，妳沒想過要早點去嗎？妳之前做過這道菜，知道需要什麼材料。妳一點也不在乎這頓晚餐嗎？我已經跟妳說過這對我有多重要。梅蘭妮，對妳來說到底有什麼事這麼重要，讓妳沒辦法端上這道菜？拜託妳告訴我，我真的很想知道。』」

梅蘭妮深呼吸，然後伸手抽了張衛生紙。「這些問題的重點在於，他永遠不會停止。我試過一笑置之、試著解釋，甚至還道過歉。我試過告訴他為什麼有些事就是行不通，但他從來都不相信我。」她在沙發上縮得更深了點，把圍繞著自己的毛衣扯得更緊。「或許他是對的，我曾經是個很有條理的人，每件事都盯得緊緊的。但是就連我都看得出來，我現在就是一團糟，我不知道自己為什麼再也做不好事情了，我就是不行。」

梅蘭妮是受到情感操縱影響的極端例子，她全盤接受操縱者對自己的負面看法，以至於她再也記不起真正的自我。某種程度上，梅蘭妮說得沒錯：她真的成了她的操縱者一直認為的樣子，一個無助而且無法把事情做好的人。她心目中的丈夫太過理想，她又太渴望得到他的認同，所以他為了一些子虛烏有的事控訴她的時候（這裡的例子是她不在意他的晚餐派對），她也站在丈夫那邊。她需要（或者她認為自己需要）喬登全心全意的贊同，如此她才能感到完整，但是她可能永遠也得不到那份認同，而且還要面對他其實對自己很差勁的事實，相較之下，乾脆放棄然後同意喬登說得都沒錯簡單多了。

情感操縱三階段：曲折的小徑

情感操縱三個階段的惡化絕非無法避免，有些人一輩子都活在第一階段，要不是維持著同一段關係，就是擁有許多令人挫折的友誼、戀愛，或者工作。他們發現自己一次又一次陷入同樣的爭吵，但若是變得太過痛苦，他們就會停止那段關係，接著離開，然後找另一個操縱者重啟循環。

有些人總在對抗第二階段的負面情緒，他們還能過活，不過情感操縱關係消耗著他們的思緒和情緒。我們可能都有至少一個這樣的女性朋友，她的話題只圍繞著瘋狂的上司、糾纏不休的母親，或者粗枝大葉的男友。因為困在第二階段，所以她只能不停重複聊著同樣的話題。即便她其他的關係都棒呆了，但情感操縱會污染一切。

有些時候情感操縱關係（尤其是在情感操縱第二階段）會交替發生，這兩人會輪流擔任操縱者，或者完全轉換角色。跟情緒有關的議題上，你或許會給予伴侶情感操縱的「許可」，舉例來說，如果他說出或者做出某些你不喜歡的事，而你告訴他這些舉動的背後「真正的含意」。與此同時，他或許就能在公眾場合對你的行為舉止發號施令、指控你在派對上講太多話、說你關於政治的發言讓客人坐立不安。你們都希望自己是對的，或者都想得到對方的認可，但是主題並不相同。

同樣的，有些關係好幾個月，甚至是好幾年以來都運作良好，而後才出現「煤氣燈效應」。或許偶有情感操縱時刻，或許一路走來東修西補，但這段關係的本質很健康。後來丈夫丟了工作／朋友離婚／母親因為年齡漸長感到挫折，因為操縱者感受到威脅，開始情感操縱以維持自己的掌控力，結果「煤氣燈效應」就開始了。也或許是因為你覺得受威脅，於是突然變得更渴望贏得操縱者的認可，你急切的渴望使他感覺失去掌控力，所以他必須取回這份權力，方法就是讓你同意（針對某件事，或者每一件事）他是對的而你是錯的，情感操縱就是這麼開始的。

有時你會有這樣的女性朋友，多年來她都是操縱者，對象包括配偶、小孩或者另一個朋友，不過她不會這麼對你。因為不了解其他段關係的狀況，有時你甚至可能會站在她這邊，相信其他人的行為舉止真的非常糟糕。後來丈夫離開了／小孩長大了／其他的朋友厭倦了這樣的虐待，忽然之間，除了你之外她沒有其他的情感操縱對象。因為過去習慣體諒她的抱怨，所以可能要過了好幾個禮拜，甚至好幾個月，你才會注意到自己並不喜歡她現在對待你的方式。

操縱者如果是你多年來信任的對象，比起從一開始就情感操縱的關係，可能會更加削弱你的心智。因為你的信任感有著堅實的基礎，等到別人對你很差，你會更加地不知所措，而且更有可能會責備自己：怎麼可能會是他的問題？肯定是你的關係。

任何一個案例中，情感操縱都可能維持在第一或第二階段，或者在兩個階段間擺盪，這樣就夠折磨了。然而，若是情感操縱進展到第三階段，結果可能會極具毀滅性。到了此刻，情感操縱讓你處於絕望、無助而且不快樂的狀態，就連非常小的事都做不了決定，彷彿在一片廣袤未知的沙漠中遊蕩，沒有地圖也找不到標的。你幾乎記不得自己在情感操縱關係之前的樣子，你只知道事情非常不對勁，很可能是自己的緣故。說起來，要是你真的是個好人、一個真的很能幹的人，你就能獲得操縱者的肯定，不是嗎？

治療過數十個掙扎於這種模式的女人，並且有過親身經歷之後，我能證明「煤氣燈效應」真的會摧毀一個人的靈魂。或許最糟糕的時刻在於，你發現到自己變了那麼多，距離你過去認為的最佳狀態，那個真實的自我，如此遙遠。你已經喪失了你的自信、自尊、想法、勇氣。最慘的是你不再覺得快樂。你只在意一件事，就是讓你的操縱者認可自己。在第三個階段，你開始明白自己永遠辦不到。

三種類型的操縱者

情感操縱有許多種形式。有些看起來很像虐待，不過有些時候，你的伴侶看起來就像個好人，甚至還挺浪漫的。讓我為你說明情感操縱可能會有的樣貌。

魅力型操縱者（The Glamour Gaslighter）：他為你打造出特別的世界

假定你的男友兩週沒打電話給你，而且你還留了很多訊息。後來他現身了，帶著一大束你最愛的花、一支昂貴的香檳，還有去鄉間度過週末的車票。你既生氣又覺得挫折。他到哪裡去了？為什麼他不回你電話？但他不認為自己沒有解釋就消失無蹤有什麼不對勁，還堅持要你跟他一起享受當下的浪漫場景，他創造出的場景。就跟所有的操縱者一樣，他扭曲現實，要求你同意他扭曲的看法，他表現得好像自己沒做什麼不尋常的事，彷彿生氣的你才是不理性的人。然而這樣浪漫誘人的場景可能會掩蓋事實，讓人忽略他的行為有多麼惡劣，你一開始又有多麼難過。

我稱這樣的人為魅力型操縱者，某些人會持續進行這種型式的情感操縱，而某些人（比方凱蒂的男友布萊恩）只有偶爾才會採取這種有魅力的行動，或許某次令人特別心煩意亂的吵架之後。無論是哪一種形式，魅力型操縱者都非常令人困惑，你知道事情不對勁，但你很愛這種浪漫的感覺。你覺得怪怪的，但若是無法讓他同意你的看法，那麼你就會同意他的說法，一切都很好。

我回頭檢視自己和魅力型操縱者的關係，我臣服在他的魔咒之下，進入充滿魔力的世界，而我的愛人跟我是世界上最幸運的愛侶，無人能比。剛開始一段關係時，操縱者通常最有魅力，這樣的特質雖然後續會造成問題，但卻能在初期留下好印象。他讓你覺得自己是世界上最棒的女人／唯一能夠了解他的人／童話故事裡的公主，而且神奇地改變了他的人生。他也會改變你的人生，他會暗示甚至承諾讓你沐浴在愛中、帶你見識美妙的世界、用禮物／親密關係／某種你想都沒想過的殷勤性愛，讓你為他傾倒。你覺得跟他十分親密，覺得自己很棒、很特別。他閃閃發光，你也因為他而散發光芒。對於相信墜入愛河可以很夢幻的女人來說（我們當中誰不偶爾相信這回事呢？），魅力型操縱者會是世界上最吸引人的男子，因為他的專長就是創造這種魔力。

好吧，這樣的畫面有什麼不對勁呢？

沒有錯，墜入愛河有可能是個充滿魔力的經歷，我絕對不想阻止你享受一段新戀曲。不過有些時候，那些最會創造「魔法」的人熱愛的是身處一段關係的概念。他們大量地演練，知道怎麼為他們的浪漫場景搭設舞臺，他們只缺女主角，你到場之後就像是接過劇本，然後被意外捲入一場大製作。這些安排會讓你興奮一陣子，高級的餐廳、浪漫的舉動、親密時刻、性愛，這是個喜歡當男主角的人。

即便是在魅力階段初期，你還是可能會注意到問題徵兆，但因為其他一切都太過神奇，所以你選擇忽略。比方說，凱蒂和布萊恩剛開始約會時，凱蒂很愛布萊恩浪漫的舉動（送她花，或者幫她按摩腳），但是他每隔一段時間就會說她太愛跟人打情罵俏，或說她太過天真，這種做法讓她覺得困擾。不過因為她喜歡浪漫的氣氛，於是說服自己那些說法不重要，等到布萊恩更了解她之後，這些指控就會煙消雲散，甚至也可能是她搞錯了那些話的意思。

在一段與魅力操縱者的關係中，一切可能真的十分美好，直到第一個小差錯浮現，他第一次因為某件你根本沒做的事指責你，而且還期待你能同意他的看法。可能有好幾個禮拜，甚至好幾個月的時間都沉浸在浪漫的光芒裡，接著他控訴／責怪你，因為你不開心他消失了兩個禮拜，而且都沒回你電話。不過到了此時，你已經投入這段浪漫戀曲，儘管你可能不喜歡那些差勁的行為、不喜歡情感操縱的狀況，但你堅守這段關係，非常希望能夠再次沉浸在之前的光芒中。

我聽著某位客戶描述跟一位魅力型操縱者的關係，還有她日漸增長的不安，我彷彿看見雪花水晶球，一顆清澈的球體包覆著可愛脆弱的世界。這顆球看起來這麼美，然後它一陣晃動，接著整個世界就毀了，而且無法再次還原。

魅力型操縱者通常（尤其是在第一階段）會固定展現浪漫溫柔的一面，好讓你不會太快看出問題所在。你或許討厭情感操縱狀況，但認為這是為了享受溫暖需要付出的小小代價。如果你像凱蒂那樣已經單身了一段時日，或是你和操縱者有了小孩，你可能會害怕離開這段關係（就算這是一段不好的關係），當然了，這樣的狀況讓所有的美好時光更顯珍貴。「看吧。」凱蒂越來越易怒的男友送她玫瑰、幫她按摩腳，或者用一瓶她最喜歡的香水給她驚喜，她就會這麼告訴自己：「他真的愛我，我很確定其他的事會雨過天青的。」

然而在此同時，凱蒂對於自我的認知漸漸受到傷害，她開始用男友的方式看待自己（熱切過頭、不恰當地招蜂引蝶、很可笑），於是她開始收斂自己慣常的友善回應。

而且有些時候，美好的時光也是直接來自於那些糟糕的時刻。操縱者可能會花上好幾個小時長篇大論地訓斥你的差勁行為，然後在你快要掉眼淚的時候，他會一再地道歉。「請原諒我，你知道我有的時候會這樣。」他可能會這麼說。「我只是受不了可能會失去你的念頭。」他可能會用禮物、性愛，或者其他親暱言行等方式，讓你恢復到先前的親近狀態，而你也欣然接受這樣的回應，心裡感到一陣釋然。看吧，你沒搞錯，他就是超棒的男人！差勁的行為越是令人難過，你就越歡迎這些令人愉快的言行舉止，這似乎抵銷了那些不好的事，讓你回到早先那些充滿魔力的日子。有些女人花了好幾個月、好幾年，甚至一生的時間，盼望著能夠回到過去。

在一段關係中，有許多方式可以發揮魅力和浪漫，而且沒有錯，並不是全部都是負面的。不過如果你的另一半利用浪漫的手法讓你分心，不注意自己的感受，如果他送花給你是為了不讓你因為他遲到而唸他，或者在他的朋友面前羞辱你，而後又立刻讚美你，誇張到令人屏息，如此一來你就會開始懷疑自己的看法，覺得自己對一切的看法都出了錯，那麼你就落入魅力型情感操縱的情況。

你的男友是不是個魅力型操縱者呢？看看這個檢查表上的項目，是否有讓你想起什麼？

你身處魅力型的情感操縱關係中嗎？

雖然這份檢查表中有幾項負面敘述，但多半是中性甚至正面的，但要是你擔心伴侶利用充滿魅力的情境讓你分心，進而忽略自己的感受，或許就連正向的敘述都可能代表著情感操縱。

- 你時常覺得你們兩人彷彿擁有一個特別的世界嗎？
- 你是否會把另一半形容為「我所認識最浪漫的人」？
- 你跟對方吵架或意見不合之後，是否總是伴隨著一段濃情蜜意的浪漫時光，比方說特別的禮物、無比的親暱、更美妙的性愛。
- 你的另一半的浪漫舉動是否讓朋友印象深刻？
- 他在外人面前和在私底下的表現是否判若兩人？
- 他會需要吸引現場所有人的注意力嗎？
- 你會不會有時浮現這種感覺：他手上有一大本浪漫劇本，但是那些場景跟你們的情緒、品味或者一起經歷過的事件並不完全吻合。
- 要是你已經說了自己沒有心情，他是不是會堅持要（在性愛方面，或者其他方面）展現浪漫？
- 你會不會覺得跟剛開始交往時相比，現在在一起的感覺有著明顯的差異？

註：不是只有浪漫的伴侶會成為魅力型操縱者，許多老闆、同事，甚至親戚、朋友都可能把我們捲入美妙的奇想天地，入場的代價是我願意忽略不計的情感操縱狀況。

若是你的魅力型操縱者是男性，你是女性，就算實際上根本沒有發展成性關係的可能，他還是可能每分每秒都傾盡自己的性吸引力。換句話說，他會要你表現得彷彿兩人之間的愛意正要萌芽，儘管你明知兩人之間並沒有浪漫情愫。

朋友是魅力型操縱者的話，對方可能會讓你覺得彷彿只有你們倆獨立對抗全世界，對方說出類似「一輩子的朋友」這樣的承諾，而你會覺得很窩心。她會強調你們之間多麼特別，用來討好你：這些都是她丟下的餌，她希望你能忍受情感操縱。後來某次，你因為家中急事而取消了慣例的晚餐約會，她就會指責你故意傷害她，不尊重這段友誼。要是你對於「一輩子的朋友」這回事很投入，你或許會被對方說服，因為她就是打算要操縱你，你認為你是在關照另外的要事，但或許你真的傷害了她。

同樣的，家族成員中如果存在魅力型操縱者，或許整個家庭都會變得有點浪漫，大家都鼓勵你把自己當作特殊家族的一分子。就算在出身這件事上你同意他們扭曲的觀點，但他們也未必滿足於此。他們可能會說些類似的句子：「噢，你就是這麼大驚小怪的！」或者「我真不懂你為什麼不像你姊姊，她那麼有創意。」你不但沒有要他們住口，或者用沉默表達抗議，你接受了他們對你的看法，因為你太想成為「家族的一分子」，代價就是贊同這一切。

即便你們所有的家人共享著這個無人能懂的世界，但還是可能會有人要你跟某個手足、父母，或者其他親戚團結一致，一起對抗其他的家人。這又是要讓你上鉤的餌，等到你的操縱者要求你照她的方式來，你會順著對方。「你一直都太健忘了。」你的母親、姊妹，或者特別熟的表姊可會這麼說。你不同意這個說法，而且其實覺得有點被冒犯了。但是你太喜愛你們的相處模式：你跟她對抗整個家族，所以你開始覺得自己真的有一點點健忘，如此一來你才能留住這段特別的關係。

你可以看出，在這些案例之中，操縱者的基本公式都一樣：有個人堅持要你這麼想，你明知道那並非事實卻試著說服自己，只為了得到對方的認可，或者留住這段讓你感覺良好、特別、受人疼愛又無所不能的關係。你對於外來評價的需求將你留在情感操縱關係之中。

好人型操縱者（The Good-Guy Gaslighter）：你說不上來哪裡不對勁

接受我指導的桑卓菈心中很困惑，她三十幾歲，有著一頭紅髮，漂亮的綠色眼珠，乍看之下似乎婚姻幸福、人生美滿。她跟「完美老公」彼得有三個漂亮的孩子，她熱愛自己的社工工作，身邊的朋友與同事關係緊密，熱情而且友好。儘管她與彼得（也是社工）就跟年輕的職業父母一樣忙碌，但兩個人從家事到照顧小孩事事分工的做法一直讓桑卓菈非常自豪。

但是漸漸地，桑卓菈覺得越來越不滿足，沒有什麼特別的理由，她這麼跟我保證。事實上，她形容自己的情緒處於「麻木」狀態。過去三年以來，雖然沒發生什麼特別值得一提的事，但她覺得「越來越冷漠」。我請她講講前一次令她真心感到快樂的事件，但她看起來很難過，她很快掩飾掉這個表情，又戴回先前冷靜的面具。「我真的記不得了。」她告訴我。「這是個糟糕的跡象嗎？」

隨著我們療程進行，桑卓菈聊到老公時說法開始不同。我聽得出來他為她和小孩做了許多很棒的事，而且在許多議題上，桑卓菈可以說是按照自己的意思來。但是我也聽得出來彼得的脾氣火爆又衝動，所以他的家人竭盡全力避免引爆他。雖然桑卓菈願意跟他吵上一架，但她永遠無法確定這會不會演變成一場大戰，就算彼得並沒有真的生氣，但不停地維持「備戰狀態」讓她精疲力竭。雖然她強調他們倆婚姻美滿，但跟他相處卻似乎令她疲憊又沮喪。

「就說我有天晚上要出門開會好了。」她告訴我。「同一天晚上，彼得他的工作也需要開會，而且我們就是找不到保母。我們會花好幾個小時討論誰的會議比較重要，這整件事到後來只讓我覺得累壞了。彼得會不停地說一些像是：『妳確定妳需要出席嗎？妳也知道自己有多容易因為一點小事就緊張兮兮。』或者『還記得另外那場會議嗎？妳以為自己需要參加，但其實不用，妳確定這次不是同樣的情況嗎？』講到最後，我甚至可能會『吵贏』，我可以出門開會。而彼得就會用那種表情看我，『妳現在開心了吧？妳贏了！』但是不知道為什麼，我從來沒有開心的感覺，我只覺得累死了。」

就我看來，桑卓菈跟一個好人型操縱者在一起，這個人非得看起來很講理，是個「很好」的人，儘管如此，他其實打從心底認為事情該照自己的方式進行。萊絲特．雷諾夫是我的老朋友兼同事是位心理治療師，她找到了很適合的稱號，把這叫做「無禮的順從」，表面上看起來逆來順受，實際上卻忽視一切。彼得貌似對桑卓菈很體貼，但卻沒完沒了地暗示她不知道自己在說什麼，說她或許是太過憂鬱了。到頭來，桑卓菈跟彼得講完話之後，只覺得被人忽視，不受尊重，所以無論她是「贏」是「輸」，她都覺得沮喪。

如果你來往的對象是類似這樣的人，你可能會時常感到困惑。你可能多少會察覺到沒有人把自己當一回事，也不尊重自己。你期望與掛念的事未曾真正實現，但是你也從來就無法真正指出問題所在。

我們都有過這樣的經驗，即便你說不出所以然，但某個人就是讓你覺得「不對勁」。老闆把我們叫進去，雖然在工作上顯然表現得不錯，我們卻只覺得心煩又不安；那個朋友幫了我們很多忙，但不知道為什麼，我們從來沒能找到時間跟對方聚聚；我們「應該」好好珍惜的男友，對方的條件很棒，但我們就是沒辦法認真投入；那個親戚人好得要命，不過我們每次去過她家之後，都覺得氣憤而且消沉。

這種令人困惑的經驗經常表示有情感操縱狀況，操縱者需要處於正確的一方，好幾年來他不斷削弱或否定你對現實的感受，跟對方講完話之後，你不知道真正的情況，只接受到隱藏的訊息：「你錯了，我是對的！」於是你莫名其妙就讓了步，就算事情按照你想要的方式進行，卻一點滿足感都沒有。可是你不太確定該抱怨什麼，你只知道事情不太對勁。就像桑卓菈，你覺得麻木、無力、不快樂，因為不清楚為什麼會有這些感受，於是你更加沮喪。

問題相當單純，你的操縱者為了自己把你捲入其中，他希望能強化自覺正確的感受。他需要做貼心的好事，不過並不是因為他在乎你，他只是拚命想要證明自己是個多麼好的人。就算你不清楚這是為了什麼，但還是會覺得寂寞。不過你非常想把他當成好人，也希望他對

你的評價很好，於是你不理會自己的挫折感，就像珊卓菈，你甚至會「漸漸地麻木無感」。

你跟好人型操縱者在一起嗎？看看下列情境中，是否有讓你眼熟的場景。

你正跟好人型操縱者在一起嗎？

- 他是否總是忙著取悅你和其他人？
- 他是否曾經試著幫助、支援或者妥協，但卻讓你充滿挫折感，或者隱隱有點不滿足呢？
- 他是否願意跟你討論家事、社交或者工作安排，就算你大概可以得到自己想要的，但你卻從來不覺得對方「聽見了」。
- 你是否覺得對方最後總會得到按照自己的方式來，但你卻搞不太清楚事情是怎麼發生的？
- 你是否感覺自己從來沒有真正得到想要的，但也說不太上來該抱怨什麼？
- 你是否會形容自己處在非常快樂的關係之中，但卻不知怎的有點麻木、提不起勁，對自己的生活感到氣餒呢？
- 他會不會問你今天過得如何，他聽得很認真，回應起來彷彿感同身受，但你們倆聊過之後，你心情卻變得更糟了呢？

恫嚇者（The Intimidator）：他會欺負你、覺得內疚，而後收斂

魅力型操縱者和好人型操縱者通常難以辨識，因為在其他情境下，這兩者的行為舉止可能非常吸引人。不過部分的情感操縱顯然大有問題：吼叫、羞辱、用冷淡的態度排擠你、讓你感到內疚，以及其他類型的懲罰、威嚇。你可能會因為各式各樣的理由繼續維持這段關係（你認為這個男人是靈魂伴侶；你認為對孩子來說，他是個好爸爸；他批評你，而你覺得他沒說錯），但某種程度上你也清楚，你不喜歡別人這樣對待你。

在某些案例中，這些問題行為會跟魅力或好人型交替出現。而在其他的案例中，恫嚇占了這段關係很大一部分，這些操縱者就稱為恫嚇者。比方說梅蘭妮的丈夫喬登，他就是典型的恫嚇者。梅蘭妮找不到晚餐派對用的野生鮭魚肉時，喬登會數落她、吼她，然後用一大堆她答不上來的問題攻擊她。接下來他會好幾個小時都不跟她說話，只要她做了什麼他看不順眼的事，喬登總是會這麼對她，梅蘭妮現在已經被攻擊得筋疲力盡。她早已不再為自己辯解，可是她從未停止尋求喬登的愛。她還是認為喬登的贊同才能證明她強大、聰明又能幹，應該擁有快樂美好的人生，而喬登的拒絕就是她毫無價值的終極證明。

你是否跟恫嚇者交往呢？看看你是否認得以下任何一種情境。

你正跟恫嚇者交往嗎？

- 無論有其他人在場，或者只有你們兩人獨處，他是否會奚落你，或者用其他的方式輕蔑地對待你？
- 他想自行其是的時候，或者你讓他不開心的時候，是否會用沉默對付你？
- 他是否經常或固定一段時間就勃然大怒？
- 你是否會因為他在場而感到恐懼？或者一想起他就害怕？
- 你是否覺得被他嘲笑，無論他明目張膽，還是裝成「開開玩笑」或「逗你的啦」？
- 他是否經常或每隔一段時間就說要離開你，威脅你別讓他不開心？還是他曾經說過或暗示過他可能會離開？
- 他是否經常或每隔一段時間就會用你對自己最深的恐懼刺激你？比方說：「你又來了，你的要求真的很多！」或者「夠了，你就跟你媽一樣！」

我們至少可以說，跟恫嚇者在一起可能非常有挑戰性。為了讓你們的關係更令人滿意，你們在兩方面都必須一起努力：情感操縱和恫嚇，這代表就算沒在情感操縱狀態，也不會太令人開心。操縱者可能需要改變他與人相處的方式，但你也需要加強自己承受對方恫嚇舉動的能力，這樣才不會為了避免不愉快而放棄抵抗對方。

情感操縱：新型態流行病

情感操縱為什麼會成為如此廣泛的問題？為什麼會有這麼多強悍聰明的女生陷入這種削弱自己的關係？相較之下，就連五〇年代情境喜劇中的婚姻關係看起來正面多了。為何會有這麼多男男女女苦苦掙扎想要脫離現況？他們的老闆、家人，配偶，或者朋友顯然控制欲很強，而且通常個性殘酷。為什麼這些關係的真實樣貌如此難辨？

我認為有三大主因造成情感操縱流行病，我們的社會文化中隱含著一組強力的訊息，我們個人的理性思考無法抵抗，於是依然維持著情感操縱關係。

女性角色的劇變，以及抗拒改變的強烈反應

要談到男女之間的浪漫與工作關係，別忘了女性角色的轉變既迅速又突然。上一回女性的角色驟變是發生在第二次世界大戰期間，大量的女性突然湧入職場取代從軍的男子留下的職務。女性擁有了不同以往的經濟能力，而好萊塢對此的回應是製作數部「煤氣燈」電影，包括最初由英格麗．褒曼和查爾斯．博耶演出的《煤氣燈下》。在這些電影裡，強大而迷人的男子想辦法欺騙強悍卻易受影響的女性，讓她們放棄自己的想法，兩性的期待和經歷都發生意料之外的轉變，這種關係似乎與此相關。一九四〇年代和現代相較之下，於公於私，女性都突然掌握了新的力量，角色的轉變可能同時使得她和伴侶都感受到威脅。儘管她們剛剛獲得工作自由，也能經營生意，而且通常會參與公共事務，但許多女性想要的仍然是有點傳

統的關係，能夠保護並且支持她們，讓她們依靠的強壯男人。而女人要求在公領域與私領域上都有平等發言權，某種程度上也讓許多男人備感威脅。

我認為這致使有些男人試圖掌控那些受到自己吸引的女生，她們同樣聰明且強悍，而有些女生的應對方式則是主動「修正」自己以依賴男人，她們不僅尋求情感上的支持，更是仰仗對方構築自我認知：「在這個世界上我到底是誰？」一整個世代的情感操縱與被操縱者於焉誕生。

同樣矛盾的是，女性主義雖然給了女性更多選擇，但也正是女性主義為我們當中許多人帶來了壓力，我們必須強大、成功，並且獨立自主，這種女性理當不會遭受任何來自男人的虐待。結果身處情感操縱關係或其他惡劣關係的女性可能會加倍羞愧：因為她們的關係很糟糕，而且她們在能力和獨立方面，沒能達到自己設定的標準。很諷刺地，女人們可能正因為這個理由，所以不尋求援助。

氾濫的個人主義，以及隨之而來的孤立感

傳統社會或許沒給個人多大發展空間，不過卻非常善於將多數人納入人際關係安全網。我的意思並不是已婚女性就不會有孤立感，但她們的確比較容易接觸到更龐大的家族網絡，社會的禮俗儀式也讓她們變成大家族的一分子。就算進入現代工業社會，男女雙方進行社交的途徑都更為廣泛（聚會、教堂、社區團體、同鄉會），跟二、三十年前差不多頻繁。至少某種程度上，人們都是廣大世界的一分子，任何個人（就連配偶或者老闆也是）都會被放在

更廣的框架之下。而今個人的流動性更高，而且社會特別關注消費主義，我們在社會上很容易就變得孤立。我們工作時間很長，時常轉換自身扮演的角色，而休閒時間通常會用於私人聚會，跟我們的伴侶或者剛認識的朋友，而非參加教堂團體、聚會，或社區的組織。這種情況下，由於我們難以接收到其他資訊或回應，任何一人都擁有龐大的影響力。情感支持只能從伴侶身上獲得，若想建立事業方面的自尊心，老闆似乎有著無窮的影響力，而忙碌又孤立的生活中，某個朋友可能就占了少數人際往來的一部分。結果就是我們把自己對於認同感的需求全都投注在這些關係裡，我們期望能夠定義自己，藉此感到完整。傳統文化裡，我們有更廣泛的情感聯繫，這些聯繫會幫助我們感到安穩與踏實；現代社會中，當我們想要被人理解並且感受人與人之間的連結，通常就只能找另外一個人（伴侶、朋友，或者家族成員），然而沒有任何單一的關係可以真正令人滿意。我們渴望得到慰藉，我想確定自己很好、有能力，而且值得被愛，卻又日漸隔離在其他連結之外，於是我們成了操縱者的首選。

情感操縱文化

現今的氛圍也讓情感操縱找到更多犧牲者，因為人們以往從未這麼焦慮。我們一整天都受到雜亂無章的新聞與訊息轟炸，而且我們都注意到那些訊息未必正確，那些資訊甚至可能被列為「假新聞」或者「另類事實」。這樣的氛圍下，對於自己所相信的事物，我們變得沒那麼肯定，結果我們比以往都更容易受到情感操縱效果的影響。

二〇一六年三月發生的事件戲劇性地闡明了情感操縱的強大威力，以及這個情況在我們社會上隨處可見的程度。當時總統候選人唐納．川普的競選總幹事柯瑞．李旺多斯基（Corey Lewandowski）遭人指控拉扯布萊巴德新聞網（Breitbart News Network）的記者蜜雪兒．菲爾茲，因為她靠近川普提問。《華盛頓郵報》的記者班．特里斯目擊整起事件，後續現場員警也釋出一段錄影實證，並且針對李旺多斯基的暴力行為提出指控。特里斯報導這個事件，但他的文章還沒刊登，故事就在推特上傳開。

川普競選團隊立刻堅稱整起事件從未發生，菲爾茲是「胡思亂想」，而且還有另外一個影片做為反證。這是典型的情感操縱：不僅對於事件當事人菲爾德，還有就近目擊事件的特里斯，他很同情菲爾茲的遭遇；他們倆立刻懷疑起自己所認知的現實。

「我上週才跟菲爾茲聊過。」特里斯在二〇一六年十一月寫道。「她說當時儘管有瘀血可以證明，但甚至就連她也開始懷疑自己的說法。」特里斯承認自己也開始懷疑親眼所見。他在華盛頓郵報上報導整起事件及其後續，報導標題是：「川普競選團隊對現實宣戰，令我質疑自己所見；三月的事件預示未來數月的情感操縱。」

發生在自己的個人關係中的情感操縱，已經夠痛苦又具有挑戰性。但在這個案例中，數不清的政客與某些記者聯合起來，他們想說服我們所有人某起事件從未發生，即便這起事件有值得信賴的目擊證人，甚至還有錄影畫面。他們的說服力道如此強大，就連事件的當事者都開始懷疑自己的親身經歷，對我們的社會風氣而言，無論情感操縱情節是輕或重都叫人心煩。

在政治上利用情感操縱手法就足以令人不安，但是問題的核心更深層，我們的生活看似非常個人，實則受到文化極大的影響，社會風氣一再鼓勵我們相信某些顯然錯誤的概念。

廣告宣稱除非女人都穿S號，而且臉上化著漂亮的妝，否則沒有男人會愛上她，但我的經驗和觀察並非如此。學校告訴我的小孩，學習本身就有益處，但也提醒他們，若是成績和學術能力測驗不佳，他們就進不了自己想要的大學。政客用一種說法解釋他們的作為，後來中途轉換陣營，並且提供我們另一種說法，甚至沒有告知我們「政黨的路線」跟之前那個並不相同。因此我相信我們正生活在情感操縱文化中。沒有人鼓勵我們挖掘或是打造自己的現實感，我們反而受到無數不同的強力要求轟炸，要求我們忽略自己的感受，直接接受最近推銷的任何需求或看法。

尋找新方向

幸運的是，情感操縱有解決之道。讓自己脫離這種令人元氣大傷的現象並不容易，關鍵卻很簡單。你只需要知道，你本來就是很好、很有能力，而且值得被愛的人，你並不需要一位理想的伴侶來證明這點。當然，說得比做的容易。但是若是你發現定義自己這件事，自己就辦得到（你是個有價值的人，無論你的操縱者怎麼說，你都值得被愛），那麼你就已經踏出了通往自由的第一步。

只要你明白自我認知完全不需要取決於操縱者，你將會願意結束這段情感操縱關係。因為你知道自己有被愛的權利，也有好好生活的權利，所以你立場堅定：要是操縱者不好好對你，你就會離開。你需要的就是這樣的力量，才能退後一步看清現實，才能抗拒操縱者毫不留情的批評、追求完美的要求，還有操縱的行為舉止。

我明白這一切在當下聽來很嚇人，但是別擔心，我會帶著你經歷一切，告訴你該怎麼停止情感操縱。一旦你有意願離開這段關係，就能決定自己是否想要離開。

梅蘭妮就是這麼做的。她一點一點地學習，學會看見自己真正的樣子：一名聰明、善良而且能幹的女人。她學會如何主動退出那些令人煩亂的爭論，因為她永遠也贏不了，她學會如何不去聽丈夫的抱怨、批評和羞辱，然後開始聽見自己腦中的想法。

隨著梅蘭妮越來越堅強，她明白喬登非常投入於情感操縱。他真的需要「永遠」站在對的那一邊，就算得要犧牲梅蘭妮也在所不惜。過了一陣子，她不再將他理想化，也不再那麼在乎他的認可。結果她發現自己從喬登身上並未得到足夠的愛意、戀慕或者陪伴，不足以維持這段婚姻。她離開丈夫，然後總算展開另一段更令人心滿意足的關係。

那是梅蘭妮的選擇，你並不是非得如此。只要你不再需要操縱者的認可，你可能就會發現自己能以不同的方式回應對方，而且或許跟喬登的狀況不同，對方的行為也會改變。如果你的操縱者是家族成員或者老闆，你或許能找到該怎麼在維持關係的狀況下劃定界線，比方說，只在有朋友作陪的狀況下，你才會去拜訪母親；至於你那個有虐待傾向的老闆，或許能找到方法不用那麼密切地共事。或者像梅蘭妮那樣，你可以決定一勞永逸地終止情感操縱關係。

無論哪個決定適合你，你內心深處都擁有力量，你能夠從「煤氣燈效應」中解放自己。

第一步就是注意到自己在情感操縱中的角色，找出自己的行為模式、渴望，以及幻想，這些都可能會讓你將自己的操縱者理想化，尋求對方的認可。就讓我們前進第二章，仔細瞧瞧情感操縱雙人舞吧。

第二章

情感操縱雙人舞

崔絲是名運動型的修長女生，她二十幾歲，一頭金色長髮。崔絲精神奕奕、活力充沛，她不諱言自己生來就是要跟人吵架。高中時代她加入辯論隊，大學時期負責學生議會，她未來將會成為頂尖的訴訟律師，如同她自己的說法，她靠吵架維生。但是這會兒，婚姻生活中持續不斷的爭執開始令她憂慮，她來到我的辦公室尋求協助，她想找到方式跟自己越來越愛吵架的伴侶艾倫相處。「他覺得自己永遠都是對的。」崔絲告訴我，我不久之後就認得那很有特色的甩頭方式，只要開始抱怨她的另一半，她就會這麼做。「他沒搞清楚，永遠沒錯的人是我才對。」

為了確保我知道這是開玩笑，崔絲是笑著說的，但是我卻覺得這個玩笑話可不是說好玩的。崔絲很在乎對錯，也在乎其他人知道這一點。「留同存異」或者「離開吵架現場」這些話對她來說非常陌生。

崔絲和我繼續討論那些把她帶來這間辦公室的議題，這時我幾乎可以肯定她被情感操縱了。她的丈夫同樣是位厲害的律師，同樣靠吵架維生，而只要他們意見不合，他就會彙集龐大的事實，讓她順著自己。他們剛在一起時，雙方似乎都很享受激烈的爭辯，還有隨之而來的「和好性愛」。至於現在，崔絲招認她覺得筋疲力盡。「我不可能永遠都是錯的。」有一回她告訴我，聲音小得很不像她。「我不可能那麼蠢。」

我漸漸明白，在艾倫充滿壓迫感的爭辯風格下，崔絲不僅僅是個受害者。看起來她自己主動（可能是下意識地）踏起情感操縱雙人舞。根據她的說法，她的丈夫有多需要透過事實與數據來「逼迫她」，她同樣需要傷害對方，她的手段是提出反論和訴諸情緒。我問她，要

是她不多費唇舌，以一句話結束爭吵呢，這樣一來事情會怎樣，比方：「好吧，我還不了解你在說什麼，但我願意思考一下。」結果她差點氣炸了。

「妳不懂！」她激烈地說道，忽然將自己所欠缺的力量都指向我。「我受不了艾倫把我當成金髮蠢妞，我受不了！這種感覺糟到不行！我非常震驚，我感覺自己得往懸崖下跳，或揍倒房子，或者做任何事好叫他改變心意。我不能放他這樣然後掉頭就走，我真的不行。」

「你不行嗎？」我問她。

「不行！」崔絲說道，她的聲音很高，而且前所未有地緊繃。「要是他是那樣想我的，我是說，他是我丈夫啊。如果他是這麼想的話，為什麼要跟我結婚呢？如果他說的是真的怎麼辦？」

崔絲的狀況就是個完美的範例，可以看出我們有多少人被扯進情感操縱雙人舞。被操縱的人多半害怕被誤解，就算他們通常表現得很有信心、無所畏懼，但卻非常容易受到那些自己喜愛或者相關人士的意見影響。特別是在親密關係中，他們容易賦予自己所愛的人極大的力量，期待他們的伴侶擁有魔法般的能力，可以「看見」他們，或者「真正地了解他們」。

這樣的前提下，遭人誤解感覺上比死還糟。要是崔絲的丈夫認為她「不對」，比起單純的意見不合，或者稍微無法達成共識，她覺得這種感覺糟糕太多了。如果艾倫主動表達對她的不贊同，她則會覺得世界彷彿天翻地覆。她將艾倫理想化，因而非常渴望他的贊同與肯定，好確定自己是個聰明能幹的人，這讓她十分容易受到情感操縱的傷害。

這對夫妻間爭論不休的議題，其中之一就是崔絲使用信用卡的方式，她都是用自己賺的錢付信用卡帳單。她是個衝動型的消費者，而且很喜歡在下班回家路上買衣服，她繳費一直都很準時，不過每個月都會增加一些負債。艾倫成長在一個低收入的家庭，屬於比較節儉的類型，他堅稱崔絲認為合理的花費事實上就是奢侈浪費。信用卡是在崔絲自己的手上，所以他的意見其實無關緊要，當我指出這點時，崔絲不敢置信地瞪著我，「但是他把我想得那麼糟，我怎麼能夠跟這樣的人一起生活？」她抗議道。真正的問題是他想控制她花錢的方式，但對她而言，在爭執之中贏過她的丈夫，要他同意自己的觀念，甚至比真正的主題更重要。

如同我們在第一章看過的，操縱者非常渴望成為正確的一方，如此才能保護他的自覺並認為自己能夠掌控全局。被操縱者則會將對方理想化，而且渴望對方的認同。崔絲需要艾倫的認可，這讓她跟他不停爭執，希望他能接受自己的觀點，尤其是關於她自己的這部分。或許他無法對任何事情淡然以對，但她亦是如此。就算吵贏的人通常是艾倫，但他們兩個對於爭論同樣投入，因為艾倫需要成為正確的一方，而崔絲需要被人認可。這使得他們的爭論非常熱烈，也讓崔絲非常挫敗。

跳起情感操縱雙人舞

雖然從旁觀者的角度，情感操縱看起來像由某個惡言惡語的操縱者獨力造成，但一段情感操縱關係永遠都需要雙方主動參與。其實這是個好消息。若你陷入情感操縱關係，你或許無法改變操縱者的行為，但肯定可以改變自己的做法。這當然不容易，不過卻很單純：你可以結束情感操縱，只要你不再試圖吵贏對方，或者說服操縱者講道理，你只需要退開就好。

我們來仔細檢視一下情感操縱錯綜複雜的舞步。最開始的步驟通常是來自操縱者，他會強調某件事情是真的，儘管你「非常清楚」情況並非如此。還記得第一章的凱蒂嗎？她的男友布萊恩堅持她身邊的人都不懷好意地垂涎她，而她覺得大多數人都很友善。同樣的，麗茲的老闆宣稱自己站在她這邊，但是所有的證據都顯示他在暗地中傷她。而米契爾的母親說自己沒有羞辱他，不過他揪緊的胃就是最有力的反證。

人們如今無時不刻都有不同意見，也經常扭曲事實或者羞辱他人，所以這些經驗本身並非情感操縱。理論上，凱蒂可以聳聳肩說：「好吧，你或許覺得這些人會咬人，不過我只覺得他們很友善，我沒打算改變做法。」同樣的，麗茲的老闆發揮魅力時，她或許可以狠狠地瞪他，心裡想著：「好吧，情況不太對勁，我真不知道是什麼事呢！」一樣的情況下，米契爾也可以說：「媽，妳的嘲笑傷了我的心，如果妳這麼做，我就不跟妳說話了。」要是我們的被操縱者能夠用這樣的方式回應，或許就不會存在「煤氣燈效應」。

這並不是說凱蒂的男友、麗茲的老闆，或者米契爾的母親會有不同的行為舉止。他們或許會改變，但他們也可能會堅持己見，變得更加頑固。然後凱蒂、麗茲和米契爾就會面臨更艱困的選擇，決定下一步該怎麼走。但他們可能不會落入情感操縱情況。

情感操縱只會發生在被操縱者試著（無論自己是否有意識到）順應操縱者，或者在他太想要得到對方的認同，希望感覺到自己的完整性，所以想讓他從自己的角度看待事情的時候。凱蒂跟布萊恩吵架，強調自己真的沒有招蜂引蝶。後來她開始從對方的角度看待事物，這讓她覺得自己是個忠誠的好女友，而好女友絕對不會在男友面前跟人眉來眼去。麗茲想對老闆解釋發生在自己身上的每件壞事，並且試圖說服自己老闆沒有說錯，只是她在疑神疑鬼。這麼一來她會覺得自己是個有能力的好員工，她能夠讓一切順利進行。米契爾試著回嘴，希望母親跟自己說話時能更和善。於是聽到她說他沒禮貌，他就開始擔心她說得沒錯。這三位被操縱者內心深處都很清楚，他們的操縱者所說的話並不正確。但是他們不但沒有堅持自己的看法，反而試圖尋找雙方都能同意的方式，因為他們想要得到操縱者的認同。在大多數的情況下，他們放棄堅持，改變了自己的看法。

我們為什麼同意？

為什麼我們改變自己的形象，只為了符合操縱者的觀點呢？我相信有兩大理由：對於情緒末日的恐懼，以及對於依附的渴望。

恐懼情緒末日

大部分的操縱者似乎都握有這項秘密武器，他們都具備能將鄰近地區夷為平地的情緒末日，而且之後還會有好幾週的時間，氣氛都受到影響。處於情感操縱關係中的人害怕萬一把操縱者逼得太過，他就會引爆情緒末日，這比繼續惱人的問題和刻薄的評論更糟。這種終極末日的經驗太過痛苦，以至於他願意盡一切的努力來避免。

情緒末日或許只發生過一次，也或許從未發生，但對於這件事的恐懼感有時候甚至比事件本身還嚴重。被操縱者太過恐懼，害怕自己的伴侶會大吼大叫、批評她，甚至離開她，她很確定要是噩夢成真，自己將會無力招架。「你覺得自己好像快死了。」我某位患者曾經這麼說過，而我的回應並沒有給她太多的安慰。「但是你不會死的。」

對凱蒂而言，情緒末日就是布萊恩的憤怒，她永遠不會知道他何時會因為憤怒而爆發。他憤怒的表現包括許多的大吼大叫，凱蒂特別害怕這種狀況，她知道他不會真的打她，但光聽見他響亮憤怒的嗓音就夠讓她焦慮了。過了一陣子，她發現對方說什麼她都算了，只要能阻止他大吼大叫。

要是凱蒂能夠表面上放棄，但是心裡堅信自己並沒有跟人調情，她或許已經脫離了情感操縱的最糟影響，失去信心、扭曲事實、不斷增長的沮喪之情。但是她卻覺得自己如果就這樣放棄，根本就是個不停安撫男友的膽小鬼。她也不想在男友心情那麼不好的時候跟他正面槓上，她一度相信他是個完美的男人，但這兩種形象差太多了。於是她有理由相信布萊恩是正確的，如此一來，她就不用當個膽小鬼，他也不必當壞人。某種程度上，凱蒂寧可認為男友觀察力敏銳，而非自己妥協於一個不理智的人。結果每一次她都對布萊恩妥協，避免他爆發，有一部分的凱蒂不確定他是不是正確的。她保留這些意見的代價就是被情感操縱，容許她男友決定自己對世界的看法，還有看待自己的方式。

麗茲的老闆代表著另一種形式的末日，職場上的挫敗。麗茲全心投入於這份影響力十足的工作中，所以無法忍受可能失業的念頭。她也害怕自己工作上的聲譽處於危急關頭。萬一老闆炒了她並且散布可怕的謠言怎麼辦，跟別人說她不適任又「疑神疑鬼」？這樣一來誰還會僱用她？就如同凱蒂不想面對男友的欺凌，麗茲也害怕思考老闆究竟握有多大的權力，還有他到底想要做什麼。於是老闆越過分，她越懷疑自己。

使米契爾陷入終極末日的是罪惡感，自從他有記憶以來，米契爾都在擔心會讓母親失望，希望能補救其他令她失望的事，結果他輕易被她情感操縱。儘管她鮮少直接控訴他，但是她受傷的表情比語言更有力。「我覺得自己傷了她的心。」某一回特別難受的會面中，他這麼告訴我。「只要能夠不用看見她露出那樣的表情，而且知道造成她痛苦的人就是自己，要我做什麼我都願意。」他並沒有問自己實際上到底能怎麼讓母親開心，而他又有多大意願犧牲自己，米契爾堅持只要他能當個更好的兒子，他母親就會開心。

有時候，操縱者會進一步採取更令人痛苦的回應，由尖刻的評論變成徹底的怒吼，從暗示罪狀到明確指控。被操縱者若是反抗，對方的行為很可能還會惡化，變成每天吼叫、摔壞碗盤，或者威脅要拋棄被操縱者。被操縱者的想法可能會開始變化，覺得彷彿出現反抗的念頭都會讓狀況惡化似的。漸漸地，無論是想法、情緒，和行動上，都徹底放棄的念頭變成唯一看似安全的選項。

被操縱者試著向我傾訴他們對於終極末日的恐懼時，經常抱持著兩種相互矛盾的立場。其一是把這些恐懼化為文字可能會令他們看起來大驚小怪，所以患者會覺得很丟臉又沒自信。「我知道這聽起來不怎麼嚴重……」他們會這麼說。「只有白癡才會為這種小事難過。」或者：「我確定這不是什麼大事，但我就是這麼沒用，他總是說我太敏感了。」

另一方面，如果我請被操縱者想像對情緒末日採取不同反應，聳聳肩，或者離開房間，她可能會強調我不了解狀況有多糟。「但是他會不停大吼大叫。」她或許會說。「要是我離開，或者請他停止，他會吼得更久。」如果我詢問吼叫為什麼這麼嚇人，她會不敢置信地瞪著我。彷彿操縱者的秘密武器（無論到底是什麼）真有消滅被操縱者的力量，還會徹底摧毀她的世界。

我知道面臨情緒終極末日的逼近，真的會很令人害怕。但事實上，大吼大叫並不會摧毀你的世界，那些批評並不會殺了你，羞辱的句子（無論聽起來多麼傷人）也不會真的讓房子垮下來。我知道感覺上情緒末日真的能夠毀了你，但它辦不到的，只要你能夠看透這份令人喘不過氣又思緒混亂的恐懼，你就能夠不去在意操縱者的看法，並且拒絕繼續參與其中，不再相信，也不再與之爭辯，就只會堅信自己的看法。

末日降臨：操縱者的秘密武器

你覺得什麼情況最痛苦？操縱者是運用這些痛處當作秘密武器的專家，他可能會……

- 使你想起最大的恐懼

「你真的太肥／脆弱／敏感／難相處……」

- 要脅將徹底離開
  「再也沒人會愛你。」
  「你這輩子都會孤零零一個人。」
  「沒有人受得了你。」
- 援引其他糟糕的關係
  「難怪你跟父母處不來。」
  「或許這就是為什麼你那個叫做蘇西的朋友不理你了。」
  「你還不懂嗎？這就是你老闆為什麼不重視你。」
- 用你的理想對付你
  「婚姻不是無條件的愛嗎？」
  「我以為朋友就該彼此支持。」
  「真正的專家就能接受批評。」
- 讓你懷疑自己的看法、記憶，和對現實的感受
  「我從沒說過那句話，你幻想出來的吧。」
  「你說過會處理那筆帳單，你不記得了嗎？」

「你那樣說話，我媽真的覺得很受傷。」
「客戶認為你很可笑，大家都在嘲笑你。」

解放自己脫離情感操縱關係的首要步驟之一就是承認，承認這些情緒末日對你來說有多麼不舒服，並且令人傷心。如果你討厭有人大吼大叫，你有權利要求雙方爭執時，不能有人吼叫。或許有些女人不在意巨大的音量，但你不然。若是音量會讓你神經敏感，那就敏感吧。你可以在你想要的事情上設定界限，而不必考慮傳聞中其他「神經比較粗的」女人會怎麼做。

此外你的世界不會因為有人對你吼而毀滅，知道這一點滿有用的，用處不在於讓操縱者覺得自己有權吼個不停，而是之後他如果威脅說要大吼大叫，你就不會覺得被逼著妥協。從某個大吼大叫的人身旁走開、闔上書房的門，甚至離開屋子，這些聽起來都不太有趣，而且你漠不關心的反應或許真會引起更大的反擊。不過重點在於，不要認為你的伴侶擁有那麼強大的武器，他永遠都可以用這項武器逼你屈服。

在第六章中，我們會更詳細地說明設定界限的技巧，並增強內心的自尊感，也就是停止情感操縱的第一個步驟。不過在此之前我想先檢視第二個因素，為什麼我們當中有這麼多人放棄了自己的觀點，踏起情感操縱雙人舞。

依附[2]的渴望

我們當中易被情感操縱的人似乎有個共通點，無論我們有多強悍、聰穎，或者能力有多強，我們都將操縱者理想化，急著想得到來自他們的認同。我們渴望成為能幹且值得被愛的好人，但少了這份認同，我們就認為自己無法達成那個渴盼的目標。我們需要操縱者的認可，害怕與他們意見相左。於是每當我們跟所愛的人對事物產生了不同的意見，或跟他們有著不同的喜好時，我們就會覺得緊張。

瑪麗安娜是個豐滿的女生，她四十出頭，有著一頭金髮與大大的藍眼睛。她是一間小公司的主管，已經有好幾年的時間都處在情感操縱關係中，對象是她的朋友蘇。我曾經請瑪麗安娜描述跟蘇意見不合的情況，結果差點害她焦慮症發作。「只要想到我們會意見不合，我就覺得彷彿掉出地球之外。」瑪麗安娜對我說。「我就感覺自己像失去重力，在太空中打轉，沒有任何東西可以把我拉回地面。」

之前提過，每個人的回應可能不同，無論她們的話題主題是時尚品味、政治立場、彼此都認識的人，甚至聊到各自的家庭，瑪麗安娜和蘇都無法接受彼此的意見有任何不同。她們曾經花了好幾個小時吵架，爭辯瑪麗安娜是否對母親太過嚴苛，但是她母親住在另外一州，而且蘇從來沒有見過她本人。不過她們兩個覺得在這件事上取得共識具有至高無上的急迫性，她們無法接受彼此對瑪麗安娜的行為有不同的看法。

某些情感操縱關係下，可以對部分事件看法不同，但其他則不然。有時候前一天還覺得沒問題的意見不合，才隔一天就變得很危險。許多案例中，由於雙方的壓力和安全感不同，忍耐歧見的程度也有差異。如果雙方的狀況都很好，他們可能會給彼此更多空間。若是其中之一，或者雙方都感到脆弱，他們可能會需要彼此更強烈的「忠誠」，亦即無條件地同意。

被操縱者若對意見不合或不受認可的狀況感到焦慮，可能會出現兩種回應方式。他們可能會迅速調整自己以配合伴侶、配偶、朋友或老闆，盡快放棄自己的觀點以便得到對方贊同，從而向自己證明，自己是個有能力而且值得被愛的好人。他們也可能為了安全感、為了覺得自己受到重視，而試著透過吵架，還有／或者操縱情緒等等方式勸說操縱者改變心意。

以崔絲為例，她非常希望能說服自己的丈夫艾倫，她真的有能力理財。想到他認為自己不善理財，她就覺得受不了，所以她願意跟他沒完沒了地吵下去，無法忍耐他對自己的負面看法。她利用這些爭吵，希望她的丈夫能同意自己畢竟是對的。

相反地，瑪麗安娜的方式是操縱情緒，她可能會吵到一半就掉下眼淚，告訴蘇自己覺得多麼寂寞。她也可能會冒出語氣強烈的句子，說些蘇對自己有多麼重要，而自己又多麼依賴這段友誼的話，彷彿任何意見不合都會傷害她們之間的關係似的。

儘管她們表達焦慮的方式並不相同，但崔絲和瑪麗安娜都很害怕，擔心跟所愛的人對事物有不同的看法代表失去認同、失去彼此之間的連結，變得孤立又孤單。為了保護與某個人之間的親近感，她們幾乎什麼都願意做，就算這麼一來，自我會在過程中漸漸消滅。

2.雖然「依附」一詞在精神分析學上有著非常明確的定義，但是在這裡比較偏向口語用法，描述毫無衝突、意見完全一致的渴望。

你負責的舞步

你正踏著情感操縱雙人舞嗎？進行下列測驗，看看你從中發現了什麼？

舞步需要兩個人：你成了被操縱者嗎？

1. 你的母親打了好幾個禮拜的電話，她想約你共進午餐，但是你真的忙翻了。你有個新男友、剛得了一場流感，工作上有太多事迫在眉睫，真的就是沒時間。她說：「好啦我明白了，你一點都不在乎我，很高興知道我養了這麼自私的女兒！」

你會說：

a.「你怎麼能說我自私？你看不出來我有多努力嗎？」

b.「天啊，我真的很抱歉，你說得對。我是個壞女兒，我心情好糟。」

c.「媽，我覺得你在說些貶低我的話，這樣很難繼續跟你講下去。」

2. 你最好的朋友在最後一刻取消了約會，又來了。你鼓起勇氣對她說：「你這樣子取消真的讓我很抓狂，我最後只得一個人度過週末夜，我覺得好孤單，像被世界遺棄。我本來可以約其他人出去，這讓我很沮喪，而且老實說，我很想你！」朋友用溫暖、關懷的語調說：「好吧，我一直打算告訴你，我覺得你有點太依賴我了，跟這麼需要關懷的人相處會讓我覺得有點不舒服。」

你會說：

a.「我並沒有那麼需要關懷，你怎麼能這麼說我？我總是自立自強！我只是不喜歡你取消約會，那才是問題所在！」

b.「哇，那就是我們最近不常在一起的原因嗎？我想我最好改進一下，造成你的負擔我很抱歉。」

c.「我會好好想一想，不過我們不是在討論你最後一刻取消約會的事嗎？怎麼會講到我很需要關懷上呢？」

3. 你的主管近來壓力很大，你覺得她拿你出氣。雖然她有時把你捧上天，但是有時你會因為一些小錯誤被叫進辦公室，聽她嚴厲地警告你不得再犯。她才剛花了十分鐘唸你選錯字體，最近那份市場分析報告不符合公司標準格式。「你為什麼要讓我這麼難做事？」她問你。「你是不是覺得自己應該有特別待遇？或者是一種反抗權威的症狀？」

你會說：

a.「哦，得了吧，不過是個字體！」

b.「我不知道自己最近怎麼回事，或許我真的應該調整一下。」

c.「我很抱歉我沒按流程進行。」

（心裡想著：「我真的很討厭有人對我大吼大叫。」）

4. 你的男友整個晚上都喜怒無常，拒絕說話。終於，他吼出，「我真不懂，你為什麼非得把我的秘密告訴全世界。」你問他細節，終於明白發生了什麼事：在他辦公室派對上，你提起你們兩個打算去加勒比海度假的事。「我們要去哪裡跟別人無關！」他強調著。「其他人從這樣的資訊就什麼都知道了，我賺多少、我的業績如何，我不想讓他們知道這些事。你顯然不尊重我的隱私，也不尊重我的尊嚴。」

你會說：

a.**「你瘋了嗎？不過是度個假，有什麼大不了的？」**

b.**「我不知道自己怎麼這麼粗線條，我現在覺得自己很糟。」**

c.**「我很抱歉你覺得不好，不過，天哪，我們對事情的看法真的很不同耶，不是嗎？」**

5. 你和丈夫好幾個小時都在講同一件事，你沒去拿他送洗的衣服，但你說了會去拿，這下他明天出差就沒有乾淨的西裝可以帶了。你道了歉，但是強調自己不是故意的，你只是晚了五分鐘沒趕上洗衣店的打烊時間。他說每次要幫他做事，你就會遲到，這不是你第一次搞砸了。你同意自己的確有遲到的毛病，但堅持這並不是針對他。他指控你蓄意破壞這次出差，這樣他就得待在家陪你，你也可能只是厭倦自己的工作，嫉妒他這麼喜歡他的工作。

你會說：

a.**「你怎麼可以把我說得這麼糟糕？你難道看不出來我有多努力嗎？要是我打算搞破**

壞，我何必提早一個小時下班去幫你拿衣服？」

b.**「我也不知道欸，或許你說得沒錯，我可能是想報復你吧。」**

c.**「關於我的所作所為，你有你的看法，我也有我的，現階段我們必須同意彼此的看法不同。」**

你正跳著情感操縱雙人舞嗎？

如果你的答案是（A）：你被困住了，跟操縱者吵個不停，你永遠吵不贏的。因為需要操縱者的認同，你給了他「讓你發瘋」這項能力。就算你是對的，你還是可以選擇退出爭吵，停止舞步。

如果你的答案是（B）：聽起來你的操縱者已經說服你了，你用他的觀點看待事情。因為你太想要獲得他的認可，就算得以自尊心做為代價。可是就算你做錯事，也不需要同意操縱者對你的負面意見。繼續看下去，我會幫你重新找回自己的觀點，恢復健康正向的自覺。

如果你的答案是（C）：恭喜你！每一個答案都非常棒，你將優雅地離開情感操縱雙人舞。跟獲得操縱者的認可相比之下，你更相信自己對現實的感受，你能夠選擇離開爭辯，中斷情感操縱。讓自己脫離情感操縱，重獲自由的路上，你會沒事的。

無論你回應上述問題的答案是（A）、（B）或（C）都不用擔心。在這本書剩下的篇幅中，我會提供許多具體的建議，讓你找到方法離開情感操縱雙人舞。請記得：想要自覺更加良好，提升自信心，或者更清楚知道自己在世上的位置，只要你有一絲絲相信這一切都需要操縱者，那麼你就讓自己處在容易被情感操縱的狀況下。

就讓我們再多看一個情感操縱雙人舞的面向，我們經常被此誘入這場危險的舞步。

同情陷阱

同情是能夠設身處地想像他人的感受，當我聽說朋友的乳房X光結果有問題，我的小孩在學校被人嘲弄，伴侶沒申請到補助時，我不只為他們難過，我跟他們感受到相同的恐懼、傷心和沮喪，因為我會想起自己害怕、沮喪和失望的感覺，而聽到我朋友健康狀況無虞、孩子交到新朋友，或者伴侶工作晉升，我也參與了他們的喜悅。

許多情況下，我覺得同情心是最美好的能力：這些安慰讓憂傷變得可以忍受，也是讓快樂加倍的禮物。理想狀態下，同情是兩個親近的人之間流動的情感，我們因此不覺得那麼孤單，確信自己被愛並且被人理解。不過說起來很可惜的是，某些時候同情可能會變成陷阱，尤其身處情感操縱關係中時。你同情他人的這項能力以及你對同情的需要，都讓你更容易被情感操縱。

舉例來說，凱蒂是我所認識最有同情心的人。她似乎非常明白自己深愛的人們有何感受，對於特定事件造成的影響，她的想像正確得嚇人。如果請我更改預約時間，她會因為造成我的不便而道歉，道歉的方式讓我知道她很注意我的需要，也很注意她自己的。我看得出

來，她會是個很棒的朋友與伴侶。

但我也清楚，凱蒂的同情心會讓她在面對自己與男友的看待世界的觀點時，很難選擇自己的論點。「我在熟食店裡跟人閒聊，我看得出來布萊恩有多不開心。」她說道。「他好像害怕我會離開他，就此一去不回。看他這麼害怕，我覺得好糟糕，我受不了。」凱蒂常常捲入男友的恐懼，以至於忘記自己聊天時發生了什麼事、聊了些什麼。她被迫從布萊恩的角度看待一切，結果忘記了自己的觀點。

很不幸的，布萊恩並沒有展現同樣的同情心。他充分意識到凱蒂的回應，他會這麼喜歡她，有一部分就是因為她同情其他人的能力，只不過他並未報以同樣的善意。布萊恩甚至很少（假如他曾經有過的話）這麼想，「我看得出來有人對凱蒂微笑的時候，她有多開心，這讓她既快樂又有安全感。」或者「我看得出來自己對凱蒂大吼的時候，她多麼難過，她覺得那麼不安、那麼不自在。」布萊恩大部分的時間只注意自己的需要和感受。沒有錯，從布萊恩的角度看來，關心凱蒂的感受代表的可能是放棄自己的感受；承認她的想法跟自己不同，就像是承認自己站不住腳。他沒辦法同情她又不覺得自己敗下陣來，他希望自己的觀點被人理解、受人尊重，但同情對方就像是放棄了達成希望的可能性。

布萊恩或許極端缺乏同理他人感受的想像力，但他也可能是害怕自己同情別人，認為這項特質可能會讓他被擊敗。我曾經在伴侶諮商時短暫與他們相處，發現我想得沒錯。因為他說，「我不覺得自己有必要總是從她的觀點看事情，從來就不是我的！每次我從她的角度出發，我都會屈服。」

結果在這段情感操縱的互動中，凱蒂的同情心創造出某種陷阱。她想理解男友的觀點，但他並不想理解她的。他們吵架的時候，她從他的角度想了很多，但是他從未讓過一步。同情布萊恩讓凱蒂變得敏感又柔情，但是如果要求布萊恩同情凱蒂，他卻只有脆弱與挫敗感。與此同時，凱蒂不由自主的同情心讓她努力忽視自己的感受和觀點，然後以布萊恩的角度看待一切。

不過凱蒂不只充滿同情心，她也渴望被人同情，並且給予她非常想要的認可，畢竟那是唯一可以證明自己的方式，她是一個忠誠的好女友，而不像布萊恩強調的那樣招蜂引蝶、水性楊花。她太需要布萊恩的同情和認可，這一點讓她失去了清楚思考的能力，渴望布萊恩從自己的角度出發、認同自己，結果她變得無法忍受兩人意見不合。對她來說，愛代表徹底的理解和無條件的接受（一點都不能少），要是少了這份愛，凱蒂覺得自己毫無價值、被人拋棄、孤孤單單。因為凱蒂極度渴望被人認同、受到理解，並且被愛，於是她持續接受布萊恩的情感操縱。

有一次我問凱蒂能不能接受，事實上她男友可能永遠不會了解她，不知道對人友善、敞開心胸對她來說這麼重要。我在猜，或許他有可能停止羞辱她，但他可能還是會有不同的想法。

凱蒂一臉震驚。「可是布萊恩愛我，為了我他什麼都願意。」她抗議。

「或許吧。」我答道。「但愛的感受和行動與理解並不相同，有時候我們雖然愛著這個人，卻未必能夠跟他們感同身受；有時候我們雖然愛對方，卻不見得認同對方的做法、決

定，或者意見。」

凱蒂瞪著我的樣子，彷彿我說的是某種外語。「那不是愛。」她終於說道。「如果你愛著某人，你會了解他們，跟他們感同身受，你會覺得他們很棒！布萊恩對我就是這麼想的，只是並非時時如此。」她接著講起有一次下班回家很累，布萊恩幫她按摩腳掌，她講過這個故事好幾次了。「他對我的需求一清二楚，而且他會親手奉上。」她每次重講這個故事時都會這麼說。「我就是在那一刻知道自己對他有多重要，也知道他會永遠照顧我。」對凱蒂來說，那是段非常寶貴的回憶，她願意忍受布萊恩的言語羞辱和吼叫，只為了有機會再次經歷少數幾個特別的時刻，讓她能夠想像他「理解」自己，而且會永遠待在自己身邊。

你該如何逃離同情陷阱呢？試試看接下來的建議。

從同情陷阱中解放自己

釐清自己的想法與感受：當我們陷入情感操縱關係時，通常只會關注伴侶的看法，結果因為太過關注對方而不再記得自己的觀點。試著完成下列跟關係相關的句子，你將會發現自己完全採取他的看法，這很令人憂慮。或許不要只是想想，聽見並且看見自己的想法將很有幫助。

在這段關係中，我想要＿＿＿＿＿。

我希望改變的事情是＿＿＿＿＿。

我受不了______。

我認為自己基本上是______。

我喜歡其他人______。

完成這些句子給你什麼感覺?如果發現自己很慌張,不必擔心。這只表示你有多麼不習慣專注於自己的觀點。試著與這些感覺為伍,觀察一下心頭浮現什麼想法。你或許會發現自己面對重大議題時,能夠更輕鬆地以簡單明確的方式思考。

這個禮拜,我會想要請男友做的一件事是______。

明天,我希望能改變的一件事是______。

我喜歡自己的一項特點是______。

如果比較喜歡圖像思考,你也可以畫下自己的感受,或者結合圖片與文字。(可參閱附錄A提供的一系列「感受詞語」。)

求助於你的「理想顧問」:想像一個你全心信任的聰明人,你可能真的認識這麼一個人,或者這只是你希望自己能擁有的完美顧問。這個對象可以是真人的樣貌,或者某個神奇的心靈嚮導,甚至可以是一隻動物。想像一下這位嚮導看到你和操縱者最近的麻煩事件。他

意識清晰地看見了每件事。想像你自己在事發之後去拜訪嚮導。關於這件事他會說些什麼？你的嚮導有什麼建議？

找個信任的對象傾訴：如果你有非常信任的朋友或親戚，跟這個人說明自己正在進行挖掘自我的實驗。找一件你的操縱者也牽涉其中的衝突事件，試著明確地告訴這些人你的想法，請這個人一旦發現你從自己的觀點變成其他人的觀點（尤其是操縱者的），就溫和地打斷你（或簡單地舉起手），但要確定這個人沒有投射自己的個人意見！如果你忍不住想知道朋友或者親戚的想法，大概隔個一天再約他們討論，接下來的二十四小時內，試著只從自己的觀點思考。

情感操縱雙人舞很吸引人，但我們已經看到這些舞步造成多大的傷害。無論情感操縱占據你生活一小部分，或者是關係主要的互動方式，找到方式離開這場舞都對你有益。接下來的三章，我們將探討情感操縱的第一、第二與第三階段，不論你身處何種情感操縱型態，非常微不足道的小事或者看似鋪天蓋地的操縱，我們將介紹數個能夠協助你重獲自由的方法。

第三章

第一階段：「你在說什麼？」

你正跟約會對象在電影院等待電影開演，忽然覺得有點口渴。「不好意思。」你說。「我快渴死了，我去去就回。」你走到外面售票大廳，在飲水機旁邊喝了杯水，接著就回到影廳。你坐回位子上，卻發現約會對象瞪著你。「怎麼啦？」你問道。

「你剛剛在外面做什麼去了？」他非常生氣。「你怎麼這麼不體貼？我自己坐在這裡將近二十分鐘，我一個人該做什麼才好？」

「真的過了那麼久嗎？」你有點訝異地回答，電影甚至還沒開演，而且你們倆也沒那麼早到。

「你可能沒注意時間，但我有。」你的約會對象說道，接著燈光轉暗，他的手臂環抱過來，你一向很喜歡這樣親密的動作。「無論你今晚擦了哪支香水，你應該每天都噴上它。」他在你的耳邊浪漫低語，那晚後來的一切都很棒，你再次想起自己為什麼這麼喜歡這傢伙。隔天跟好友聊起這次約會，你甚至沒提到飲水機事件。

你才剛見到新老闆，她似乎很完美。上工的頭一週，她帶你一起去公司外面吃午餐，整頓飯的時間不停稱讚你做得有多好。你從來沒有這麼受人賞識，等不及想讓她知道如今有了這樣的機會，自己真的會好好表現。

後來有一天你睡過頭，遲到了四十五分鐘，你再三道歉，但是新老闆笑著說她能理解。「有時候我們會覺得受到威脅，然後就想逃避引發這種感覺的事物。」她和藹地說道。「所以請告訴我，你最近工作上有碰到什麼狀況嗎？我很樂意跟你一起努力，讓這裡變成一個更舒適的工作場所。」

你堅持只是沒設定好鬧鐘（你不想承認自己前一天晚上在外面跑趴到很晚），不過無論你說什麼，她只是面帶微笑。

「很遺憾你不認為能夠對我實話實說。」她說道，終於叫你回座位去。「你改變心意的話請來找我，我的門口永遠敞開。」

她的態度好到不行，不過你發現自己不自在到了極點，但不太確定為什麼會這樣。那天稍晚，老闆指派了一項任務，你過去六個月來一直嚮往這項任務，你向自己保證永遠不會再遲到，然後把整件事拋到腦後。

你的家人正在計畫生日派對，慶祝大家最愛的叔叔八十大壽，於是你打給琴恩姑媽問問可以帶什麼過去。「喔，你的工作那麼忙。」她說道。「你怎麼不去烘焙坊買點麵包就好呢？這樣你就不需要自己下廚。」

你強調自己非常樂意為艾拉叔叔做點東西，但是琴恩姑媽就是不聽，於是你同意買麵包就好。結果到了派對前一天，琴恩姑媽打到你的辦公室。「你媽媽剛剛跟我聊到你烤給爸爸的生日蛋糕，聽說那個巧克力榛果蛋糕超級棒。」她說道。「艾拉很愛吃巧克力，你何不帶那蛋糕過來呢？」

你說明那款蛋糕的材料非常複雜，而且製作耗時，你才剛接到一項超級緊急的工作，所以現在沒有時間採買，也沒空烤蛋糕。

「但是你說過想要做點東西！」琴恩姑媽哀傷地說道，你說自己可以去烘焙坊挑個蛋糕，但她只是嘆了口氣。「好吧，就去買個蛋糕好了。」她終於說道。「我很確定買來的蛋糕不會像你的獨家口味那麼好吃，不過別放在心上，要是我早知道你有多忙，我絕對不會打擾你。」

你掛上電話，心中充滿迷惑。你的確說過要帶點親手烘焙的東西參加派對，而且你很樂意為最愛的艾拉叔叔做點特別的。怎麼到頭來，你卻辜負了他和琴恩姑媽呢？

進入第一階段：重要的轉折點

情感操縱第一階段的狡猾之處在於看似非常微不足道，不過就是有點小誤會，那時有點不舒服，脾氣有那麼點失控，或者意見稍稍不合。如果你從未思考過情感操縱這回事，你可能根本不會注意到這些看起來非常小的事件。即使你很清楚情感操縱情況，還是很難分辨上述事件到底是屬於哪一種狀況：有點惱人但可以忽略、問題出在你身上，或者是個警訊，提醒你這可能是段具有破壞性的關係。

不過發生在第一階段的情感操縱情況，結果通常是關係中的重要轉折點。有些時候一段關係可能有兩種不同的發展（情感操縱或者不被情感操縱），取決於被操縱者的回應。因此在情感操縱第一階段時，明確果斷地拒絕將能斬斷這種趨勢，讓關係更為健全。（別擔心，稍後我會在本章中清楚地告訴你該怎麼離開情感操縱第一階段。）

有些時候，情感操縱也會發生在已經維持了數週、數月，甚至數年的健康關係之中。你們擁有共同的回憶，這可能會讓你更難發現自己的配偶、朋友，或者老闆正在對你進行情感操縱。不過你越早發現，並且停止這樣的模式，你就越有機會重新回到先前那種健康的關係。

也可以說，你對情感操縱第一階段的認識可以幫助你及早（也沒那麼痛苦地）作出決定，知道一段嶄新的或者現在進行中的關係對你來說絕對行不通。你可能會選擇結束這段浪漫關係，或者離開這段友情，至少會降低你們之間的互動強度。如果你的操縱者是你不能不往來的對象，比方親戚、老闆，或同事，你可以劃定跟這些人往來的界線，並減少自身情感涉入的程度。

最後，早期就能辨識出情感操縱的話，將能幫助你注意到自己有踏進情感操縱雙人舞的傾向。當下就是練習的最好時機，操縱者還處在容易應付的階段，而你的自我意識也相對完整，你可以改寫自己易被情感操縱的回應方式。

就讓我們著手檢視洩密的徵兆，如果有這些狀況，表示你正踏入情感操縱的第一階段。你將會發現，有些徵兆會跟其他互相矛盾，而且每個徵兆都有很多解釋方式。不過只要你在閱讀表列事項時，有焦慮或者難過的感覺，或者只要你覺得有一項徵兆非常耳熟，那就要注意了。自己熱切的回應也可能是一種辨識的方式，讓你知道自己已進入情感操縱的第一階段。

進入第一階段的徵兆

情人或者配偶的狀況

- 你們很常為了誰對誰錯而吵架。
- 你比較不常想起自己的喜好，比較常想著他說得對不對。
- 你不懂為什麼他常常對你挑三撿四。
- 他的看法對你來說常常顯得很莫名其妙。
- 你覺得這段關係進展得非常順利，「除了」某些讓你很介意的獨立事件「之外」。
- 你講起另一半的看法時，朋友的表情彷彿你瘋了。
- 你試著（向其他人或者向自己）描述這段關係帶來的煩惱時，你無法傳達問題所在。
- 你不會跟朋友聊到那些令你焦慮的小事，你寧可不談它們。
- 你主動讓朋友覺得自己和另一半關係良好。
- 你認為他能掌控局面、照看一切，而非支配欲強烈又要求很多。
- 你認為他有魅力又浪漫，而非不可靠又無法預料。
- 你認為他理性又樂於助人，卻不懂為什麼這段關係讓你覺得不舒服。
- 他讓你覺得被人保護、有安全感，你不願意為了偶發的不良舉動放棄那種安全感。
- 在他表現出強烈獨占欲、喜怒無常，或者心事重重的時候，你看得出來他有多麼神經質，而你想讓他好過一點。

- 你希望他別再說那些話，但卻沒有成功，不過你沒有放棄期望。

主管或者老闆的情況

- 你的老闆總是跟你聊起你的事，而且大部分都是負面的。
- 你的老闆當面稱讚你，你卻覺得他在暗地中傷你。
- 你覺得無論自己做什麼，老闆都不會開心。
- 你之前覺得自己工作能力不錯，但現在卻不是這麼回事。
- 你不停地跟同事確認對事情的觀點。
- 下班之後，你時時回想著跟老闆的對話。
- 跟老闆說話時，你不太能分辨對錯。
- 跟老闆說話時，你雖然想不太起來他說了些什麼，但覺得自己受到攻擊。

朋友的情況

- 你們常常意見不合。
- 每次意見不合，就算對方並沒有直說，但到頭來都像是在針對你。
- 對於朋友提起自己的方式你常會覺得不喜歡，而且時常想要改變對方的看法。
- 你會避開特定話題。

- 你覺得朋友貶低你。
- 你注意到自己不想約這個朋友見面。

家人的情況

- 你的父母或親戚對你的看法跟你自己的不同，而他們很喜歡把這些想法告訴你。
- 你的兄弟姊妹總是指責你，但你不相信自己有過那樣的行為或者態度。
- 你和自己的兄弟姊妹對於你們的形象看法不同，但他們卻堅持你得要有同樣的觀點。
- 你的兄弟姊妹堅持要用過去的方式對待你，彷彿你還是小時候的那個角色。如果你年紀最小，他們就把你當成嬰兒，如果你最年長，他們就要你會發號施令差遣他們。
- 你常為自己辯解。
- 你覺得自己做得永遠不夠。
- 要求某些事讓你覺得自己像個壞孩子。
- 你覺得自己多數時間都懷著罪惡感。

瘋狂的是誰：我還是他們？

我搭飛機的時候常覺得很焦慮，儘管我理智上很清楚，以統計數據來說，飛機失事的機率比開車出門還低，可是只要一點點亂流，我還是會馬上覺得飛機要墜毀了。我知道這件事的可能性很低，但如果真的發生了怎麼辦？我什麼時候該聽從自己的感覺，什麼時候又該叫自己忽略它們呢？

因為陷入這種左右兩難的狀況，我非常感激數年前有個老朋友給了我很受用的建議。「看看空服員。」她告訴我。「他們會知道是怎麼回事。如果他們很冷靜，你就可以放輕鬆，不去管胃裡緊張的感受。但如果空服員不停看著彼此，或者小聲討論，那麼你就可以開始擔心了。」

每當患者問起該怎麼分辨自己是否被人情感操縱，我經常想起朋友的建議。畢竟每段關係都會有些不舒服的時刻，每個人都有自己的缺點。所以要是你男朋友就是討厭被丟在電影院裡，而你的老闆碰上遲到這回事，反應就是有欠妥當，丈夫的生日派對讓琴恩姑媽非常緊張，所以發洩在你身上呢？本章開頭我提到的事件，個別看來都不是什麼大事，不過是些小亂流和顛簸。

不過有時候，警告訊號真的代表著危險，但你卻傻傻的沒有注意到，所以我會建議你看看你的情感空服員。找到可以信賴的標的（其他人、直覺感受，或者你心裡的聲音）幫助你將自己的焦慮分門別類，知道何時是警示，何時則是可以放著不管的感覺。

發出警告的情感空服員

- 經常感覺到迷惑與混亂。
- 作噩夢，或者夢到焦躁的夢境。
- 事關你的操縱者時，對事情細節的記性非常糟糕。
- 身體方面的指標：胃部一沉、胸口緊繃、喉嚨疼痛、腸胃不適。
- 接到對方電話或者在他到家時，覺得害怕或特別緊繃。
- 特別努力說服自己和朋友，自己和操縱者的關係有多麼好。
- 感覺到自己正在忍受某些行為，而且那些行為會傷害個人的完整性。
- 信賴的親戚朋友經常表達擔憂。
- 避開朋友，或者拒絕跟他們聊起自己的感情生活。
- 生活失去樂趣。

第一階段的情感操縱會在暗中潛伏危害，這個階段可能不涉及任何傳統定義上的情感操縱，沒有言語羞辱、尖刻的批評、貶低或奚落的話，也沒有充滿控制欲的舉動。第一階段中甚至可能沒有（後來可能出現的）情緒末日。不過情感操縱即便是在早期階段，還是能造成很大的破壞與傷害，因為我們急於獲得操縱者的認可，我們可能已經開始將對方理想化。我

們下定決心相信這個人，認為他知道「我們真正的樣子」，如果他覺得我們不好，那麼他一定是對的。於是我們跟他吵架，當面跟他吵，或者在腦海中跟他吵，拚命地希望可以證明他的批評不正確，我們終究是好人。因為全心全意地想要獲得另一半的認同，我們可能看不見他對我們有多糟糕。

我們覺得有點不對勁（你說不太上來），但這模糊的感受是唯一的線索。在電影約會的例子裡面，你很清楚自己只離開了幾分鐘（否則電影早就開演了），就算你真的離開得久了點，也沒有做錯什麼事。但是約會對象那麼生氣，似乎代表著你的行為很過分，你有兩個選擇：

不被情感操縱：如果你能保持強悍與專注，對於約會對象的認可不感興趣，並且堅持自己對世界的解讀，或許就能夠將他的氣憤視為自身焦慮的反映。「哦，約會害他很緊張了。」你可能會這麼想。「或許他只要被丟下五分鐘，就會變得很焦慮。」無論是哪一種框框，你都清楚問題是出在他身上，而不是你，你拒絕被情感操縱。（接下來你就可以決定，自己是否想要跟這麼容易惱怒的對象繼續約會！）

易被情感操縱：如果你已經開始覺得這個人很棒，想要對方愛你，就算在這麼早期的階段，還是很可能會努力尋求他的認可。那樣的狀況下，你會因為對方的怒氣責備自己。你會這麼想：或許你真的粗枝大葉，也可能會問自己為什麼表現得這麼差勁，質疑自己的時間感。要是這個美好的男人覺得你粗枝大葉，你擔心或許他說得沒錯，而證明自己並非粗枝大葉的方式，就是獲得他的認可，那麼情感操縱雙人舞便開始了。

新老闆的例子也一樣，你很清楚自己為什麼會遲到，因為你前一天晚上跑趴混到太晚，但是你的老闆堅持用你不能接受的方式解釋這件事，所以同樣的，你有兩個選項：

不被情感操縱：如果你對自己和工作比較有信心，你或許不會因為想要獲得老闆的認可擔心太多。你當然想要他喜歡自己，希望他把好的任務交給你，但是他對你的看法並不影響你對自己的看法。如果抱持著那樣的自尊心，或許你就不介意他怪異的解讀，避免情感操縱的狀況。「哇喔。」你可能會想著。「這個真的有些奇怪的理論，我想我最好別再遲到了，否則我就得再聽他胡說。」

易被情感操縱：如果你需要老闆的認同，才能覺得自己是個好員工，而且聰明又能幹，你可能會覺得他搞不好有點道理，或許你是在逃避某件事，或許你真的感受到威脅，或許你為了傷害自己，故意在外面待到很晚。只要你開始讓步給他那些明知不正確的理論，你就是留下讓情感操縱進犯的餘地。

至於琴恩姑媽的狀況，你可能也會有沮喪和困惑的感受。琴恩姑媽暗示你一開始說要幫忙準備食物，後來又拒絕，這個版本包含的事實，足以將你推離真相的軌道。事實上是你的確提議烤點東西，但是琴恩姑媽拒絕了這個提議，於是你投入其他任務，在這裡你的兩個選項是什麼呢？

不被情感操縱：如果你很清楚自己是個善良、貼心又慷慨的人，你會清楚真正的實情，琴恩姑媽扭曲事實的說法並不會太過困擾你。你甚至可能會同情她，提醒自己派對可能讓姑媽很緊張，不過並不會認為自己需要為她的不安全感負責。

易被情感操縱：如果你就跟許多人一樣，非常需要家人的正面觀感，那麼琴恩姑媽扭曲事實的說法可能就會令你震驚。只有你知道真正的情況是不夠的，琴恩姑媽必須也這麼想才行，不然的話，或許你真的是個自私自利的壞人，不關心自己的家人。於是你拚命地說服她，告訴她自己沒有惡意，或是跟她爭辯真正的情況，你甚至可能熬夜烤蛋糕！這下你就踏起了情感操縱雙人舞。

情感操縱第一階段通常會發生在……

- 如果你很容易受到某些確定的人影響。
- 如果你對受傷、沮喪或者需要他人關懷的對象非常敏感。
- 如果你很需要身為正確的一方，或著需要其他人認為自己做的沒錯。
- 如果你很重視自己是否被人喜歡、受到感激，或者得到理解。
- 如果對你來說，搞定問題還有讓一切都順利進行非常重要。
- 如果你能夠對他人感同身受，並且有辦法迅速轉換成操縱者的觀點。
- 當你非常想要維持這段關係。
- 如果你通常想要讓關係繼續下去，你很難對人放手。
- 當你非常想要維持對於操縱者的正面看法。

- 如果你很難發現其他人對自己不好。
- 如果意見不合和衝突會讓你非常不安。
- 如果採取別人的意見會比自己的意見更讓你安心。
- 如果你常會擔心自己不夠好，能力不足，或者沒那麼值得被愛。
- **如果你想要操縱者的認可，特別是在那些把他視為理想或浪漫象徵的狀況中，或者你非常想要維持這段關係。**

當批評成為武器

假設你的對象時不時會大發脾氣然後大吼大叫，但你討厭有人對你吼，不過你願意忍耐。所以在你的另一半爆發，大聲吼叫的時候，你會冷靜地說，「請別對我大呼小叫，我們先別吵了，上床睡覺吧。」

到目前為止，一切還算順利，沒有人被情感操縱，這場爭論也可能會好好收場，但是如果你的男友說，「我真不知道你為什麼一定要這麼敏感！」或者「我沒有大呼小叫，我是用正常的音量說話」呢？

這下子你有幾個選擇，如果你說「我不想要繼續這個話題」或者「我覺得我們對事情的看法並不一樣」，甚至「或許你是對的」，你可能還是有機會結束這場爭辯，而且你的自覺會完好無損。請注意，你並不是說你的男友是對的，只說他或許是對的。你清楚你們倆是獨立的個體，各有不同的觀點，抗拒依附的渴望就是對抗情感操縱的絕佳屏障。

但是如果你發現自己想的是，或許自己真的太過敏感，或許男友的大嗓門是正常情況？你這樣是在「接受批評」（這通常是好事），還是說你只是讓自己接受了第一階段的情感操縱？

這又是一個微妙的差別，有時候我們所愛的人跟我們的做事情方式真的不一樣，所以我們認為的「大吼大叫」，對他們來說可能只是「熱烈但正常的音量」，也有些時候，他們的見解和觀點會挑戰到我們的想法，但對我們來說可能真的有所助益。學著透過愛人的眼睛看看自己，可以是刺激自己大幅成長的動力，正如同接受批評對任何重要關係來說都不可或缺。

不過有些時候操縱者是把批評當作武器，讓你覺得焦慮脆弱的批評，你很確定自己會變成地上的水坑。你無法忍受他覺得自己這麼糟糕，你害怕他對你的看法可能是正確的，你就是粗枝大葉、不理性，或者能力不足，你真的很不想要變成那種「糟糕的傢伙」，因為你非常容易受到影響，結果那些批評成了他的情緒末日。

操縱者的批評很可能部分正確，不過這些批評的目的是傷害你，而不是幫助你。例如艾倫說崔絲常常遲繳信用卡費，結果得付遲繳罰款。這件事他很可能沒說錯，她應該多用點心，準時繳費。如果他的講話方式充滿愛意與關懷，崔絲或許會遵照他的建議，並且因此獲益。但艾倫用這些瑣碎的事實來捏造一個更大的假議題：崔絲幼稚而且不負責任，不能把錢交給她管理，她的揮霍浪費會害他們兩個瀕臨破產。那不是事實，但崔絲暗自害怕，如果艾倫認為她「那麼糟糕」，或許她就是「那麼糟糕」。她這麼拚命跟他爭辯，想讓他改變立場，其實是想要證明自己不像艾倫想的那麼不負責任或幼稚。

若是有人批評你，而你覺得焦慮又受傷，你也可以看看自己的情感空服員。你的好朋友和值得信賴的直覺會幫助你，讓你知道該敞開胸懷，或者該強力抵抗任何負面意見來保護自己。察覺到自己受傷或者遭到攻擊的那一刻起，你就不該再聽下去，而該專注於這個重點：不論你做了或者沒做什麼，沒人該這樣對你。

發出警告的情感空服員

- 經常感覺到迷惑與混亂。
- 作噩夢，或者夢到焦躁的夢境。
- 事關你的操縱者時，對事情細節的記性非常糟糕。
- 身體方面的指標：胃部一沉、胸口緊繃、喉嚨疼痛、腸胃不適。
- 接到對方電話或者在他到家時，覺得害怕或特別緊繃。
- 特別努力說服自己和朋友，自己和操縱者的關係有多麼好。
- 感覺到自己正在忍受某些行為，而且那些行為會傷害個人的完整性。
- 信賴的親戚朋友經常表達擔憂。

- 避開朋友，或者拒絕跟他們聊起自己的感情生活。
- 生活失去樂趣。

我認為這一點至關重要，所以我要重複一次：就算裡面包含了一丁點事實，但如果目的只想傷人，這種批評根本不該聽。如果你的情感空服員告訴你，某人正把事實當武器用，別聽下去，離開這場對話。不然的話，你會有被拖進情感操縱雙人舞的危險。

只想傷人的批評常會……

- 包含羞辱、誇大，或者辱罵。
- 出現在吵架或者爭執的過程中。
- 有人講出這些來吵贏這場架。
- 壓過你的反對意見，也不管你想要結束這段對話。
- 莫名其妙地冒出來。
- 轉移你的注意力，不再關注對方的態度。
- 包含讓你難以簡單回應的內容。

解釋陷阱

我的朋友莉雅是個四十多歲的小公司老闆，這名嬌小的銀髮女性個性坦率，而且有著驚人的幽默感。莉雅結婚多年後喪夫，現在打算再一次開始約會。不久前她參加朋友的晚餐聚會，坐在一個名叫麥特的男人旁邊。她對他有滿大的疑慮：他看起來不但有點傲慢，似乎還很矜持，不過聽到他邀她週六晚上出門，她還是很樂意跟他約會。

麥特一整週不停地寄電子郵件給她，告訴他自己多麼急著想見到她，但他卻從來沒有明確的計畫。到了星期六下午，他打電話來說家裡有急事，必須失約了。他說了好幾次抱歉，但莉雅的週六晚上就是沒事可做。

麥特在週一打電話給莉雅再約她一次，但是對過他們倆的行程安排之後，他們能碰面的時間會在三週以後。「嘿，真是糟糕。」麥特跟她說。「我現在更抱歉自己取消約會了，妳確定沒辦法為我挪點時間嗎？我真的很想要盡早跟妳碰面。」

莉雅跟他說沒辦法，他們約好了下次碰面的時間，但是麥特顯然不開心。於是莉雅開始懷疑，會不會他注意到她的疑慮，所以才取消約會呢？要是不能盡快找時間跟他見面，她是不是就毀了這段關係可能成功的機會呢？失約這件事顯然讓麥特很難過，他一直說感覺很糟。他難道不該有第二次機會嗎？要是她能表現得更有熱忱，或許他也會更主動。

等到她跟我講起這件事，莉雅已經針對這件事編了整套解釋，她認為自己對於跟麥特約會有所疑慮，因此設法疏遠他，所以他才會取消約會。如果不重新安排行程早日跟他見面，她就會一直跟他保持距離，他表現出來的壞脾氣和不開心，顯然就是因為她的所作所為。

「但是莉雅，」我跟她說，「在這個故事裡面，妳漏掉一個很重要的部分：最後一刻麥特失約了。就算妳能理解他的理由，就算對於他行為的解釋都沒有錯，但他還是失約了。妳試著挑挑揀揀，想決定自己該回應他的哪些行為，又該忽略哪些，但是某件事說得通不代表沒有發生。」莉雅努力為麥特開脫，想辦法解釋他那些言行舉止，結果讓她更陷入情感操縱狀況，她看不見麥特真實的面貌，反而透過自己的解釋看見對方希望呈現的樣子。

就我看來，莉雅掉進了解釋陷阱，她努力解釋那些困擾我們的行為，包括情感操縱在內。不但沒讓這些初期徵兆發揮作用，嗚響警鐘，我們反而尋找看似合情合理的解釋，證明給自己聽，為什麼這些危險訊號並沒有真正的危險性。在各種情感操縱狀況下，解釋陷阱都會影響我們，因為某種程度來說，我們都希望一段關係能走下去，我們會覺得這段關係或許能夠帶給我們這麼一個人，他會讓我們覺得自己很棒、能力很強，而且值得被愛，於是我們會找理由忽略那些不愉快的現實，並且將操縱者理想化。以下是可能困在情感操縱狀況中的三種方式。

「不是他的問題，是我的錯。」

在這種模式下，關係中的任何事都被我們解讀成是自己造成的，因此莉雅會堅持自己的看法，認為麥特之所以取消約會不是因為焦慮、無禮或者家裡有急事，她認為是自己的看法、感受和所作所為逼著他做出這些令人不開心的事。這種說法之所以吸引人，因為這個方法等於是偷偷地表明自己很強大，如果操縱者的差勁表現都是我們的錯，那麼現況就完全在我們掌握之中，我們只需要更努力，這段關係肯定會有所改善。

「他心情很糟。」

看到有人表現出憂傷、憤怒或者沮喪的心情，我們就會誤以為他們真的很悔恨，所以莉雅不停告訴我，麥特對於取消約會這件事有多難過。麥特發現很難重新安排行程時，他可能對於取消約會感到遺憾，但他的難過都是為了自己，因為他發現很難照自己想要的方式安排。約會取消可能會讓莉雅覺得寂寞、受傷或者困惑，他卻從來沒有表現出意識到這一點的樣子，只有關心這件事造成自己的不方便。莉雅把注意力放在他的心情上，自欺欺人地相信麥特真的很關心她，所以是個好對象。透過這些幻象，她看見的不是個幾乎沒有考慮到她的感受、只顧自己的人，而是個敏感又關心他人的人，所以才會為了自己的所為難過。

「無論他怎麼對我，我都應該克服。」

如果這些都解釋不了，我們總還可以說服自己不用（也不應該）受到其他人的差勁表現的影響。最後就算莉雅無法阻止麥特取消約會，不過她可以不去在意。有時候我們會「下定決心」不理會某些行為，有些時候我們根本就忘記發生過什麼事，莉雅就是這樣。無論哪種方式，我們都努力讓自己看起來很堅強，不受操縱者的行為影響。「無論他做了什麼，我都該一樣愛他。」一位患者曾經這麼告訴我。「無條件的愛不就是這麼回事嗎？」

對我來說，「無條件的愛」的問題就在這裡，獨立於這段關係之外的某個理想狀況。無條件的愛到底是什麼意思？「無論你怎麼對我，無論你做了什麼，我對你的心意都不會改變，所以千萬別試圖改變我的感受！你可以取消約會，但我會當你從沒這麼做過，我對你的感覺永遠不會改變。你可以忽略我的感受，只注意自己的心情，因為就算你讓我沉浸在愛意與關懷中，我的感受也沒有不同。你可以羞辱我、不理我，或者做出無理的要求，這都影響不了我。我就是那麼棒，我就是那麼愛你。說到底，你這個人和你的行為舉止都不重要，重要的是我自己和我的愛。」

千萬別誤會我的意思，我非常支持患難與共，我相信任何愛與關懷的關係中都包含著自我犧牲的成分，我也清楚愛不總是件容易的事。但是愛的核心就在於這是一段關係，參與者會彼此影響，這既是好事也是壞事，愛會令人憂傷也會帶來喜悅，不可能不受對方的行為影響，不然的話，我們完全可以自己發展一段關係。

那麼我們為什麼這麼喜歡無條件的愛這回事？這個嘛，很多人會覺得愛令人失望，我們的家人、朋友和愛人並不會總是善待我們。在成長過程中，我們可能會發現雙親沒能達到我們的期望，交往過好幾個劈腿的情人，也可能會一次又一次地對同事和朋友感到失望。我們可能會有意無意地覺得，愛或許不是適合自己的選項，我們永遠遇不到適合的人，沒有人真的能慷慨地付出，對我們感同身受並且給予支持。

出於這種痛苦的恐懼，我們可能會試著自己解決問題，重新將自己塑造成強大、自給自足而且能夠掌控全局的人。事實上，我們試著讓自己變成更好的人，以減少所愛之人的缺點造成的影響。我們不去看清楚伴侶、愛人和朋友，詢問自己這個人的實際能耐，我們反而堅持著自己對於關係的幻想，並且只關注自己在其中的角色。我們不去觀察自己在這段關係中真正的感受是滿意或是空虛？被愛還是被忽略？我們堅持自己的幻想，如果別這麼自私、更樂意付出、多關懷他人的話，我們將會有何感受。我們讓自己暴露在接受情感操縱的狀況。只要我們有一丁點相信，認為自己需要操縱者，才能有更好的自覺，增加自信心，或者更清楚知道自己在世上的位置，我們就會成為等待操縱者到來的被操縱者。

還記得情感操縱中會發生的事嗎：你的操縱者（就算他某些時候非常了解你的心情）漸漸難以抵抗自己的需要，他需要加強自覺和掌控感，方法則是向你證明自己是對的，並堅持你同意他的看法。無論他的話題有多少是關於你的感受，他真正在乎的只有一件事：讓你同意他是對的。

但若是你掉進解釋陷阱中，你可能會想方設法為這些行為開脫。你太想要贏得操縱者的認同，而且你眼中的他都映照在理想化的蘋果光之中，這讓你忽略他的行動，只注意他說的話語。

比方麥特，他堅持自己想要約莉雅出去。不過與此同時，他也沒能跟她訂下明確的計畫，而且最後還毀了約。他看起來從沒在乎過莉雅的感受，他只注意自己方不方便。莉雅沒有意識到自己多不喜歡麥特的舉動，她反而是怪自己，還想出了一套讓自己安心的解釋，結果她得為每一件出錯的事負責，所以大概也得負責搞定一切。

麥特忽視莉雅，而莉雅也以自己的方式無視對方。她漠視真正存在的人，這個人失約，

然後又囉唆著行程安排的事，她只顧著想像一個貼心又孤單的人，認為只要向對方保證自己的愛意，他就會好好對她。接著她責備自己表現得不夠深情。

你該怎麼逃離解釋陷阱？只要跟你的情感空服員保持聯繫就可以。他們會幫助你看出兩種解釋的不同之處，一種真的能夠闡明狀況，其他的則只幫你忽略現實。如果你覺得焦慮、坐立不安，或是無法專注，必須一再重複自己的解釋（說給自己或朋友聽），那就是個滿清楚的徵兆，顯示你想要為某件事開脫。真正的解釋帶來理解和感同身受的釋然，伴隨解釋陷阱而來的往往正是你想擺脫的那份焦慮感。

聯繫情感空服員的幾種方式

進行以下活動時，你可能會覺得不安。不要擔心，事實上這是個訊號，代表你已經找到了內心深處的智慧，你需要這些智慧來解決問題。只要堅持下去，觀察這些感受告訴你什麼訊息。

- **寫日記**。如果你感覺焦慮或不安，每天至少寫滿三面日記，持續至少七天。能寫多快就寫多快，不要停下來檢查自己的感受，也不要顧慮自己的想法，允許真相自行浮現。
- **冥想**。冥想是種能夠釐清並且鎮靜自己心靈的方式。許多人每天冥想十五分鐘左右之後，他們在冥想的過程或者一天當中的某個時刻，思緒從深處湧上心頭，找到了內在的明晰。大多數的瑜伽中心都開設冥想的課程，我也推薦夏蓉·沙茲博格撰寫的好書《慈心禪》（Lovingkindness）。

- **動禪**。結合心理與身體的運動方式，瑜伽、太極，和許多武術通常都屬於動禪。你的身體會因為訓練而更有彈性，這也能打開你的思緒、心靈以及精神。這些都是找回自己獨特見解的好方法，並且重新接觸到自己最深沉也最真實的觀點。
- **留點時間獨處**。我們的生活經常如此忙碌、行程滿檔，以至於我們沒有時間跟自己相處。心理學家湯瑪斯·摩爾將靈魂喻為害羞的野生動物，他建議我們必須在森林周圍耐心等待，他終將現身並且分享自身的智慧。如果你覺得混亂或困惑，或許你只是需要多點時間重新跟自己相處。
- **花時間跟朋友或家人相處**。就算處於情感操縱第一階段，有時我們還是會覺得自己越來越孤單，身邊只剩操縱者。即便我們並沒有跟令人苦惱的男友、女友、同事或老闆待在一起，我們的心神還是關注著對方可能會說的話、可能會有的想法、期望，以及要求，跟某個只把你當作你的人相處是個絕佳的方法，能讓你重新得回自己的想法。

杜絕情感操縱雙人舞

情感操縱第一階段很特殊，三個階段中只有這時有機會，不僅能叫停，甚至可以完全杜絕情感操縱。該怎麼杜絕情感操縱雙人舞呢？以下是幾個建議。

跟你的約會對象

- **多留意**。你覺得重要的事和他覺得重要的事，請密切關注兩者之間的差異。
- **闡明自己的想法和觀點**。他如果打算指控你某些事，問問自己，是否同意這個評價。
- **保持幽默感**。對於某些事情，如果他的介意程度遠高於你，請留意那些微不足道的小事，尤其是那些荒謬的小事。
- **為自己表態，但不要跟對方吵起來**。要是有人用荒謬的事指控你，最好的回應就是什麼都別說。如果打算解釋自己多麼正確，幾乎就肯定會踩下舞步，因為這支舞就是源自於被肯定的需要。
- **關注自己的感受**。約會的過程中，你是否覺得煩躁？焦慮？開心到神魂顛倒？判斷這些感受的意涵言之過早，但是你至少可以注意到自己有這些感覺。
- **維持自覺**。約會之後，請再次自我檢視，確認自己對於整體進展的感受。如果偏向好感，你很可能會想要再見到這個人，不過請記得所有令你憂慮或者困惑的事情。

跟你的老闆

- **辨識模式**。老闆對你情感操縱，雖然這點表示你情緒不穩定，無法應付壓力，但你還不清楚他是否隨時都在情感操縱，或者這只是他應對特定情境的模式，比方你犯了錯、表現得特別良好，或者似乎碰上困難。了解老闆情感操縱的模式會幫助你，你將能辨別哪些可以忍受，而哪些不行。
- **確認老闆會做到什麼程度**。情感操縱是否總會導向懲罰，比如更動工作分派、扣住薪資、解雇等等，或者只是心理遊戲？同樣的，如果你看清楚狀況，你就能找到自己的界線。
- **釐清自己跟他之間，真正必須的交集到底有多少**。有些老闆是我們工作的重心，有些比較像是幕後的角色。沒有人喜歡被老闆情感操縱，但在每天的工作中，如果老闆扮演著相對不重要的角色，或許比較容易忍受這些行為。

跟你的家人

- **拒絕參與**。這又是那種「說來容易，做來難」的建議，你之前可能聽過很多次了。儘管如此，想要避免與你媽媽、你爸爸、你哥哥、你姊姊，或者愛生氣的琴恩姑媽跳起情感操縱雙人舞，這仍舊是最好的方法。跟家人（特別是父母）的相處模式根深柢固，非常難以動搖，拒絕參與情感操縱的對話常是最有力的回應。

- **放棄努力，不再試圖讓他人覺得自己沒錯。**如果你需要被人看做正確的一方，就很容易受到情感操縱影響。我的意思不是要你放棄發自心裡深處的確信感，你知道自己是對的。但是只要你真的不在乎親戚對自己的想法，你就能踏上解放自己之路，脫離家人的情感操縱。
- **別再努力想被人理解。**「我能理解他們的觀點，為什麼他們不能理解我的？」有個患者曾經問過我。被人誤解很難受，如果是來自家人的誤解就更難了。但是同樣的，想被人理解將使得你極易受到情感操縱影響。

停下舞步

就算處於情感操縱的第一階段，我們也會碰上那樣的情境，開始參與情感操縱雙人舞。那麼萬一舞步展開，你該如何停止？這裡是一些有用的建議，情感操縱的任何階段都適用，不過在第一階段特別有效。

別問自己「誰是對的？」，問問自己「我喜歡別人這樣對我嗎？」

就如我們所見，讓我們留在情感操縱關係中最大的陷阱之一，就是我們對於正確的需求。擔心我們不夠公平，我們太過敏感，或者我們太小題大作，這些都是強而有力的消音裝置，我們因此容易受到他人的操縱。但若是我們把重點放在別人是怎麼對我們的，我們就能越過重重的困惑。回到本章開頭的例子，當你男友抱怨被單獨丟在電影院中，假設你不是自問：「他說得有道理嗎？」而是：「這個人用這種態度跟我說話，我會想要跟這樣的人在一起嗎？」如果你很高興他能分享自己的感受，沮喪於他準確地指出你的問題點，不喜歡你們對同一件事有著非常不同的看法，那就沒有問題，更何況你在其他時間都很享受他的陪伴。若這件事讓你覺得不太舒服、憤怒、受困，或者混亂，請容許自己有這些負面情緒，讓這些不快樂的經驗協助你判斷，思考是不是想繼續跟這個人約會。

別擔心想當個「好」人，但要擔心自己想著「夠不夠好」

許多人都太想要當「好女孩」或「好人」。認為自己很好（無論這個字的定義是什麼）對我們來說非常重要。我們非常希望其他人覺得自己好心、善良、慷慨、有教養、善解人意，或者很關心伴侶的需要。我們思考的不是伴侶對我們如何，而把所有的心神都放在我們自身的行為上。想對一段關係負責的話，這或許是個很有用的方式，但這也可能會變成一種逃避的方式，事實上我們的伴侶對我們很不好，我們真的不應該忍受。如果你總擔心自己是不是「好人」，你很有可能會轉移焦點，開始懷疑自己是否相信自己的感受和行為一致，你會問自己，不確定是否該負責在這段關係中「好好表現」？若是你的伴侶真的對你情感操縱，你表現得「很好」並不會改善這段關係；你只有在離開情感操縱雙人舞時，狀況才會改善，而非你這個人好或不好。

別為了自己心知肚明的真相爭論

就算你知道事情的狀況，你不需要跟人吵這個。事實上，爭辯這件事只會讓你抓狂，為一些微不足道的小事吵架（「我才沒有離開二十分鐘」）；「這份工作沒有嚇到我」；「我從來沒答應過要在最後一刻烤蛋糕。」這些都意味者事實有可爭論之處，如果在爭辯過程中聽到很有道理的說法，你可能就會改變立場。這根本就是在邀請操縱者利用事實和情緒性的字眼發動攻擊，直到你屈服為止。你會跟四歲小孩為了月亮會不會掉到地球上而吵架嗎？跟他們爭辯糖果是不是可以取代蔬菜？他們是不是可以整晚不用睡覺，然後都不會累？你不會，因為你很清楚自己是對的，四歲小孩說的話不可能改變你的立場。更重要的是，你想要他收到這個訊息，你沒興趣吵這些事；你知道真相是什麼。

永遠對自己誠實

這一點很困難，因為操縱者總是告訴你一些負面的看法，這些批評可能包含不少事實。對方以批評做為武器，你得要抵抗批評，然後抱持著真實、平衡又有感情的自覺。面對操縱者的時候要做到這一點並不容易，但保有自覺絕對有其必要性。

因此要是你的操縱者說一些類似「你真是健忘」，你內心的對話可能會是以下三種模式之一：

1.「他是對的嗎？我真的這麼健忘嗎？上一次我忘記事情是什麼時候？你知道嗎，我根本想不到。我覺得他說得太過分了。」

2.「他是對的嗎？我真的這麼健忘嗎？上一次我忘記東西是什麼時候？好吧，我上個禮拜是忘了買牛奶；或許他就是想到這件事。還有前一週我忘記去拿乾洗的衣物。不過兩件小事加起來也沒到『健忘』，我不打算太擔心。」

3.「他是對的嗎？這個嘛，他當然沒說錯！我從五歲開始就是個健忘的人，我就是第一個『心不在焉教授』。但是那又如何？他用我犯的錯來對付我，我不能接受，而且我也不能接受他想讓我難過。我不打算糾結在一個錯誤之上，我也不想要他把心思都放在這裡，因為這沒什麼了不起，我在其他很多事情上都表現得很棒。」

練習離開與操縱者的爭執

再強調一次，別擔心誰對誰錯，重點不是誰吵贏，而是你希望別人怎麼對你。本節的最後列出一些策略，你或許可以用來避開對錯之爭，並根據自己和操縱者的個性來調整策略。例如有些男人比較聽得進去以「我愛你」開頭的句子，如「我愛你，但我現在不想討論這件事，我們可以晚點再聊。」也有些人完全不想聽到情緒字眼，他們只接受清楚的指令：「這些現在就別再講了。」你或許需要試過下列選項，才知道自己該怎麼應用比較好。

避免對錯之爭，你可以這麼說

- 「你說得沒錯，但我不想繼續吵這個。」

- 「你說得沒錯，但我不想要別人這樣跟我說話。」
- 「如果你別再罵人，我很樂意繼續討論。」
- 「這段對話的走向讓我很不舒服，我們晚點再說吧。」
- 「我認為這段對話已經離題了。」
- 「我不認為我可以講出什麼有建設性的話，我們改天再聊吧。」
- 「我覺得我們必須同意彼此意見不同。」
- 「我不想繼續吵了。」
- 「我現在不想繼續講下去。」
- 「你說的話我有聽進去，我會想一想。但我現在不想繼續聊這些。」
- 「我真的很想繼續跟你談，但請你語氣好一點，否則我就不想講了。」
- 「我不喜歡我現在的感覺，所以我不想繼續講了。」
- 「你或許沒注意到，但你在對我說我看不清現實。不好意思，我不同意你的看法。我愛你，但我不想要跟你這樣講話。」
- 「我很愛我們之間親密的對話，但不喜歡你批評我。」
- 「你或許不是有意羞辱我，但我的感受就是如此，我不打算繼續講了。」
- 「我不覺得現在是聊這些的好時機。我們找個雙方都方便的時間，改天再聊吧。」

允許自己憤怒，但別為了你的感受與被人傾聽的權利而吵架

憤怒可能是梳理感受的最佳方式，但是你會因為爭吵陷得更深。你將發現以下方式的效率很好：挑出一句話，裡面彙總了你想說的一切，接著就只要重複這個句子。同樣的，選擇最適合自己的個性與情況的風格。有必要的話，實驗一下，直到你找到正確的選項為止。

想表達憤怒但又想避免爭執，你可以這麼說

- 「請別再用那種語調跟我說話了，我不喜歡這樣。」
- 「你一直用吼的，我聽不清楚你到底在說什麼。」
- 「你一直用那種不屑一顧的態度跟我說話，我實在聽不懂你想表達什麼。」
- 「你吼我的時候，我不想跟你說話。」
- 「你用那種不屑一顧的態度，我不想跟你說話。」
- 「我現在不打算繼續吵架。」
- 「我覺得你在扭曲事實，我真的不喜歡這樣。我晚點比較冷靜之後再跟你聊。」
- 「或許你不是故意傷害我的感受，但我現在難過到不想講話。我們可以晚點再聊。」

停下情感操縱雙人舞可能有點難度，尤其是你已經跟伴侶或者其他人跳了一陣子之後。有時候你會發現情況很掙扎，或者一切多半正常，但對方時不時會故態復萌。別擔心，大多

數的改變都會這樣，每一次都會有點又驚又詫。只要你堅持下去就會有所進展，如果你不滿意自己的進展，請考慮找位治療師，支持團體或者其他類型的援助，為你自己加油打氣。

若能在第一階段就停止舞步，相對而言你仍是對自己的看法感到自在，所以在這場比賽中你還是領先群雄，因為你能免於進入第二甚至第三階段。下一章中我們將會看到，一旦你陷得更深，更想要獲得操縱者的贊同，離開舞步將會變得更有挑戰性，越早選擇停止這樣的模式，對你越好。

第四章

第二階段：「也許你說得有道理。」

凱蒂已經跟布萊恩約會好幾個月了，情感操縱開始影響她。他們剛開始約會時，布萊恩指責她跟其他人眉來眼去，她覺得對布萊恩很不好意思，所以試著安撫他。但是她很明白自己並沒有做錯事，也盡力讓布萊恩這麼想。在那個時間點，凱蒂還在第一階段。

不過現在呢，她開始擔心或許自己真的到處調情。「我不認為我在調情，但或許我無意之間這麼做了。」某次療程中她這麼告訴我。「布萊恩就是這麼講，說我無法自制。不過他說這樣也還是調情，就算我沒注意到，但所有人都看得出來。他說我用這種方式偷偷懲罰他，但我不覺得自己想懲罰他，我怎麼會想要這麼做？我愛他啊。」她頓了一下，甩甩頭。「或許因為我愛他，所以想懲罰他，或者我就是想讓他生氣。布萊恩說我就是這樣，他說我喜歡惹他生氣，但我不懂我怎麼可能會這樣，我那麼討厭他大吼大叫。而且他最近越來越常大吼大叫，還越吼越大聲，我真的受不了了。」她又搖搖頭。「但或許我真的喜歡惹他生氣，只是我不知道自己喜歡？這一切太讓我混亂了……」

凱蒂顯然已經離開情感操縱第一階段，進入到第二階段。這兩階段有什麼差異呢？在情感操縱第一階段，你會不敢置信地看著操縱者。如果他說了什麼挑剔的、嚇人的，或者操縱的話，你心裡會想：「哦，得了吧」或「那不是真的」，或許你會開始懷疑，但對於自己的看法依然相當堅定。

但是在第二階段，為了獲得操縱者的認同，為了讓對方肯定自己很好、有能力、值得被愛，你更為投入。不過為了證明自己是正確的一方，他甚至會加倍投入。如果你不贊同他，他或許會視情況採取情緒末日：更大聲的吼叫、想出更多尖銳的辱罵、更常跟你冷戰。你盡

一切努力避免這些狀況發生，於是你更用力地討好他，而且就像凱蒂一樣，你設法理解他的看法，結果把自己弄得頭昏腦脹。此刻，你心裡最先浮現的是他的觀點，而不是自己的，甚至可能覺得總在捍衛自己是一件很正常的事。當你的操縱者反應過度，你不再想著「他有什麼毛病？」你要不是跳起來安撫對方，就是為自己辯解。

你進入第二階段了嗎？你是否……

- 感覺不再像之前那麼堅強？
- 比較少見到朋友和自己喜愛的人？
- 比較沒那麼贊同過去信任的對象？
- 越來越常為你的操縱者辯解？
- 在描述這段關係時省略很多細節？
- 為他找藉口來說服自己和其他人？
- 不停想著他？
- 越來越難想起你們之前意見不合的狀況？
- （無論是對自己或是對他人講話時）心裡總是掛念著自己做了什麼，導致他做出那些生氣、沒安全感、孤僻或者其他不開心的舉動？
- 時常思考自己是不是該採取不同的行動？

● 比較常掉眼淚？
● 更常出現模糊的不對勁感，並且／或者感受更加強烈？

讓我們再次檢視第三章的例子，你自己去外面找東西喝，然後讓約會對象在影廳裡面等待。以下是你在兩個不同階段時，對這個情況的不同反應。

從第一階段到第二階段

第一階段

● 你想得到他的認可，也希望他能證實自己是個很好、有能力而且值得被愛的人，但即使做不到這一點，你也能接受。因此你最先考慮的是自己的觀點，而聽見他說出不正確的言論，你可能會跟他爭辯：「我沒有讓你自己一個人待了二十分鐘那麼久！我有看錶，只不過五分鐘而已！反正這又不是什麼大事！」

※ 你認為自己的看法很正常，而（在他進行情感操縱時）他的看法不正確、扭曲或令人無法接受。

● 當他的舉動傷害了你，或者令人不知所措時，你會想著「他是怎麼了？」

※ 你就情況作出判斷：「他說我離開了二十分鐘，但我知道這不是真的，否則電影早該

開演了。不過就算電影真的開演又如何？我不確定自己是不是喜歡這麼容易為了小事不開心的人。」

第二階段

● 你真的很想得到他的認可（這已經成了你唯一能夠證明自己的方法，只有這麼做你才能夠證明自己真的是一個很好、很有能力，而且又值得被愛的人），於是你優先考慮他的看法。你可能會爭辯（大聲講出來，或者在自己的腦海中想著），但總之你最先思考的是他的看法：「他說我丟下他自己一個人太久，好吧，我知道這種感覺有多糟，特別是被約會對象丟著不管。我大概也不能怪他心情不好。欸，等一下，不可能過了那麼久！沒錯，但我猜約會時就連分開五分鐘感覺也很嚴重，我懂他為什麼不開心。」

※你認為他的想法很自然，自己的看法卻得非常努力才有機會被人聽見，因為想到他對你的批評可能是真的，你就受不了：「親愛的，拜託了，你想想就明白。我知道你討厭自己一個人，但我真的沒有離開那麼久，對吧？」你希望吵贏之後就能證實對你來說最重要的事：你的確是個很好、有能力，又值得被愛的人，因為這個人也這麼想。

● 當他的舉動傷害了你，或者令人不知所措時，你會想著「我是怎麼了？」

※你失去判斷力，也沒了綜觀全局的能力，只關注於他指責你的細節：「我知道自己沒

有離開那麼久。但或許我真的有，因為說真的，我沒有很注意時間，我大概不能怪他因此不開心。欸，等一下，電影還沒開始，所以不可能過了二十分鐘。啊哈！我要告訴他這件事，不過我或許是有點粗線條？」

還是不確定自己是否進入第二階段？以下的測驗將提供更多不同的思考角度。

「總是在辯解」：你被困在第二階段嗎？

1. 你升職了，男友帶你出門吃昂貴的大餐慶祝，你開心極了。接著他說，「看到你這麼放鬆又這麼開心真好，過去這幾個禮拜你一直在罵我。」你試著保持冷靜，問他這話是什麼意思。「你知道的啊。」他說道，「有一天我說你穿那件洋裝看起來很胖，你氣到半個小時不跟我說話。你實在太敏感了，不是嗎？」

你會說：

a.**「你瘋了嗎？從來沒人告訴過你該怎麼跟女生說話嗎？」**

b.**「我今天晚上只想要開開心心地享受一下，聽你這麼說我覺得很難過。我願意改善這個情況，但我難道不能休息一晚，別一直想著自己到底做錯什麼嗎？」**

c.**「對不起，我猜我應該更有自信一點。」**

d.**「無論你是對是錯，我現在不想被人批評。」**

2. 你正要回家，你知道你先生會在家。

你感覺：

a.見到他很開心，不過有點希望自己可以跟朋友聚餐。

b.見到他很開心，不過有點緊張，他最近很容易生氣。

c.滿心憂慮。

d.心中毫無疑慮，想到要跟他見面就很興奮。

3. 有份工作你應該會遲交，而你知道老闆會很生氣。在他接管這個部門之前，你的工作紀錄極佳，不過沒有錯：自從他上任之後，你的表現持續下滑。他不久前指控你想要破壞他的領導地位，你很確定他會再提起這件事。

你認為：

a.「我在想他說得對不對。或許我確實蓄意中傷他。」

b.「我不認為我故意傷害他，我從來不會這樣對待別人，但我得承認，這些事情感覺上滿怪的，可是我真的不認為自己別有用心，但或許我忽略了什麼事……」

c.「跟他碰面之前我得先吞片煩寧鎮靜安眠藥。」

d.「我之前在工作上真的不是這樣，我就是跟這個人的管理風格不合。」

4. 辦公室裡每個人都知道你在節食，你的同事帶著她赫赫有名的自製馬芬蛋糕來找你。

你禮貌地說，「安，拜託了，你知道我在節食。」安溫柔地說，「這些是低脂的，再說，像你這樣的漂亮女生不需要節食。」你說，「安，我是認真的，要是我開始吃馬芬蛋糕，我就會拋開所有的飲食計畫。」她溫柔地說，「我從來沒有遇過像你這樣的人，接受別人一點點好意也這麼難！要是你可以多接收些正向情緒，你可能會節食得更輕鬆。」接著，她在你桌上放下一個馬芬蛋糕，然後就走開了。

你覺得：

a.「我從來沒有那樣想過，我真的很難接受好意嗎？」

b.「那個女人氣死我了！她以為自己是誰？我真該砍了她還有她那些愚蠢的馬芬蛋糕！我真想尖叫！」

c.「哦，所以說重點是？我又胖又醜，而且很難相處嗎？但這不會改變我的飲食計畫。」

d.「天啊，她真是個控制狂！我現在就得把這個馬芬蛋糕放到茶水間，我看不見，她也看不見，接下來我就可以忘記它的存在了。」

5.你姊姊非常臨時地打電話來請你幫忙帶小孩，她的直覺百發百中，總是挑中你剛好有空的那晚，那個你想要待在家好好休息的晚上。不知道為什麼，你洩漏了自己理論上可以配合她。「孩子們沒見到你會很失望的。」她說。「而且你說過的，我什麼時間打來都可以。我猜你比較喜歡身為阿姨，而不用真的負責照顧他們，這大概就是為什麼你自己沒有小孩。好吧，如果你有這樣的感覺，你的選擇是對的。」

你會說：

a.「不對，你誤會了！我很愛你的小孩，而且我也很負責！拜託你別這麼說！」

b.「你怎麼能提起那件事？你明知道沒生小孩讓我有多難過！你到底是怎麼想的？你怎麼能這樣傷害我？」

c.「你說得沒錯，我說過你隨時可以打來，我不敢相信自己這麼不負責任。請原諒我，也請讓孩子們知道我有多愛他們。」

d.「我說你隨時可以打來，但沒保證我每次都會說好。很抱歉，那天晚上我不方便，約下週怎麼樣？」

你被困在第二階段嗎？

如果你的答案是（A）：你採取的是第一階段的回應方式：尋求操縱者的認可，但還是保留自己的觀點。不過請小心，情感操縱第一階段常常會導向第二階段。

如果你的答案是（B）：你似乎已經踏入第二階段。你非常渴望獲得操縱者的認可，希望確認自己是個很好、有能力，或者值得被愛的人，於是你開始從他的角度看待事情。你或許會試著為自己辯護，但仔細觀察一下就會發現，你花了這麼多力氣跟他吵，希望能證明給自己看，確定對方糟糕的批評不是真的。某種意義來說，你已經讓他贏了，你讓他進入你的腦袋。

如果你的答案是（C）：聽起來你甚至不再為自己辯解，只是試著承受打擊。雖然你想贏得操縱者的認可，但你幾乎已經放棄，不認為自己辦得到。如果你真是這麼想，就已經通過第二階段，進入第三階段。或許你該跳到下一章。

如果你的答案是（D）：恭喜！你牢牢堅守自己的現實感，抵抗依附的渴望，選擇離開爭執而不再試圖證明自己正確與否。你或許很在意操縱者，但沒有他的認可你也不會死，因為無論他或者其他人是怎麼想的，你都很清楚自己是個很好、有能力，而且值得被愛的人。就算只是想像這類型的回應方式，都是長足的進展。

第二階段中三種類型的操縱者

任何種類的情感操縱關係都能進展到第二階段，但每位操縱者加劇情感操縱的方式不同。恫嚇者、魅力型操縱者，和好人型操縱者都有各自的第二階段型態。

恫嚇型操縱者（Intimidator Gaslighter）

若你的操縱者是恫嚇型操縱者，他可能會在第二階段祭出強大的火力。他或許會使用以下的一種或多種手法做為自己的情緒末日，讓你覺得即將失去他了：他會大吼大叫、讓你感到內疚、貶低你，跟你冷戰、威脅說要離開你、說出極端的預測（像是「你太笨了，不可能通過律師資格考試，我真不懂你為何要試。」），或者提起你最深的恐懼（「你就跟你媽一樣！」）。

有些恫嚇者會在眾人面前做出最糟糕的事，於是你會當著其他人的面前被恥笑（「幸好不是每個人的胸部都跟我老婆一樣小，這對女性內衣產業來說真是好消息！」），然後在你抗議時，他會要你別「那麼敏感」。（「親愛的，我只是逗你。你怎麼這麼開不得玩笑！」）其他的恫嚇者在大庭廣眾下和善又體貼，不過會在私底下辱罵你（「我敢說你根本就不明白今晚你讓我有多難堪。聽到你亂唸那句法語，我真想挖個地洞鑽下去！聽好，如果你不知道自己在講什麼，為什麼不乾脆閉上嘴巴！」）。

沒有錯，並非所有恫嚇行為都跟情感操縱有關。但若你的操縱者也是恫嚇者，你很可能會加倍倒楣。假設他載著你前往他母親的家吃星期天的晚餐，而副駕駛座上的你抗議他車速太快，這時操縱者會說：

你：親愛的，拜託別開這麼快。我會緊張。

他：我開車的時候別跟我說話！你是想害我出車禍嗎？

你不想聽他吼個不停，所以你閉上嘴巴。

他：欸，我問了你問題！你是不是想害我出車禍？回答我啊！為什麼你都不回答！

你：對不起，我當然不想害你出車禍。讓你不開心我覺得很抱歉，我保證不會再這麼做了。

他：你沒有讓我不開心，你只是真的很蠢。你難道不懂嗎？你知道跟母親見面對我來說有多困難嗎？為什麼你要現在惹我心煩？

你：我真的不想打擾你，說實話我也沒有，你才是堅持每週日都要跟母親一起過的人。

他：這一天不是我選的，認為應該約在星期天的人是你，你說你這週其他幾天都很忙，你真是自私！

你：我才不自私！你怎麼可以對我說這麼過分的話？

他：你為什麼還在跟我吵？你讓我心情更差了，你根本就一點都不在乎我。

你：親愛的，我在乎，拜託你相信我——

他：不，你才不在乎，這件事也要跟我吵是嗎？

在這段對話中可以明顯看到所有的情感操縱互動：

- 操縱者迫切地需要身為正確的一方，無論是哪一件事。
- 被操縱者渴望獲得操縱者的認可，證明自己是個很好、有能力，而且值得被愛的人。否則她會要他停止吼叫，並且打斷他的發言，她甚至可能會堅持要他靠邊停車，這樣才能下車離開。
- 情緒末日，這個案例中，情緒末日是由吼叫、辱罵以及橫衝直撞的駕駛組合而成的可怕集合，被操縱者驚嚇、困惑，還會變得更加急切。
- 依附的渴望：因為被操縱者還是希望能找到方法，讓自己和操縱者有共識。
- 情感操縱雙人舞：因為被操縱者還是試圖告訴操縱者，他誤會了她，應該對她有不同

的看法。她認為若是操縱者認為她很好、有能力又值得被愛，就能證明她是這樣的人，而若是他認為她粗枝大葉、能力不足，或者不值得被愛，就會證明她是那樣的人，所以吵贏這場架對她的自我認知至關緊要。

如你所見，我們也能夠對抗恫嚇者，但是這並不會停止「煤氣燈效應」，也無法預防情緒末日——大吼大叫、批評、威脅不再愛你，他還是想要成為正確的那一方，你還是想要得到他的認可。你們都投入了許多心力，爭吵也改變不了這一切。就算你吵贏了，你還是給了對方影響自我觀感的能力，你還是認為自己真實的樣貌取決於他的看法。於是你每一次都拚命地爭辯，總需要他證明自己的好、自己的能幹與可愛。

雖然並不保證但可能有用的策略就是我們在前面兩章已經談過的：抗拒依附的渴望，並且離開爭辯。我們來看看以下的情況，若是被操縱者不再那麼想要獲得操縱者的贊同的話，事情會如何發展。

你：親愛的，拜託別開這麼快。我會緊張。

他：我開車的時候別跟我說話！你是想害我出車禍嗎？

你：我真的希望你能減速。

他：欸，我問了你問題！你是不是想害我出車禍？回答我啊！為什麼你都不回答！

你：我真的需要你降低速度。

他：你難道都不懂嗎？這個時候還要跟我講話？你知道跟母親見面對我來說有多困難嗎？為什麼你要現在惹我心煩？

你：我現在講的是降低速度。如果你不開慢點，下次我們就開兩輛車。

他：你太扯了，你知道嗎？你是我這輩子碰過最自私的女人了。

你：（沉默）

他：你不只是自私，而且還很蠢！你根本就一點都不在乎我。

你：（沉默）

如你所見，退出爭執並不一定會讓你的操縱者改善態度，但至少你能堅守自覺，不被拖進永遠贏不了的爭辯之中。你關心的不是操縱者對自己的看法，甚至不是你對自己的看法，你只關心自己想要的：安全又舒適的車程。爭辯的主題不在於你是不是個好人，而在於你丈夫能不能減慢車速，讓你覺得安心。或許這次他減速了，或許他不會；或許他會繼續試著激你，或者不會。但只要你能致力於退出爭執，堅持自己說過的話，下一次他又出現這種舉動時不再與他共乘，他或許會重新思考自己的行為。

魅力型操縱者（Glamour Gaslighters）

恫嚇者相對容易辨別，因為他的行為舉止相當不客氣。就算你怪罪自己，你也知道自己不喜歡這樣。不過魅力型操縱者可能比較難以辨識。這些人「理論上」看起來很不錯，這些人看起來如此完美，你無法相信自己會這麼辛苦。事實上，他們看起來那麼美好，甚至也會騙過你的家人和朋友。你的魅力型操縱者可能會說服你，讓你相信一切都不是他的問題，而是你沒有接受幸福的能力，不知變通，或者無法容忍常見的缺點。

你能認出這種操縱者嗎？以下是否有哪個情境聽起來很熟悉呢？

魅力型操縱者：第二階段

- 他用十幾枝玫瑰花讓你對他一見傾心，但常常遲到三個小時，或根本拒絕確認抵達時間。你一抱怨，他就說你是控制狂、疑神疑鬼，或者不能獨立。
- 他總是用浪漫的舉動給你驚喜，這些舉動卻跟你心裡真正的感受並不吻合。不過對於自己耗費的心力，他似乎很開心，所以你一直思考著自己有哪邊不對勁，為什麼並沒有很享受這樣的時光。
- 他若不是做出令人印象深刻的積極反應（精神方面、情緒方面、性愛方面），就是明目張膽地不顧他人感受。當他反應很積極時，你欣喜若狂，若他沒有，你就責怪自己。
- 他生性慷慨且樂於分享，但偶爾會情緒爆發，或者跟你冷戰，或者發一些幼稚的牢騷。即便他沒有直接責怪你，你卻很確定這是自己的錯，不過你從來沒搞清楚自己到底做了什麼。

● 你們在一起時，生命很美好，不過有一些小細節不太對勁。對某些魅力型操縱者而言，金錢是最大的問題：你的支票本餘額不對，信用卡上出現了無法解釋的調整，你不明白為什麼他有些時候有錢，其他時候沒有。其他魅力型操縱者的問題則在性事方面：他保持距離又閃爍其詞的時候，你很確定對方出軌偷吃；後來他柔情蜜意地擁抱你，而你不知道自己為什麼這麼多疑。

如果交往的對象是魅力型操縱者，你可能會因為認得這些情境而點頭，不過心裡依然困惑。你看著這些行為舉止，但還不太確定為什麼這樣會有問題。

嗯，我可以告訴你這是為什麼：你的操縱者至少有些時候（或許總是如此）全心全意地想證明給他自己看，自己是個多麼浪漫的人。操縱者都想成為正確的一方，而他的版本就是如此。他看起來好像很體恤你，但他其實只關心自己。他用來滿足自己的行為或許看似充滿愛意、貼心而且令人滿意，但他和你之間缺乏真正的情感聯繫，因此你會覺得孤單。

舉例來說，假設為了慶祝初吻週年，他準備了巨大又漂亮的百合花束。真浪漫！你感謝他記得這件事，接著提醒他自己對百合過敏，結果他好幾個小時都不開心地噘著嘴，安靜地傳達著再清楚也不過的訊息：你自私又不體貼，拒絕他的禮物。最後，他為了一件完全無關的事大發雷霆，比方你為什麼把空調的溫度調得這麼高。他想辦法懲罰你的不配合，就算他的浪漫行為真的會讓你身體不適。但若是你對這段關係還是很投入，或者依然需要他認可你

的自覺，你可能會問自己怎麼這麼不貼心，而不會思考為什麼你那浪漫完美的男友堅持要送你不合適的禮物。

以下是這種人身上常會發生的另一種典型場景，請留意，在其他情境下這些行為舉止似乎很棒，但是在此例中，魅力型操縱者一直堅持自己是對的（儘管語帶讚美或有禮物相伴），結果變成操縱和漠不關心的行為。

你：你在哪裡？發生什麼事了？我已經等你吃晚餐等了三個小時，你甚至都沒打來。

他：我跑去買這件漂亮的睡袍送給你，我跑了三間店才買到，這一件能完美襯托你眼睛的顏色。

你：衣服是很漂亮，但要花到三個小時嗎？

他：我不懂你為什麼這麼在意時間！你知道生命不該只盯著時鐘。

你：但是我很擔心。

他：你太一板一眼了！為什麼你總要按表操課？

你：我沒有按表操課！任何人等了三個小時都會不開心——

他：但我們不是「任何人」，為什麼我們要用別人的標準評斷自己？你真的想要這麼傳統嗎？那樣多無聊！

你：你是在說我很無聊嗎？

他：當然不是囉！聽好，我知道自己讓你不開心了，我很抱歉。我帶你出門吃晚餐，晚一點我會幫你按摩兩小時，接著我們就可以試穿那件睡袍！

你：好吧，聽起來滿不錯的……

他送你漂亮的禮物、帶你出門吃晚餐、幫你按摩兩個小時，接著會有很棒的性愛，誰能挑剔這樣的人呢？許多禮物加上體貼的表現，你應該會覺得很棒。但他讓你等了第三次、第四次甚至二十次，你可能就不會那麼享受他的浪漫舉動了，你可能會因為自己的顧慮總是被人置之不理而感到挫折。不過只要你還困在情感操縱第二階段，你會把生氣與困惑怪在自己身上，而不會責怪你的另一半。你仍舊需要對方的肯定，才會覺得自己很好、有能力又值得被愛，也因為你想繼續這段關係，你很可能會接受他的觀點，放棄自己的看法。你可能甚至會說服自己，認為自己的確是太一板一眼、傳統、要求很多，就跟他說的一樣，你還可能懷疑自己是哪邊不對勁，為什麼不感激他浪漫的舉止。為了脫離情感操縱雙人舞，你必須願意放棄一些好處。

你：你在哪裡？發生什麼事了？我已經等你吃晚餐等了三個小時，你甚至都沒打來。

他：我跑去買這件漂亮的睡袍送給你。我跑了三間店才買到，這一件能完美襯托你眼睛的顏色。

你：我太生氣了，沒辦法去想禮物的事。

他：我不懂你為什麼這麼在意時間！你知道生命不該只盯著時鐘。

你：我跟你說過那麼多次，我不喜歡一直等。下次我只會等你二十分鐘，然後我就要把食物收掉，去忙其他的事了。

他：你太一板一眼了！為什麼你總要按表操課？

你：下次我打算怎麼做，我已經講得很清楚了，所以沒有什麼好說的。

他：當然還有。你是個美好又特別的女人，為什麼要跟其他女人一樣按表操課？你真的想要這麼傳統嗎？那樣多無聊！

你：你沒在聽我說話，我想我最好現在就去睡了。

他：聽好，我知道自己讓你不開心了，我很抱歉。我帶你出門吃晚餐，晚一點我會幫你按摩兩小時，接著我們就可以試穿那件睡袍！

你：下次吧。我擔心的事你都沒在聽，我現在不太想跟你太親近。

如你所見，這類型操縱者的問題在於，他並沒有真正回應你或你的疑慮，他就跟恫嚇者一樣，只在意自己是不是正確的一方，但他同時會營造出非常吸引人的煙幕。面對恫嚇者時，你可以拒絕吼叫、辱罵，或者直接把對方排除在外，不需要分析他們這些行為背後的用意。但面對魅力型操縱者，對方大多數的行動在其他情境下都非常令人嚮往。哪個女人不想要浪漫晚餐、長時間的按摩和漂亮的禮物？但若你想要對方改變舉止，你就必須對自己有信心，記得那些不舒服和困惑的感受，而不是把焦點放在他充滿魅力的美好承諾，就算這麼一來你們兩個都會氣呼呼地上床睡覺。

好人型操縱者（Good-Guy Gaslighters）

如同魅力型操縱者，好人型操縱者也有著令人迷惑的形象。他看似好配合、親切愉快，而且樂於助人，但是到頭來你還是覺得困惑與沮喪。看看下列情境是不是聽起來很耳熟？

好人型操縱者：第二階段

- 前一刻，他正在給你絕佳的建議，告訴你該如何與你的母親相處；下一刻，你還想繼續討論，他卻在發呆。當你問起是什麼讓他失了神，他要不是不說，就是向你保證沒有問題。
- 你們花了好幾個小時討論某件大事，誰該去接小孩，或者下次該去哪裡度假。然後他會忽然結束爭論，放棄自己的提議，完全照著你說的去做。或許他看起來不是非常樂意，但你已經達成目的，怎麼能抱怨呢？或者他會用一句寬宏大量的話結束討論：「好吧，我們的假期就照你說的安排。你總是有很棒的點子，我確定這次會很棒的。還記得我們去緬因州，然後住在你找到的可愛小民宿那次嗎？」不過他儘管看起來相當大方，你卻有種被哄騙的感覺。雖然他通情達理地放棄了，你知道下次再有什麼需要討論的事，他還是會吵得跟這次一樣兇（無論有意無意）。而且看到他放棄自己的想法，你不覺得是因為他在乎你的感受，他只是想證明自己是個好

人。到最後，你覺得自己一定是瘋了才會不知感激，或者就是不容易滿足，畢竟他人那麼好。

● 他會做好他負責的那部分的家務，或者更多，你們的關係很棒。但是你從來不覺得他有完全投入。每次你要求他安慰自己的心情，或者試著跟他有更深入的聯繫時，他就會一臉茫然地望著你。你心想，不知道為什麼自己這麼自私，要求又這麼多呢？

以下是處於第二階段的時候，跟好人型操縱者可能會有的對話。請一邊閱讀一邊問自己，為什麼這個女生這麼沮喪又困惑？

他：我在想，這個星期天我們可以去鄉下兜風。

你：聽起來很不錯，但我們應該要跟我家人吃晚餐。

他：哦。（沉默了很久）

你：有什麼不對嗎？

他：沒事。

你：才不是，我看得出來你不高興。有什麼不對嗎？

他：真的沒事。

你：拜託你，告訴我哪邊不對勁。

他：好吧，我們這個月去你家好幾次了，不是嗎？而且老實說，你跟他們碰面之後，你的脾氣都不太好。我不確定花這麼多時間跟家人在一起，對你來說是不是好事。

你：他們是我的家人啊，而且我不覺得拜訪過他們之後，我的脾氣有那麼不好。你討厭他們嗎？

他：沒有啊！你也知道，我愛你的家人，我只是關心你。如果你星期天想要回家，我們當然可以回去。

於是你去拜訪家人，而你的丈夫幾乎沒跟任何人講到話。現在讓我們來看看回家的車上發生了什麼事。

你：我想你今天過得不太盡興，對吧？

他：你在說什麼？我過得很開心！我很喜歡拜訪你的家人，你也知道的。

你：但是你沒跟任何人聊天，而且一整天都看起來心情很糟。

他：我真的不知道你在說什麼，你不記得了嗎？我跟你爸聊了兩個小時的園藝，後來你母親講到她去百慕達旅行時的笑話，我差點笑死。

你：我記得事情不是這樣。

他：事情就是這樣。

你：好吧，你覺得我姊姊剛出生的小嬰兒怎麼樣？她是不是你看過最棒的小孩？而且她好機靈！我真不敢相信她才三個月大。

他：我在想……（沉默了很久）

你：現在又有什麼不對？

他：為什麼你會覺得有什麼不對？

你：這十五分鐘你都沒跟我說話，而且看起來很生氣，你一定是為了某些事情不高興。

他：親愛的，完全沒有什麼不對。不過你現在或許知道我的意思，我覺得跟你的家人碰面之後，你的脾氣就會不太好。

如你所見，好人型操縱者會想辦法讓事情看似照著你想要的方式進行，但他實際上卻從沒有給過你想要的東西。他努力地確保自己的看法就是你接受的版本。他既不拒絕跟你的家人度過週日，也不願當個真正有風度的人，好好地過這一天，他反而是採取「無禮的順從」，先同意這麼做，同時尋找各種小動作來展現自己多麼不愉快與不滿。這個人的情緒末日是噘嘴，看起來不開心或者很生氣，卻不承認事情有什麼不對勁。不同的好人型操縱者可能會有自己的情緒末日；他們或許會因為一些看似不重要的小事而火冒三丈，想辦法讓你因為其他事產生罪惡感，或者「不小心」說出傷人的評論接著不停道歉。

那麼你在這些過程中扮演什麼角色呢？這個嘛，如果你投入很多心力維持這段關係，尋求他的認可，並且希望保持對操縱者的良好觀感，你就不會承認顯而易見的事實。你不會說，「我老公不會誠實說出自己的感受，但只要事情不如他的意，他就會嘛嘴（或耍脾氣，或者想讓我有罪惡感，或者對我說些難聽話），我不喜歡那樣！」你只會告訴自己，「他是一個好人（那麼好配合，而且都會照我講的去做），我有什麼毛病，為什麼不能對他心懷感激？」你擔心你瘋了才覺得事情不對勁。畢竟他說過事情不是這樣，你也很清楚他一定要是對的，你知道這件事對他來說有多麼重要。他甚至可能會說服你，讓你覺得不喜歡跟你家人相處的人是你自己，而不是他。說到底，看看你現在多麼暴躁！

當然了，這個情境中的操縱者有權利拒絕跟你的家人過週末。但他並沒有拒絕，他用情感操縱的方式，試著讓自己看起來像好人，而不是清楚的說出自己的需求。如果你跟這樣的人在一起，你很容易覺得混亂。

我曾經聽過一個朋友描述自己沒睡飽時的感受。「我以為自己很好。」她告訴我。「接著我就做了一些真的很蠢的事，比方把我的鑰匙忘在信箱裡面，或者想把喝剩的牛奶倒回果汁罐，或是盯著電話看了五分鐘，就是想不起來我想打給誰。從我自己的行為中，我發現自己並不是在最佳狀態。但說實話，即使在那個時候，我都不覺得愛睏、困惑，或者效率低落。我覺得很好，但我的行為就像個在霧中遊蕩的人。」

我認為這完美描述了跟好人型操縱者在一起的狀況。我們認為一切都很好，我們看著自己的另一半，只看到浪漫、充滿愛意而且忠誠的伴侶，我們說什麼他們都會去做。但是我們卻經常哭泣、覺得寂寞、焦慮不安、困惑，或者麻木。如果身處的關係非常令人滿意的話，女人不會有這種反應，但就像我缺乏睡眠的朋友，我們或許不會意識到剝奪感，我們只會發洩出來。

那麼如果跟好人型操縱者在一起，解決之道是什麼呢？如果你不再擔憂對方的認可，就算他永遠都需要是對的，你還是拒絕理想化對方，並且堅持自己對現實的觀點，我們來看看這麼一來會發生什麼事。

他：我在想，這個星期天我們可以去鄉下兜風。

你：聽起來很不錯，但我們應該要跟我家人吃晚餐。

他：哦。（沉默了很久）

你：有什麼不對嗎？

他：沒事。

你：親愛的，你知道嗎，每次問你有什麼不對你都拒絕回答，我已經煩了。現在想想，上一次你跟我家人碰面的時候，你一句話都不說，而且似乎一整天過得很糟糕。所以我會自己去找他們，我們可以另外找個時間兜風。

他：我不知道你為什麼要說這些。我愛你的家人，而且現在也沒什麼不對勁。

你：我不想跟你吵這個。

他：但是我真的很希望你能知道我有多愛你，多愛你的家人。我不知道你為什麼這麼大驚小怪。如果你跟家人聚會，我們就去。我什麼時候拒絕過這件事？

你：你口頭上沒有反對，但行為舉止說明了一切。所以這由你決定：你可以跟我一起去，然後努力享受這一天，或者你也可以待在家裡。這件事我不想再吵了。

現實生活中，這場對話可能會花上比較長的時間，但是你可以看到態度的不同。現在你選擇離開這場爭執，你拒絕為了自己已經知道的事實爭論。你知道自己的丈夫先前的行為，你用自己的看法來判斷真相，而不是聽他的說法。你的丈夫可能還是會嘶嘴，但你拒絕害怕他的情緒末日，聽到他隱晦地威脅不愛你，你也不再恐懼。

與此同時，你抗拒了依附的渴望，你不再試圖說服丈夫同意自己的看法，或者努力獲得他的認可。你自己作出決定，然後堅守自己眼中的現實。只要你做到那一點，沒有人可以對你情感操縱。

解釋陷阱：第二階段

我的患者娜菈是個迷人浪漫的女性，她四十出頭，覺得自己總算找到此生摯愛。娜菈是一間博物館的館長，她時常飛到歐洲和拉丁美洲出差。她非常滿意自己的工作，但從未有過長期的浪漫關係。現在，她認為迷人又忠實的菲德列克就是「真命天子」。

不過娜菈很快就發現跟菲德列克交往並不容易。他不喜歡她所有的朋友和親戚，而且只要她跟他們見面，他就會非常大驚小怪，結果她發現自己越來越孤立。他開始抱怨她需要到其他城市出差，她常邀退休的他陪她一起去，但是菲德列克拒絕了，於是娜菈開始婉拒一些很棒的工作，她過去曾經非常享受這些任務。娜菈計畫繼續進修，但菲德列克不願分享她的時間，所以這些也喊停了。彷彿這一切還不夠糟似的，結果菲德列克竟然是個恫嚇型操縱者，他會一直找不同的方式貶低娜菈。狀況非常糟糕的時候，他就不再跟她說話，他的情緒末日，而她最後總是懇求他的關注，好讓自己再次感覺被愛。

雖然娜菈跟我談過這些狀況，但她花了好幾個月才看出這段情感操縱關係對她的生命造成的傷害。現在她已經能夠列出問題點：她跟朋友和所愛的人們之間的聯繫變少了、她損失了一些工作機會，還有不停延期的職涯計畫。但我問她對於這段關係的感受時，她露出微笑。

「哦，菲德列克真的很有趣！」她熱切地說著。「他腦袋裡有太多東西，你永遠不知道接下來會發生什麼事，他真的太複雜了，我從來沒有跟這樣充滿謎團的人在一起過。」

我們深談之後，我開始了解，娜菈並不是情緒性地回應菲德列克對待她的行為（奚落她的話、冷淡地排擠她、堅持要她婉拒出差或者朋友邀約），她理智地回應著「菲德列克的問題」。為什麼他要表現得這麼難以相處、要求這麼多？他為什麼需要辱罵她，或者不跟她說話，背後有什麼道理嗎？而那些菲德列克突然對她敞開胸懷、傾訴最深沉的恐懼和脆弱的特殊時刻，又是怎麼回事？他怎麼能前一刻還這麼容易相信他人，下一刻又變得如此多疑？或許跟他的母親有關，又或者是他的姊姊。娜菈可以用好幾個小時的時間，開開心心地分析她難相處的男朋友。

如果娜菈感性地回應這些狀況，她可能很快就厭倦這麼不受尊重。但她透過不停的思考，維持了自己對這段關係的興致。娜菈發展出第二階段的解釋陷阱。她不但不覺得菲德列克惡聲惡氣的特質令人沮喪、痛苦，或者討人厭，反而覺得這很有意思，因為這給了她編造許多解釋的機會。事實上，跟菲德列克開始約會之前，娜菈跟一個我認為比較穩定也比較好的人交往。當我問起他的事，娜菈非常同意前男友真的對她很好。不過她告訴我，那個人不像菲德列克這麼有趣。

娜菈坦率地描述自己對菲德列克虐待傾向的興趣，這讓我注意到包括我自己在內的許多女人身上都有的矛盾特質。當我們跟一個對我們不好的人交往，這段關係會讓我們無暇他顧。總是有許多可以思考、討論、分析的地方。跟比較好也比較可靠的人在一起的話，這段關係就沒有那麼多思考的素材。我們當然享受這段關係，但它不會占用我們這麼多的時間或關注。當我們的交往對象（或朋友，或老闆）懂得怎麼照顧自己，主動要求注意力和喜愛；控制自己的感受；禮貌且恰當的展現自己的不滿，那麼我們就沒多少能做的。

結果就像許多處於情感操縱第二階段的女性，比起跟一個好人在一起那種相對平凡的關係，娜菈似乎對於爛關係中那些戲劇性與分析更感興趣。她不把關係當做生活中的支持與保障，或當成愛情的穩定來源，娜菈彷彿是把關係當做特別有挑戰性的數學題目，困難之處正是其有趣之處。

為什麼我們當中有些人對於分析操縱者感覺這麼興奮呢？我認為主要是以下兩個原因。

面對難以預測的人能讓我們更有活力

曾經有個患者描述童年時和她父親相處的經驗。「他每天晚上回家的時候，我都不知道進門的會是誰。」她告訴我。「或許他會抱著一堆玩具，準備陪我們在晚餐前玩上好幾個小時；或許他會準備大罵我們每個人一頓；或許他只想自己待著。於是我哥哥和我每天下午會討論，『你覺得爸爸今天回家的心情會怎麼樣？』老實說，每天都是一場大戲。」

某種程度來說，我的患者或許比較偏好更可靠的父親，一個她可以指望，每晚都會帶著同樣平穩關愛的臉龐現身的人。但她學會享受每天的備戰狀態，面對父親帶來的不同挑戰。就像熱愛荒野的人，他們會以一種喜悅的態度描述健行或滑雪時可能碰上的未知事件，我的患者把自己跟父親之間的關係當做一場持續的歷險，讓她能夠展現出最好的一面，並且讓她覺得自己充滿活力。她長大之後，她尋找能給自己相似「歷險」機會的交往對象。

試著了解操縱者讓我們覺得更有控制力

如果在成長過程中，父母親無法給我們穩定、可預期的關愛，那麼我們從很小的時候就會知道生命變化莫測。應對這種變化的方式，其中一種就是增加我們的控制力。我們越能掌控事態，就越能確保，那些不可靠的父母、朋友，或愛人（他們要不辜負我們的期待，就是令我們失望）就比較不可能傷害我們。

很不幸地，關係的本質就包含著控制力的喪失。關係中的對方可以愛我們，也可以不愛我們，他們能讓我們安然度過難關，也能辜負我們的期待，他們能對我們好，也能對我們不好。說到底，他要怎麼對待我們是他的選擇，而不是我們自己的；我們只能回應。專注在解釋陷阱給了我們一種幻象，感覺自己擁有更多的控制力。它隱含的意思是，只要我們了解操縱者，就能採取必要的行動來改變對方。結果他對我們越差，我們就對他越感興趣，因為他似乎提供了非常多干預的機會。

那麼，該怎麼解決呢？我們該如何從解釋陷阱中脫身？同樣的，我們需要再次看向我們自己，還有我們的情感空服員。我們必須看清楚自己的行為，並且詢問自己，這些行動是否讓自己感到快樂：舉例來說，他對我們大吼大叫的時候，我們求他原諒而不是請他停止吼叫，這件事讓我們覺得開心嗎？我們必須專注在自己的情緒反應，無論是什麼樣的感受，都允許自己去感覺。就像宿醉是晚上大喝一場後免不了的結果，我們必須正視經常出現的失望、沮喪和難以控制的哭泣，是那些我們珍愛的浪漫、歷險與「活力」無法分割的一環，而且會引發我們解釋的意圖。

發出警告的情感空服員

- 經常感覺到迷惑與混亂。
- 作噩夢，或者夢到焦躁的夢境。

- 事關你的操縱者時，對事情細節的記性非常糟糕。
- 身體方面的指標：胃部一沉、胸口緊繃、喉嚨疼痛、腸胃不適。
- 接到對方電話或者在他到家時，覺得害怕或特別緊繃。
- 特別努力說服自己和朋友，自己和操縱者的關係有多麼好。
- 感覺到自己正在忍受某些行為，而且那些行為會傷害個人的完整性。
- 信賴的親戚朋友經常表達擔憂。
- 避開朋友，或者拒絕跟他們聊起自己的感情生活。
- 生活失去樂趣。

我的患者常會問我，該怎麼保留情感操縱關係中好的部分，而又能脫離那些不好的部分。哎呀，這是不可能的。即使能在一段更穩定、更可靠的關係中找到其他（或許更為強烈）的滿足感，但那樣的關係相較之下可能不會那麼浪漫或充滿刺激感，畢竟跟一個有辱罵傾向又複雜的人在一起，你永遠無法預測他的下一步。就算你與操縱者能翻開新的一頁，重塑你們的關係，讓它變得更健康並且更令人滿意，你還是無法保留那些不可預期的部分，而正是這種不可預期讓你的生活出現神經緊張的驚悚場景。按照定義，你更加健康的新關係挑戰性較低，也更可預期，你不需要捍衛自己，只需要讓自己敞開心胸付出與接受。你也需要接受伴侶的舉止是自己完全無法控制的；無論他怎麼對待你，你能決定的只有自己的回應方式。

因此若是你的關係會帶給你長時間的挫折感（伴隨偶爾閃現的愉快火花），或者像是娜菈這樣，你對自己的生活有更大的願景，但你作出的決定卻不與之相符，請認真斟酌自己陷入解釋陷阱的可能性。允許自己感受一下關係的全貌，然後翻到後面的練習「尋找自己內心的真相」（第一五三頁），想一想自己下一步有什麼打算。

協商陷阱

協商陷阱是另外一種形式的解釋陷阱，尤其常見於與好人型操縱者交往的女性。就像陷入解釋陷阱的女性，我們當中那些掉進協商陷阱的人關心的不是一段關係帶來的整體滿足感，而是我們跟伴侶之間是否能順利（或者不順利）地協商。

舉例來說，蘿拉是一位六十出頭的急診室護理師，她跟名叫榮恩的家具工人在一起，榮恩有許多好人型操縱者的特質。他們兩個很常花好幾個小時的時間，討論關係中小到極點的面向。他們還在約會時就想出了非常詳盡的方式，以決定在什麼狀況下，誰該付什麼東西的錢。他們會就彼此的性快感進行磋商，想出該怎麼讓他們倆都能夠在床上得到自己想要的，而且雙方都不會覺得被剝削或者感到沮喪。他們想出一份行程表，以配合他們耗費精力的工作、他們想要獨處的時間、想跟其他朋友一起消磨的時間，還有他們對於「伴侶時光」的需求。他們同居、結婚、有了四個小孩，過程中持續地協商。感覺上，他們的生活中沒有哪個細節太大或者太小，讓他們搞不定。

但是蘿拉來找我的時候，她似乎已經不開心了好一陣子。協商曾經讓她活力充沛充滿能量，但現在她只覺得無力而且非常疲憊。現在，每次她提到自己在意的事，就覺得自己即將面對持續好幾個小時的爭辯，包在協商外皮下的爭辯。比方說，榮恩最近加入老年人組成的老將壘球隊，所以他很少在家，假設蘿拉對此表現得很沮喪，榮恩就會開始跟她協商，他「可以」有多少時間不待在家裡、比較他對於壘球隊的投入程度和她每週讀書會的投入程度、等到壘球季結束之後，他可以做些什麼來補償這些投入的時間。他看起來很好商量，但事實上，這些協商成了榮恩不理會蘿拉擔憂的手段，他試著說服她自己真的有注意到這些。而因為蘿拉對於協商的概念投入甚深，因此對於榮恩的缺席，或者他對她的忽略，她無法表達出憤怒或者傷心的情緒，她覺得自己一樣必須繼續這場演出，雖然她真正想做的是沮喪地大哭一場，但也只能假裝接受協商的做法。

我們越談就越能清楚看出，蘿拉和榮恩都透過協商的過程避免更深入或者更情緒化的連結。榮恩並沒有誠實講出自己真正想要的東西（打壘球的時間），或者他真正的感受（對他而言，打壘球比起陪伴蘿拉更重要）。但是因為他永遠都可以展現自己的好人舉止，以及協商的意願，蘿拉會覺得自己沒有立場抱怨。她只覺得寂寞、困惑以及麻木。

蘿拉和榮恩見過伴侶顧問之後，她更覺得沮喪。由於伴侶顧問非常關注於協助伴侶進行協商，他們的治療師很難理解他們之間的問題出在哪裡。對他們三個而言，蘿拉和榮恩看似有著極佳的溝通技巧，這讓蘿拉對於自己一直這麼不快樂，感到更加的困惑。

隨著我們的討論，蘿拉開始了解到，她讓自己參與這些協商，以逃避自己對於榮恩和這段關係的真正感覺，也讓她可以不必面對自己感覺到如此的沮喪、寂寞與被忽視。只要她表達出對這段關係的不滿，榮恩總是可以證明他們沒有問題，或者至少沒有他該負責的部分。他不是一直都很願意跟她協商討論嗎？他不是常常同意她的要求嗎？那怎麼可能會有問題呢？這讓蘿拉覺得快瘋了。因為她也相信在協商的過程中，榮恩總能向她證明，她沒有不快樂的理由。

但她就是不快樂。蘿拉不願意面對真相：她和榮恩之間的協商已經成了一場精心策劃的表演。榮恩試著證明自己是對的，蘿拉也試著證明給自己看，榮恩是對的，這麼一來她就不必面對，自己的婚姻竟變得如此令人失望。

當然，協商可以帶來極大的成效。不過請小心，別因為協商的過程而看不清楚自己真正的情緒。如果你對最後的結果不滿意，其他一切都不重要，不管你是怎麼得到這個結果，他說了什麼，或者你的勝利「表面上」看起來有多棒。重點在你的內心深處，自己對於真實的真正感受。

尋找自己內心的真相

情感操縱第二階段的釐清技巧

1. **記錄你與操縱者的對話，寫下逐字稿並且閱讀。**你現在並沒有真的在跟操縱者對

話，你覺得他聽起來如何？理性？樂於助人？或者完全出乎意料？

2. **找信得過的朋友或導師聊聊**。相信我，那些最了解你的人很清楚你會犯的錯！如果你把操縱者的批評跟他們分享，他們應該能幫助你正確地看待這些言論，在這些批評中含有一絲絲真相的時候尤其適合。你的操縱者或許非常擅長這回事，他的說法能完全扭曲真正發生的事。比如說，你或許一直以來都有著遲到的（惱人）困擾。但這不代表你無法準時抵達就是故意羞辱操縱者。他可能可以對你惱怒，但他沒資格做出誇張的指控。（「你遲到是為了讓我生氣！」、「你為了折磨我，故意讓我等！」、「相信我，我們的朋友都這麼講，他們不敢相信你對我這麼壞。」）朋友或導師可幫助你重新獲得部分的自覺。（「這個嘛，你的確常遲到，這很煩。但我不覺得你這麼做是為了報復喬，你跟每個人在一起都是這樣！」）

3. **密切地關注自己的感受**。當你跟操縱者交往時，你常常無法穿透廢話和情感操縱的迷霧，所以你沒辦法一邊講話一邊想好澄清自己的方式。但你永遠可以說：「我不喜歡這樣的感覺，我們再找其他時間聊聊吧。」然後縮短你們的互動時間。用自己的方式，在自己選擇的時間，跟操縱者聊聊，讓自己感受告訴你，什麼時候你受夠了。

4. **出門一個週末，或者至少去外面喝杯咖啡**。有時候你需要的只是離開操縱者一會兒，你就會意識到情況很誇張。如果你能多花點時間跟朋友之類的人相處，那就更好了，因為他們會讓你自我感覺比較良好。跟這些人相處起來有多麼順利，跟操縱者相處又讓你多麼困惑、受傷，這種對比的感受應該會協助你把這段情感操縱關係看得更清楚。

5. **堅持自己的觀點。**我推薦造個句子，句子的內容是（對自己或對操縱者）表達你擁有自己的觀點，也有表達觀點的權利。以下是一些建議。

- **「我知道你覺得是那樣，但我不同意你的看法。」**
- **「我有不同的看法。」**
- **「那是你的觀點，但我的不一樣。」**

從第二階段中解放自我

正如我們所見，第一階段和第二階段的差異之處在於獨立的事件或持續的行為。第一階段時，偶爾才會出現情感操縱情況，你通常能辨識並且記得這些特定時刻。到了第二階段，情感操縱成了你的生活，以及界定關係的主要特質。魚不知道自己生活在水裡，你也看不出來自己處於不尋常的世界。總是準備捍衛自己對抗辱罵、奚落、令人迷惑的浪漫舉止、令人心有不滿的好人協商，你的生活就是如此。想要自覺更加良好，提升自信心，或者更清楚知道自己在世上的位置，只要你有一絲一毫相信這一切都需要操縱者，那麼你就讓自己處在容易被情感操縱的狀況。

但是現在你已經漸漸有所警覺，你察覺到事情不太一樣，不是一直以來的樣子，也不是該有的樣子。你開始用不一樣的方式觀察自己的操縱者，並且思考著你們的關係是怎麼改變的。無論對象是跟伴侶、親戚、朋友、同事或者老闆，你都準備好做出改變。

那麼你該怎麼開始呢？以下是一些建議，可以幫助你從第二階段的情感操縱中解放自己。

慢慢來

你花了多長的時間才發現關係出了問題？又花了多長的時間才採取行動？不要期望操縱者的反應比你更快。事實上，他甚至有可能需要比你更多的時間，才能逐漸接受你帶來的挑戰和要求。請記得，只要他還在對你情感操縱，你就還跟他跳著情感操縱雙人舞。現在你改變了規則，非常棒，但事情不會一夕之間出現改變。

我建議先找個明確的小目標當作第一步。比方說，凱蒂下定決心不再為自己辯解，就讓布萊恩控訴她跟其他人調情，她只會離開這場爭執。她不會請布萊恩停止吼叫，或者告訴他自己有多難過，也不會說如果他繼續指責她，那她就要離開他。她只是選擇退出爭吵，她保持沉默或者使用不需要回應的簡短陳述句，然後看看接下來會如何發展。第一一五頁列出簡短陳述句的範例，你可以重複使用這些句子。以下是使用前與使用後的情況，可以看出這個過程是怎麼發揮作用的。

凱蒂下定決心之前

布萊恩：妳有看到那個今晚一直看妳的傢伙嗎？他以為自己是誰？

凱蒂：布萊恩，我很確定他沒有其他的意思。他只是想要友善點。

布萊恩：哇，妳真的太天真了！我以為經過這段日子妳會明白。他才不只是「想要友善點」，凱蒂。他在追妳。

凱蒂：他真的沒有，他手上戴著婚戒。

布萊恩：哦，講得好像那可以阻止任何人一樣。話說回來，妳幹嘛打量他啊？妳為什麼會注意他有沒有戴戒指？妳自己一定也對人家滿有興趣的。

凱蒂：我當然沒興趣，我跟你在一起了啊。

布萊恩：真不巧那個人就在我眼前跟妳調情，現在妳得找別人了。妳難道就這麼急，甚至不能等我走開就要找人換掉我？

凱蒂：布萊恩，我沒有要找人換掉你。我想跟你在一起，我的選擇是你。拜託你相信我。我只想要你，我永遠不會對你不忠。

布萊恩：妳至少可以對我說實話。

凱蒂：但我說的都是實話。你看不出來我有多麼在乎你嗎？

布萊恩：要是妳那麼在乎我，那就承認妳在注意那個人。妳至少該對我誠實，承認妳在注意那個人。

凱蒂：可是我沒有！你怎麼可以把我說得這麼糟糕？我這麼愛你。拜託你相信我！求求你，布萊恩——

布萊恩：凱蒂，別對我說謊。我無法忍受有人對我說謊。

他們吵了一個多小時，布萊恩越來越生氣，急著想證明自己是對的，而凱蒂則是越來越拚命地想說服布萊恩。

凱蒂下定決心之後

布萊恩：妳有看到那個今晚一直看妳的傢伙嗎？他以為自己是誰？

凱蒂深深吸了口氣，什麼都沒說。

布萊恩：哇，妳真的太天真了！我以為經過這段日子妳會明白。他才不只是「想要友善點」，凱蒂。他在追妳。

凱蒂心想，「但他的手上戴著婚戒」而且她差點就說出口，但她沒這麼做。她只是說：「我們得同意彼此意見不同。」

布萊恩：再說，妳為什麼要打量他？妳自己一定也對人家滿有興趣的。

凱蒂想說，「我沒打量他！」但她說：「我們得同意彼此意見不同。我真的不想再繼續這段對話。」

布萊恩：哦，所以現在妳甚至不跟我說話了？現在妳要排擠我？妳打算做什麼？開始計畫離開我去找那個人？

凱蒂非常渴望告訴布萊恩，她並沒有要離開他。只要她能夠讓他安心，或許她就會冷靜下來！但她記起自己一語不發的計畫。她提醒自己，只要布萊恩處在這種情緒下，她做出的任何回應，他都會扭曲她的意思，或是拒絕相信她，於是她忍住眼淚，什麼都不說。

布萊恩：真不巧那個人就在我眼前跟妳調情，現在妳是真的對他有興趣了。妳從來就沒有真正在乎過我，對吧？現在妳甚至一點禮貌的回應都不給。妳打算什麼時候離開啊，凱蒂？妳一直都這麼打算嗎？

凱蒂不願意跟他吵，布萊恩終於氣沖沖地走了出去。凱蒂覺得糟透了，她非常想要布萊恩的認可，她也需要感覺他還愛著自己，信任自己。她受不了他指控自己說謊或對他不忠；她很擔心如果他是這樣想的，或許她真的就是如此；因為她很希望自己是個可愛的人，所以她更恨他質疑自己的愛。他越是羞辱她，她就越想懇求他，請他保證並不是真的覺得自己有那麼糟糕。她不希望任何人覺得自己是個壞人，尤其不希望布萊恩這麼想，因為她給了這個人評判自己是誰的權利。不過她也知道越是懇求，他就越生氣，越罵越難聽。於是她選擇退開。

對我們許多曾經處於情感操縱關係的人而言，這個方式感覺起來很違反直覺。聽到我們在乎，甚至被我們理想化的人說我們有多糟，自然會產生否認的衝動，想求對方安慰我們。所以我們必須學習對抗衝動，訓練自己做出不同的行動。我們不求操縱者的認可，因為這可能會使他更為焦慮或生氣，我們必須找到退出爭論的方法。

布萊恩這麼做的時候，凱蒂還沒準備好離開他。她依然深深相信他對自己的評價是真的，她也還是想要「贏得」他對自己的好評。但是她也開始發現，試圖獲得布萊恩對自己的認可，只會帶來激烈的爭吵，結果他們倆都不開心，但沉默與簡短的陳述句至少可以縮短爭執的時間。稍後她會練習以更堅定的方式回應布萊恩（或許來自第一一五或一一六頁中的句子），某句她可以避開爭吵，並且一再重複的句子。在這個時間點，她只能想辦法別去爭辯，所以她只做到這一點。即便只採取了這麼小的行動，她卻覺得自己更堅強了點，這讓她很驚訝。停止被操縱讓她看得更明白，她或許不需要布萊恩的認可才能自我感覺良好，就算他指控自己素行不良，威脅不愛自己了，她的世界也不會毀滅。她不喜歡布萊恩生自己的氣，或者覺得她不好，但這並不會殺了她，或讓她變得一文不值。知道自己能夠倖免於他的批評，甚至沒有他的愛也可能活得下去，這給了她勇氣。

找個好時機提出話題

提出敏感話題常讓我們焦慮不安，我們會選一個可能是最糟糕的時機，比如說，我們的另一半急急忙忙地準備出門上班，或者在我們開車去見家人的路上，這些時候精神已經夠緊繃了。然後，我們的另一半表示他們很焦慮，所以上一次才遲到或發飆，而我們告訴自己他永遠不會改變。不過或許未必如此，但除非你在適合的時間點提起這個話題，不然我們永遠不會知道。努力找個適合談話的時間，不會有任何人或事引發他的焦慮感，干擾你倆的對話。如果你能等一等，計畫提起這個話題的時機，而不只是脫口而出，你可能會訝異於談話進行得多麼順利。就算談得不順利，你也會因為知道自己盡了最大的努力而心滿意足。

愛吵架的訴訟律師崔絲，她的丈夫艾倫總是唸她的用錢觀念不負責任，而她真的必須努力學會這一點，最後她終於知道該怎麼找好時機跟艾倫討論。以下是崔絲找到好時機之前與之後的情況，可以看出這個過程怎麼運作。

崔絲學會等待並好好計畫之前

艾倫：好了，我出門上班了。對了，妳的信用卡帳單又送來了。我真不願意去想裡面放了什麼。我就是搞不懂妳為什麼學不會管好自己的錢。

崔絲：我能管好自己的錢！我從來沒有遲繳帳單，每一筆我都付了。

艾倫：去年十二月呢？還有之前的十月？我好像記得有不少筆遲繳的費用。我的公事包在哪？

崔絲：那不公平！你知道我正在忙大案子，而且我也付得起遲繳的罰款。

艾倫：妳付得起？我覺得那是我們的錢。但我就愛我沒腦袋的太太這一點，她不過是想確保那些可憐的、貧寒的信用卡公司不會關門大吉。沒有她，他們該怎麼辦？

崔絲記得自己的新計畫，不吵架也不對艾倫傾訴，不提起他的奚落讓她做何感想。

崔絲：艾倫，你聽著，每次你說我不知道自己在做什麼，我都覺得——

艾倫：崔絲，我要遲到了。我沒時間聽妳的感覺。

崔絲：但我想告訴你——

艾倫：妳不只沒有金錢觀念，妳也沒有時間觀念。我跟妳解釋一下，如果我去跟客戶開會，我就賺得到錢。如果我遲到了，我就賺不到錢。妳看，很簡單吧？

艾倫衝出大門，崔絲挫折又難過。

崔絲學會等待並好好計畫之後

艾倫：好了，我出門上班了。對了，妳的信用卡帳單又送來了。我真不願意去想裡面放了什麼。我就是搞不懂妳為什麼學不會管好自己的錢。

崔絲想要說點什麼，然後想起自己下定決心，她決定等待並好好計畫，而不是脫口而出。她深深吸了口氣。

崔絲：掰囉，艾倫。晚上見。

那天晚上崔絲先等晚餐結束，她知道除非他們都吃過東西、休息並且放鬆一下，否則他們的脾氣都很差。艾倫還喜歡看晚間的股市新聞，所以崔絲決定等到新聞結束。她知道他還想接著看比賽，但她認為如果等太久，時間就太晚了，艾倫會氣她在自己想休息的時候吵他。於是股市新聞一結束，崔絲就走進電視間。

崔絲：艾倫，我想跟你談談。現在方便嗎？

艾倫：這個嘛，我有點想看比賽……

崔絲：什麼時間比較方便？

艾倫：很重要的事嗎？

崔絲：對我來說很重要。

艾倫關掉電視，示意崔絲繼續。

崔絲：今天早上你要出門上班的時候，你說我管不好自己的錢。

艾倫：妳是不行啊。

崔絲：無論我行不行，你這樣說我都傷了我的心。我們能不能打個商量？如果你真的很擔心我和錢的事，我們可以找個時間，你跟我說什麼事讓你心煩。不然的話，我們能不能別聊這些？每次我們一聊到這件事，我都會很不開心，我不喜歡因為你這麼心煩。

艾倫：哦，拜託。妳為什麼這麼小題大作？

崔絲：因為對我來說這就是件大事，我對這件事很有意見。

艾倫：那好吧，妳知道嗎？我也強烈認為不該把我們的錢浪費在信用卡公司身上！妳知道他們去年的毛利嗎？嚇死人了！這都是因為像妳這樣的人，你們這些人不了解債務如何侵蝕財務狀況。這種行為非常像被寵壞的富家小姐，我對那一點很有意見！

天啊，崔絲多麼想要回應那個評論！不過她記得自己的計畫，她選擇退出而非試圖吵贏。所以她只是找個方法結束對話。

崔絲：好吧，我現在不打算對這一點多說什麼。如果你想的話，你可以看完比賽。

崔絲走出房間。

崔絲也可以留在房間裡面，嘗試用其他的策略來應對艾倫，我將在第六章分享這些策略。不過這是她頭一次嘗試，崔絲不相信自己，擔心會捲入過往的慣例，她也很清楚，如果

她和艾倫繼續吵，他的邏輯、奚落和輕蔑會讓她精疲力竭。跟凱蒂一樣，崔絲選擇慢慢來。儘管她還沒得到自己想要的結果，但她的確覺得自己可以再一次提起這件事。有史以來第一次，他們聊到錢卻沒以吵架收場，她很開心。直接告訴艾倫他傷害了自己的感受，這麼做也讓她覺得更強大有力。

順帶一提，請留意崔絲讓艾倫告訴自己，什麼時機比較方便。這麼一來他就不會有被突襲的感覺。這場對話肯定很有挑戰性，讓他覺得自己能掌控時間的安排，或許也能降低他感受到的威脅。請記得，操縱者的動機是來自他們的需求，他們需要身為對的一方。他們如果感覺到威脅與焦慮，對於正確的渴望會更加迫切，並且常會加劇情感操縱效果。所以面對困境時，如果你將一些控制權讓給操縱者，你或許就給了他喘息的餘地，能夠冷靜下來傾聽你的擔憂。

不要用指責的方式提起話題

如果想要找人吵架，最快的方式就是對某人說「你每次都怎樣怎樣怎樣」或者「你攻擊我」或者「你的態度很差」。不要告訴操縱者他什麼地方做錯了，你要做的是描述問題點，並且納入自己的看法。

以下是崔絲另外一次事前事後的對照。過去的話，在吵架過程受到這麼強大的火力攻擊，她早就受不了了。後來她找到不以責備的方式提起自己的疑慮。

「過去的」崔絲如何用指責的方式起頭

崔絲：我受不了你那樣跟我說話！你每次都奚落我，說我笨。你那樣跟我說話的時候，聽起來就像個大混帳！我真的很不開心，拜託別再這麼做了。

艾倫：如果妳終於學會管好自己的錢，我就不需要說這些了。妳好像覺得自己想做什麼都可以，而我就只能袖手旁觀，只能接受！這樣吧，就讓我跟妳說清楚，婚姻不是這樣的。如果妳表現得像個白癡，我就有權利說點什麼。

崔絲：你看，又叫我白癡了！我不希望你再這麼做！

艾倫：等妳不再表現得像白癡，我就不會叫妳白癡？難道我的感受在這裡一點都不算數嗎？

「現在的」崔絲如何不以指責的角度起頭

崔絲：艾倫，我們之間有件事真的讓我很不開心。你說我不懂得怎麼管好自己的錢，我知道自己會變得很難過，並且很有防禦性。我也知道我用自己的錢做一些你真的很不喜歡的事。但是聽到你奚落我，我還是很難接受。我真的很在乎你的想法，每次你叫我白癡，或者說我搞不懂某件事，我都很難過。我知道你不是故意要這麼做，但我的感覺就是如此。

艾倫：哦，現在我不能說妳幾句了？我就只能看著妳浪費我們的錢，然後什麼都不說？

崔絲想要回應他的指責。她想說：「我沒有浪費我們的錢，而且我花的錢裡面有些是我自己的！」她真的想要艾倫的認可。她想要覺得自己聰慧、能幹，沒有被寵壞，所以她受不了聽見他把自己說得這麼糟，因為她害怕他想得沒錯，而要是她可以吵贏，就可以證明事情不是如此。不過她拋開那些感受，關注在自己的計畫上，決定退出爭執。

崔絲：我們可不可以打個商量？如果你真的很擔心我怎麼用錢，我們可以找個時間談談，我保證我會聽你的。不然的話，我們能不能說好別再提起這件事？每一次我們聊到這個，我的心情都會變得非常不好。

艾倫：可惜我不打算在這裡說話還字字計較。這裡也是我家。

崔絲：我真的對這件事很有意見，我希望你能想一想。你能不能至少思考一下，我們可以之後再談？

艾倫：我真的不知道有什麼好想的。

崔絲：好吧，現在你知道我有什麼感覺了。我要去幫自己泡杯茶了。（她離開房間。）

如你所見，崔絲得再次提起這件事，不過至少他們沒有吵起來，而且沒有排除後續對話的可能。她也很清楚，因為艾倫討厭當場認錯，他可能會走開，然後思考她所說的話，所以她給他時間，讓他用自己的方式消化她的要求。她試圖安排一個不會引發情感操縱傾向的情境，他需要身為正確的一方，而她需要他的認可。她給他們兩個空間做出不同的表現，這麼一來他就能想想她說的話，她能忍受他的負面評價，而不懇求他的寬慰。

說出自己的做與不做

當你繼續這個過程，並且感覺稍微勇敢一些之後，你可能會想採取這個步驟。讓我們回到剛剛看過的對話之中，看看崔絲能怎麼更進一步。

艾倫：可惜我不打算在這裡說話還字字計較。這裡也是我家。

崔絲：我真的對這件事很有意見，我希望你能想一想。你能不能至少思考一下，我們可以之後再談？

艾倫：我真的不知道有什麼好想的。

崔絲：好吧，現在你知道我有什麼感覺了。從現在起，只要我覺得你在奚落我，我就會說，「你又這麼來了，我們談過這件事的。」如果那次的對話的走向沒有改變，我會再說一次，接下來會再試第三次，然後我就會離開房間。從現在起，要是我覺得被你奚落，我就不會待在那個空間裡。

艾倫：妳是從哪裡學來那樣講話的，療程中嗎？

崔絲：對啊，可能吧。我要去幫自己泡杯茶了，我們可以改天再討論這件事。（她離開房間。）

再一次地，崔絲給艾倫時間想一想她說的話，而不是期待他立刻做出回應；這段過程可能花上幾個小時，甚至可能需要幾天。那樣的話，就算他還是需要身為正確的一方，他或許可以在保住面子的狀況下，接受她不一樣的行為舉止。

當然，若你打算採取這樣的舉動，保持堅定並且堅持就很重要。別對操縱者說出空洞的威脅，或因為他做出恐嚇、操縱或浪漫的舉動就打退堂鼓。由於我們想要尋求伴侶的認可，也希望對方寬慰自己，所以退出爭執，而不爭辯、不乞求或哭泣，根本就是違反直覺。不過請相信我，唯一的方法就是退出這場爭吵。加入爭辯只會延長情感操縱的狀況。你可能必須這麼做上好幾次，就算得在過程中犧牲一些快樂的睡前時光，不過到頭來會是值得的。

堅持立場

若你的操縱者用攻擊來回應你的擔憂：「你太敏感了！」「這太不合理！」「誰會這樣講話？」只需要重複你的打算：「我不想要再有人那樣跟我說話，要是又發生，我不會待在這裡。」若有必要，由你自己結束對話：「我已經說完自己想說的話了，我不希望再吵這件事。我知道你聽到我說的話，現在你知道之後會怎麼樣。」

我們來看看這個策略用在凱蒂和布萊恩身上會如何。到了這時，凱蒂覺得自己比較堅強了，所以她在爭執的過程中不再只是保持沉默，她採取更堅定自信的方式。但她仍然想要布萊恩的認同，希望他保證自己是個忠實的好女友，認為她全心全意地真心愛他，她需要努力克制這樣的想法。這並不容易，不過她堅守這個新的方式。

布萊恩：妳有看到那個今晚一直看妳的傢伙嗎？他以為自己是誰？

布萊恩還沒提到她，所以凱蒂沒有回應。既然她不打算跟他吵，就沒什麼好說的了。

布萊恩：哇，妳真的太天真了！妳看不出來那個人想對妳下手嗎？

凱蒂：（做了一次深呼吸）你知道嗎，布萊恩，現在這樣的相處方式讓我覺得不太舒服，我知道你不是故意要讓我不開心，但每次你唸我、說我「天真」，我都很受傷。

布萊恩：可是妳真的很天真啊！不然我該怎麼做，讓妳從我的生命中溜走，隨便其他人勾引妳嗎？妳覺得我會做何感想？

凱蒂：我真的希望你別對我吼。

布萊恩：哦，妳現在是在教訓我，告訴我該怎麼或者不該怎麼跟妳說話！難道我在這裡什麼都不能要求嗎？再說妳為什麼這麼敏感？這又有什麼了不起？

凱蒂：布萊恩，我真的不想被罵，我也不想被吼。從現在起，如果你這麼做，我就會說，「你又那麼做了。」我會講三次，如果三次之後你還是不聽，我就會離開這個房間。

凱蒂必須制止自己在最後面加上「可以嗎？」，她是那麼想向布萊恩保證自己愛他，想求他別這麼刻薄。她依舊擔心著如果布萊恩認為她不好，那她就真的是個壞人，所以她真的很想要布萊恩的認可。不過她保證會採取這個新方法，所以她就說到這裡。

布萊恩：妳太不像話！妳越來越像妳母親了！妳到底是從哪來的想法，覺得自己可以這樣跟我說話？

凱蒂：你又那麼做了。

布萊恩：妳不能這樣，跟我講話像在跟小孩講話！我是個成年人！妳怎麼敢那樣跟我說話。

凱蒂：你又那麼做了。

布萊恩：妳真是不可理喻。如果妳對我有什麼意見，那就說啊！別一直重複那個愚蠢的句子。

凱蒂：你又那麼做了。

布萊恩：我的感受怎麼辦？妳像這樣忽略我，難道就不覺得我會難過嗎？無論我跟妳說什麼，好像都沒差！

這一點真的讓凱蒂很難過，因為他說得沒錯。她太有同情心，她對於布萊恩的挫折深有同感，也知道他有多討厭被人忽視。他常常告訴她，他母親以前會在他最難過的時候不理他，現在換她做相同的事。自己正在做的事，對她愛的人來說一定很痛苦，她覺得心情很糟。不過她提醒自己，如果她改變做法，告訴布萊恩自己有多麼愛他，他就會立刻回頭指責她跟其他人調情。情感操縱將會持續，可是她真的希望能停止。於是她深呼吸，離開房間。

凱蒂還不清楚自己不一樣的舉動對布萊恩有什麼影響。說實話在最開始的時候，她認為跟繼續吵架相比之下，自己的所作所為感覺起來甚至更糟。她內疚於傷害了布萊恩，擔心著他接下來的打算，也對於他的傷痛感到抱歉，並且非常想衝回他身邊，想叫他告訴自己，他還愛她，原諒她對他這麼嚴厲。

幾個小時之後，凱蒂的感覺不一樣了。現在煙霧已經散開，她開始覺得比較強壯，也比較肯定自己。她並不期待剛剛的場景再次發生。不過她很清楚，要是布萊恩又羞辱她，指控她調情的話，她就必須再進行幾次這個新的應對方式。對此她並不開心，不過的確覺得比較有自信。這次的羞辱並沒有太強烈，這些句子並沒有完全摧毀她身為一個好人的自覺。她開始認清布萊恩的不可理喻。她也很好奇：這會改變她的關係嗎？

你的操縱者怎麼看待這件事

關於操縱者的行為，我們很容易會想像他們是出自非常差勁的動機，畢竟他講了一些負面意見，而那些意見反映出我們最深的恐懼。不過他可能真的沒察覺到自己的話語有多麼傷人。如果操縱者成長在一個講話不尊重他人的家庭，他或許會覺得大家都是這樣說話，或者他可能會認為說話不誇張一點就沒人會聽。所以你要堅持立場，但不要罵他。保持簡單，專注在重點上。如果他抱怨你參加他的家族聚會總是遲到，別開始說他對你的母親也從來沒有好臉色。只要告訴他，你想要怎麼做，以及你有什麼打算，接著，敞開心胸，而且滿懷愛意地，試著傾聽另一半的回應。若你有興趣知道如何離開，並且真正停止情感操縱，請翻到第六章。我會仔細地帶著你走完整個流程。

脫離第二階段真的不太容易，因為此時這段關係已經由情感操縱模式所定義。也有些時候，努力離開第二階段之後卻不是邁向真正健康的關係，而是重新開始另一種形式的第一階段，另一半偶爾會對你情感操縱，然後你有時候會同意這件事。因此結束曾經達到這個階段的情感操縱絕對不容易，不過肯定很值得。情感操縱第二階段可能相當痛苦，但跟第三階段全面又難以抵抗的情感操縱活動相較之下，處理起來仍然容易得多。

第五章

第三階段：「都是我的錯！」

那是個四月的下雨天，蓋兒傻愣愣地盯著附近一間藥局的貨架發呆，蓋兒是個穿著入時又有活力的四十來歲女性，她在洛杉磯經營的餐飲生意很成功。她發現自己正想著吐根糖漿，那是一種在兒童吞下有毒物質時口服的催吐液。她知道自己的男友史都華晚餐想吃中國菜，如果她把糖漿拌進豬排飯裡面，或許他就吃不出來。她想像著他整晚都關在廁所嘔吐的話，自己能享有的安靜與平和。她望向藥師的櫃檯，對自己的想法感到不可置信。

史都華每天晚上都對她大吼大叫，並且質疑她對任何一件事的判斷。她很清楚今晚將會很難熬，她想參加即將到來的食品大會，但她也知道史都華會說什麼，他會說她根本不懂該怎麼經營事業，自然沒必要去，說她不過就是想遠離他。他們的兩人時光怎麼辦？她有沒有考慮過他？他的大吼讓她頭很痛，而且還會心跳加速，她受不了這種感覺。可是她總是丟下自己心愛的人；史都華是這麼說的，或許他說得沒錯。而且由於種種因素，她無法想像自己會跟他分手。他說他們倆是靈魂伴侶、她的家人喜愛他、性生活很棒、這間公寓是他們一起買的，而且最重要的是，她知道他可以對自己更和善、更溫柔，只要她能給他更多的安全感。

她深呼吸，然後離開藥局。她永遠無法這麼對他。說到底，他對她的看法也沒錯。她不停地在腦海中聽見他的聲音。他不過是想要跟自己待在一起，還一心想著去參加食品大會太荒謬了。蓋兒正處於第三階段。

吉兒二十出頭，她是個認真的年輕女生，有著一頭黑色捲髮和拿鐵咖啡般的膚色。第一

次來找我的時候，她幾乎無法好好說完一句話。她既焦慮又緊繃，只能急匆匆地蹦出幾個字。接著她彷彿突然之間氣力放盡，講話的聲音越變越小，眼神也不斷游移。我聽著這些令人迷惑的事件、細節，還有她意圖做出的彙整，我只抓得到一個重複出現的主題：我再也不認得自己了。

吉兒原本是個剛開始嶄露頭角的記者，她替一家大電視臺製作每日的晚間新聞報導。但在她的公司改組之後，她轉到另一個團隊，這個團隊負責製作比較長的特輯與深度系列報導。儘管她碰到的第一個主管很喜愛她，也賞識她的才華，她的新主管似乎覺得受到威脅。隨著故事逐漸浮現，我知道他實際上情感操縱了吉兒。她從充滿自信、有抱負而且才華洋溢的年輕女性，變了名副其實的無用之人：緊張、不安，心中充滿了痛苦。

「我本來以為自己是風雲人物，但現在看起來我什麼都不是。」她告訴我。「為什麼大學剛畢業那幾年，每個人都那麼把我當一回事？為什麼他們要這樣耍我，如果我真的是……」她又越講越小聲了。

吉兒深陷情感操縱第三階段，到了這個時期，你已經內化了操縱者的看法。我們前面已經看過，在第一階段中，你會收集證據對抗操縱者，試著證明對方是錯的。你可能會害怕他的情緒末日，也可能不會，不過你絕對會受到影響，依附的渴望會讓你想要找到兩個人都可能同意的方式。第二階段時，你還是會跟他爭執，但會顯得更加拚命。更加懼怕他的情緒末日，依附的渴望更為迫切，你甚至會加倍努力，希望能讓你們兩人的觀點一致。到了第三階段，你已經接受操縱者的觀點，就連收集證據也是為了他，而不是為了自己。這是因為你依然相信自己需要操縱者，認為對方才能讓你自覺更加良好，提升自信心，或者更清楚知道自己在世上的位置。此外在第三階段中，你不只願意將操縱者的觀點納入考量，你主動接受對方的觀點。

因此我溫和地請吉兒評估自己的能力，並且提醒她曾經贏得的獎項還有頭幾年在工作上的晉升，結果她生氣地回應我，說我不曉得自己在說什麼，接著對我講起（顯然是用她老闆的方式）她糟糕的表現。

吉兒給了老闆太多的權力，認為對方能夠看清楚她這個人並作出正確評價，於是她全盤接受他的觀點，就算代價是犧牲自己的看法。她需要相信她老闆具備神奇的能力，因為她還是懷抱希望，希望自己有一天能讓他知道自己到底有多好。她目前的心情很糟，因為他認為她微不足道，而放棄自己的判斷力，不評斷自身的能力，這對她來說很值得，因為這麼一來她就能繼續懷抱希望，認為某天他會覺得自己是個好記者。到那時她才能放鬆，確信她真的是好記者。

跟處於情感操縱關係中的患者進行諮商時，我多半會把重點放在避免她們踏入第三階段，因為在那個階段中，被操縱者常常會同時遭受多種不同型態的虐待。除了被要求同意並非真實的觀點，她們也常被吼、被騙，再不然就是遭到剝削。這件事之所以會發生（甚至會發生在以往堅強又獨立的女人身上），因為第三階段的被操縱者已經放棄了。她通常沒有意識到自己接受了一切，她生活在一個由操縱者制定所有規矩的世界裡，而且那些規矩他說變就變。她做任何事之前都會非常緊張，因為她永遠不知道接下來會發生什麼事。

你進入第三階段了嗎？你是否……

- 常常覺得無精打采、提不起興致，或死氣沉沉？
- 發現自己真的不可能擠出時間跟朋友或你喜愛的人聚一聚？
- 避免跟過去曾經信任的人進行有意義的對話？
- 一直為操縱者辯解，辯解的對象是其他人還有你自己？
- 完全不提自己的感情生活，因為這樣就不需要想辦法讓其他人了解？
- 時常發現自己莫名地落淚？
- 出現與壓力相關的症狀，比方偏頭痛、神經性胃痛、便秘、腹瀉、痔瘡、蕁麻疹、面皰或疹子、腰痠背痛，或者其他不適狀況？
- 每個月會有好幾次以上大大小小的病痛，比方著涼、流感、結腸炎、消化不良、心悸、喘不過氣、氣喘發作，或者其他不適症狀？
- 發現自己無法清楚回憶起某個你和操縱者意見不合的狀況？
- 著迷於（對自己或對其他人）解釋你可能做了什麼事情惹他生氣、害他沒安全感、讓他覺得受傷，或者因此做出其他不開心的舉止？
- 隱隱覺得不太對勁的頻率越來越高，而且不對勁感也越來越強？

我們再一次回頭看看前面提過的狀況，你去找水喝，然後讓約會對象待在影廳裡面等待。如果你處於第二階段，以下是你對這起事件可能的處理方式，以及進入第三階段可能會有的狀況。

從第二階段到第三階段

第二階段

- 你真的很想得到他的認可（這已經成了你唯一能夠證明自己的方法，只有這麼做你才能證明自己真的是一個很好、有能力而且又值得被愛的人），於是你優先考慮他的看法。你可能會爭辯（大聲講出來，或者在自己的腦海中想著），但總之你最先思考的是他的看法：「他說我丟下他自己一個人太久。好吧，我知道這種感覺有多糟，特別是被約會對象丟著不管。我大概也不能怪他心情不好。欸，等一下，不可能過了那麼久！沒錯，但我猜約會時就連分開五分鐘感覺也很嚴重，我懂他為什麼不開心。」

※**你認為他的想法很自然，自己的看法卻得非常努力才有機會被人聽見，因為想到他對你的批評可能是真的，你就受不了：「親愛的，拜託了，你想想就明白。我知道你討厭自己一個人，但我真的沒有離開那麼久，對吧？」你希望吵贏之後就能證實對你來說最重要的事：你的確是個很好、有能力，又值得被愛的人，因為這個人也這麼想。**

- 當他的舉動傷害了你，或者令人不知所措時，你會想著「我是怎麼了？」

※你失去判斷力，也沒了綜觀全局的能力，關注的只有他控訴你的細節：「我知道自己沒有離開那麼久。但或許我真的有，因為說真的，我沒有很注意時間。我大概不能怪他因此不開心。欸，等一下，電影還沒開始，所以不可能過了二十分鐘。啊哈！我要告訴他這件事。不過我或許是有點粗線條？」

第三階段

● 你依然想要贏得他的認可，不過到了此時你已經不覺得自己真的能夠達成，就算達成了也不會長久。不過你也無法抽身，因為你全心全意地接受他的觀點，或者對一切都提不起興致，結果導致你自己很難組織其他的看法。你再也沒有想為自己辯護的動機，有什麼意義呢？「他說我丟下他自己一個人太久，我想大概就是這樣吧。我總是會做一些不體貼的事。我不知道自己為什麼改不了，但我大概就是辦不到吧。」你可能還是抱著希望，希望某天他會肯定你，認為你是個很好、有能力又值得被愛的人。

※你覺得他的想法很自然，而且幾乎想不起來哪一次你不這麼想。為了更符合他的思考，你可能會試著保持沉默或者放棄自己的想法。「我以為我沒離開那麼久，可是我就是會做出這種不體貼的事。我是怎麼了？為什麼我犯下這麼愚蠢又傷人的錯誤之前都不能先想一想呢？」

● 當他的舉動傷害了你，或者令人不知所措時，你認為是自己的錯，也或許你什麼感覺都沒有，有一種疏離甚至絕望的感受。你希望能夠取悅他，但卻頗為確定自己辦不到。

※無論是大架構或小細節，你再也不會質疑他的看法：「他說我離開了二十分鐘。好怪，我以為才過了五分鐘。我猜我自己真的完全沒有時間感，感覺不像已經過了這麼久，不過這可能就是我為什麼總是搞砸。」

第三階段：鬥敗感似乎成了常態

隨著你踏入第二階段，可能很難察覺到自己已經轉入第三階段。沒錯，第三階段最大的危險在於你失去了越來越多自身的觀點。鬥敗感、絕望感，以及不快樂的感受現在似乎很正常，你想不太起來自己的生活曾經有過不同的樣貌。就算你隱約覺得事情不一樣了，你也可能不希望想起另外一段比現在更好的時光，因為那只會讓你覺得現況更糟糕。同樣地，你也可能會想避開某些人或事，因為那可能會「讓你重現生機」。處於情感操縱關係讓你必須維持在停機狀態，因此就算只是偶爾開誠布公地談論這些事，似乎還是太過痛苦。

情感操縱第三階段真的會摧毀一個人的心性。有些患者提到幾乎蔓延至生活中所有面向的懈怠感（食物吃起來不再美味、他們不再享受跟朋友相聚的時光，對於愜意的鄉間散步也失去感覺），到了最後，生活完全失去滋味。其他的患者說起自己越來越無法作決定，不管那個決定有多小都一樣：他們想在哪裡吃午餐、比較想看哪部電影、早上想穿哪件衣服。還有一些人描述自己的疏離感，他們覺得彷彿是其他人在過自己的生活、裝裝樣子敷衍了事，而真正的自己深藏在心裡，試著不被發現。

對我而言，第三階段最糟的是絕望。就跟所有的被操縱者一樣，你會理想化自己的操縱者，渴切地盼望他的認可。不過到了第三階段，你差不多已經放棄了，不相信自己有機會達成這件事，結果你認為自己是最糟糕的。

以梅蘭妮這個第三階段的被操縱者為例，只因為丈夫請人來家裡吃晚餐，而她沒有買到正確的鮭魚，她的丈夫喬登就那麼生氣地罵她；她的婚姻生活中最糟糕的部分就是覺得困惑、不知所措、心事重重，還有深深的麻木感。我們一起發現這些感受之後，她開始明白這些有很大的部分是由於情感與身體上的過勞。

「甚至只是想到跟喬登意見不合，我就會阻止自己。」她告訴我。「我知道他會把那些問題丟給我，用他的話語、辱罵、理由和邏輯猛烈地攻擊我，我真的沒有那個力氣再跟他吵個不停。我知道他會吵贏，他每次都贏，所以有什麼意義？乾脆放棄感覺起來輕鬆很多；更輕鬆的做法是先弄清楚他想要什麼，然後就照他想要的去做，以免我們真的吵起來。」

梅蘭妮覺得自己無法影響關係中的另一方，我問她對此做何感想。「我討厭這樣，好嗎？」她告訴我。「我討厭這種感覺，無論我怎麼做，無論我表現得有多好，無論我多麼努力，結果都沒差。喬登愛怎麼想就怎著想，我就是沒辦法讓他明白。我希望他像過去那樣愛我；他以前真的很好，我懷念那些日子。我以為自己更努力一點的話，我們就能回到過去。不過我現在真的累壞了。要是我覺得這麼做會有幫助的話，我猜我應該會再試試吧！不過對他來說，我顯然不夠好，我也不知道他為什麼要跟我在一起這麼久。」

梅蘭妮完全接受喬登對自己的看法，他認為她能力不足又粗心，她也很害怕他的情緒末日，貶低她。回想一下第一章提到的，喬登時常說他太太愚蠢又粗心。對梅蘭妮來說，她有兩個選擇：不同意喬登的看法，然後開始吵一場明知永遠贏不了的架，或者直接放棄，然後同意他對自己的負面意見。

如果梅蘭妮不是那麼渴望喬登的認可，希望他認為自己是個值得被愛的好老婆，她或許看得到第三條路。她或許能退後一步，然後挑剔他，而非自己。她也能告訴自己：「對這個人來說我的所作所為都不夠好，我不懂為什麼。或許是他不講理，還很難取悅。」她可能會有所懷疑，不確定自己到底想不想跟這麼難相處且要求很多的伴侶結婚。接下來她或許就能夠離開這無止盡的對話，不再聽那些沒完沒了的批評。（第六章中我會給你按部就班的執行計畫。）

不過梅蘭妮就跟所有的被操縱者一樣，她將操縱者理想化了。結婚的時候她深深愛著喬登，她覺得這段關係是自己的天堂樂園，這裡能讓她覺得安全，並且受到保護。那樣一來，梅蘭妮很容易受到依附的渴望影響。她想嫁給大男人，她永遠不需要跟這個人意見不合，因為他們對事情永遠有同樣的看法。

她看錯這件事的可能性（她對喬登的評價是錯的，而她對婚姻的看法可能不太健康）感覺起來太具威脅性，她甚至不敢這樣想。「如果他不是我以為的那種男人，那麼整件事不過就是個謊言。」她曾經這麼跟我說過，看起來非常氣憤。「我絕對不會相信的，絕對不會！

這不是他的錯，是我的問題！」梅蘭妮需要相信喬登是個美好又滿懷愛意的丈夫，她能毫不懷疑地信任他，而且因為她真的無法取悅他，她就落入了情感操縱第三階段。事實上，她來接受治療是希望我能「治好」她，這樣一來她就能成為對喬登來說更好的太太。「如果我變得更好，那我們或許就能回到過去的樣子。」她一直這麼講。

第三階段中三種類型的操縱者

正如每種類型的操縱者都有第二階段的型態，他們也多半會有第三階段的版本。你會經歷哪種類型的情感操縱第三階段，取決於你的操縱者是屬於恫嚇型、魅力型，或者好人型。

恫嚇型操縱者

正如梅蘭妮想要取悅喬登，吉兒也渴望得到新老闆的認可。在她開始跟他共事之後，她希望對方能對自己的才華和能力留下深刻印象，畢竟她難道不是畢業於頗具威信的傳播學校，而且成績在班上名列前茅嗎？她難道不是已經在工作上贏得了數個獎項嗎？她的前主管難道不是很賞識她，還幫她寫了充滿好評的推薦信嗎？吉兒有充分的理由如此期待，希望自己對工作積極努力的態度能讓新老闆開心。

很不幸地，吉兒的新老闆似乎覺得受到威脅。當吉兒告訴我他是個安靜內斂的寡言男子，我就在想，不知道他是否會因為她直接熱情又嚴肅認真的方式而感到困擾。其中或許還包含了種族、性別的議題。無論理由為何，這位新任執行製作顯然從第一天開始就不喜歡跟吉兒共事，也不打算把她所期望的重要任務交辦給她。

一開始，吉兒把新老闆的態度視為挑戰。她工作得比以往更認真，想讓他留下好印象，也非常渴望得到他的認可，就跟她前任主管一樣。在這個案例中，想像老闆的價值觀和判斷基本上與自己契合，就是吉兒版本的依附的渴望：如果她真的很棒，他就會知道，也會認同。她拒絕接受她的老闆可能太不理性，沒辦法賞識她在工作上的好表現，或者他對於「工作上表現很好」的想法可能跟自己的很不一樣。

於是吉兒準備了長長的備忘錄，她想跟老闆一對一解釋自己的想法，希望自己的提案能夠過關。當她發現他不回應自己的請求，她堅決地要求回應，想聽到明確的好或不好。對吉兒來說，這都是一位成功的記者應該具備的特質。對她老闆而言，這些就只是難搞女性的無禮行為。吉兒越是努力想讓他留下深刻印象，他就越退縮。

不過吉兒的老闆不僅僅拒絕她的請求，他還用了許多隱晦的方式告訴她，她在工作上的表現並不好。如果吉兒交了兩頁的備忘錄說明最近的想法，她老闆會退件並且在e-mail中簡短地寫道：「資訊不夠。」如果吉兒接下來交了三頁的備忘錄，他則回覆道：「太長了，幫我濃縮一下。」如果吉兒堅持要跟他開會，他會拒絕見她，說她太依賴他的意見，希望她能自己想想該怎麼做，當然囉，除非她無法勝任這件事？不過若是吉兒試圖採取主動，他就會嚴厲斥責她，說她一點都不尊重主管，非常「我行我素」，接著在部門會議時批評她沒有團隊意識。吉兒越想獲得老闆的正面意見，他對她的評價似乎就越差。

如果吉兒不是那麼渴望得到這個人的認可，她或許就會發現，事實上無論她怎麼做，他都不會開心。她或許就能說：「很明顯，我得不到這個人的歡心，所以我猜我有三個選項：我可以繼續堅持下去直到狀況好轉、我也可以立刻辭職、我或許也可以去美國公平就業機會委員會（EEOC）對他提出申訴，讓他因為自己無恥的行為受到懲罰。」這些選項對吉兒來說都不是很吸引人，而且她肯定有正當理由說自己碰上了「不公平」的處境。不過她至少可以看清楚自己的處境，在艱難的狀況下作出最好的選擇。

但吉兒卻選擇責備自己。雖然是她一開始就承認自己不太喜歡新老闆，但她把他的意見看得非常重要，結果他的意見成了一切。他對她越差，她就工作得越努力，希望能給他好印象。接著，當她所費的努力都沒能成功，她怪的是自己。好記者就能讓這個人開心。無論是怎麼樣的個性、無論牽涉到什麼議題，好記者能找到方法應付這樣的局面。好記者能想辦法完成這份工作。吉兒做不到這些，所以她肯定不是個好記者。

我希望吉兒能發現，只要她看出自己有多麼仰賴老闆的意見，她的狀況就會非常不同。要是她能找到方法，別把他對自己的認可看得那麼重要（自己對自己作出評斷，而非由他來評斷自己），她就能讓自己從情感操縱中重獲自由。不過有很長一段時間中，吉兒都沒準備好放棄這樣的希望，希望自己找到某種方式取悅這個人。而在她終於敗退之後，她還是不怪他，她怪的是自己。

「我受不了自己沒辦法讓他理解。」她在一次又一次的會面中告訴我。「無論我說什麼或做什麼，他都聽不進去；無論我有多好，他都看不見；無論我工作有多努力，他都不在意；知道這一點讓我快瘋了。他對我的所作所為就是毫不在意，那讓我覺得好像……」

「好像什麼？」聽到她結巴之後，我說道。

「好像我毫無價值。」吉兒終於非常小聲地開口。「就好像我想辦法騙過了其他曾經跟我共事過的人，但這個人知道我在打什麼主意。」

因為吉兒依賴老闆的意見，才能覺得自己是個稱職聰明的人，所以她很容易受到他的意見影響。跟麗茲很像，麗茲握有非常多證據，顯示她那外向又迷人的老闆暗地中傷她，吉兒同樣很難正確地看待自己身處的情況。她們無法看清自己的能力，儘管她們的老闆既不理性又會情感操縱，但是她們還是努力「讓事情運作下去」，並且接著責怪她們自己「不夠好」。儘管麗茲只是在情感操縱第二階段（一直關注著跟老闆之間的關係），而吉兒已經陷入第三階段（毫無希望、不快樂，並且十分絕望），但兩個模式基本上是相同的：情感操縱的老闆需要成為「正確」的一方，以及需要他認可的被操縱者。為了從情感操縱中解放自己，麗茲和吉兒都需要意識到自我的價值，也要有意願離開她們的工作，就算她們並不需要真正地離開。只有如此她們才能抵抗情感操縱，因為只有這麼做，才能抵抗依附的渴望，接受她們和老闆可能有不同的想法與感受，放棄不計代價拚命努力贏得老闆肯定的做法。

魅力型與好人型操縱者

到目前為止，我們已經檢視了處於第三階段的梅蘭妮和吉兒，她們兩個都是面對恫嚇型操縱者，這些男人會辱罵並且奚落對方。不過跟魅力型和好人型操縱者相處的狀況會是如何呢？對他們來說第三階段又是如何呢？

還記得桑卓菈嗎？她的老公彼得看起來很善體人意，似乎擁有一段完美的婚姻關係，卻形容自己活得不快樂又麻木的那位社工？她來找我諮商的那時，她已經處於情感操縱第三階段。她甚至想像不出此刻有什麼事能讓她開心。「我只覺得乏味。」她不停這麼說。「乏味而且麻木。」

桑卓菈一直堅持自己的婚姻非常棒，她和丈夫會分享每一件事，所以我問她他們喜歡一起做什麼事？桑卓菈說他們太忙了，除了照顧房子和小孩之外，沒什麼時間一起做什麼事。他們新婚時，桑卓菈試著多留一些「伴侶時間」，但不知道為什麼這件事從來沒有發生。「他真的很想要這麼做，我也是。」她告訴我。「可是後來呢，我也不知道。我們就是沒這麼做。」

我建議桑卓菈找一天晚上邀彼得出門，看看會發生什麼事。我們下次碰面時，她告訴我，「這個嘛，他說他很樂意，他認為這是個很棒的主意。但是我們拿出行事曆之後，他說真的沒時間。我們下個禮拜會再試試看？」

下一週，桑卓菈回報，彼得似乎對他們的「重要約會」很投入。他自己提起這件事，還想辦法預約到市區最高檔的餐廳，甚至提議找個保母。

桑卓菈很興奮，她認為彼得真的是個「好人」，這個看法得到了證實。不過真正到了他們出門約會的那天，她很失望。她告訴我，彼得那天工作特別辛苦，所以沒什麼精神。他們去了那間好不容易才預約到的餐廳，不過他累到吃不太下，而且似乎整頓飯都不太有興致。

後來他們去看桑卓菈挑選的電影，彼得看到一半就睡著了。儘管每件事都「照著計畫走」，他們的約會夜並不成功。

對我來說，桑卓菈的經驗就是好人型操縱者的完美範例。儘管彼得看似好人，他跟桑卓菈之間卻不親密，也不會給她想要的親暱感與陪伴。他把跟她出門約會搞成一齣大戲，不過真正的行為卻沒讓桑卓菈滿意，而且也無法抱怨。「他給了我想要的一切。」她不停說著。「我在想，我還這麼不快樂應該是自己的問題。」

「可是桑卓菈。」我說道。「他並沒有給妳想要的。妳想要跟妳的丈夫出門約會，有個美好的晚上，但他並不算是真的出席，他只是敷衍了事。這跟妳所想要的差很多。」

「或許吧。」她沒精打采地說道。「但我不知道自己還能抱怨什麼。」

當然，如果桑卓菈和彼得這令人不滿意的晚上是獨立事件，那麼這件事就沒那麼要緊。不過桑卓菈常常覺得彼得做了她想要的事，但做法卻無法讓她滿意。在我看來，他比較有興趣保持自己的好人形象，勝過真正和桑卓菈維持親密的關係。而她完全沉浸在他的觀點中，對她來說，把彼得當成好人的渴求，正如他需要視自己為好人一樣。

我輔導的客戶奧莉維雅也面臨著類似的困境，她的操縱者是魅力型的馬丁。奧莉維雅是一位面容憂鬱的深膚色女性，她的顴骨非常高，身材修長纖細，她曾是一名模特兒，這幾年則在地區百貨公司擔任採購。她目前四十出頭，跟地產經紀人馬丁結婚已經超過十五年。一開始，她很愛他浪漫的天性，還有誇張的放電舉動。不過現在她越來越感覺不到魅力所在。

「比方說昨天晚上吧。」奧莉維雅告訴我。「我下班回家時真的很累。馬丁說，『哦，

寶貝，別擔心。我會給妳這輩子最棒的按摩。』不過我真正想要的是自己一個人泡進熱呼呼的浴缸裡面，接著快快吃過晚餐，然後聊聊天。或者窩在沙發上看電視，就是一些安安靜靜不太刺激的事。結果馬丁就要弄得很盛大，又是按摩油、又是香氛蠟燭和情境音樂。而且他一直跟我說話，說我有多美、他會讓我多麼舒服。感覺起來他好像對著其他人聊起我，不像是在跟我聊天。」

我問奧莉維雅有沒有跟馬丁講過自己的感覺，結果她只是聳聳肩。「我過去十年來說的話他一句都沒聽進去。」她難過地說道。「我看不出來他現在怎麼會聽得進去。」

正如同桑卓菈覺得彼得做的那些「好事」，並不是針對自己，奧莉維雅也常有這種感覺，馬丁的所作所為比較多是來自他對於浪漫的想像，而不是考慮她的偏好或需要。跟所有處於第三階段的操縱者一樣，奧莉維雅不覺得自己有可能改變現狀。「不管我做了什麼、說了什麼，他都不會注意到。」她告訴我。「要是我真的讓他明白自己的感受，結果甚至更糟；他一整個禮拜都會噘著嘴。我受不了，這讓我覺得很有罪惡感。他只是想當個好丈夫，我為什麼不能更樂在其中呢？」

儘管她們並不快樂，桑卓菈和奧莉維雅都沒有準備好要離開她們處於第三階段的情感操縱關係。就像其他我們看過的被操縱者，不知怎的，她們都認為這些問題彷彿是她們的錯。桑卓菈怪自己要求太多，她覺得其他的女生會感激彼得的付出，而不會一直心有不滿。她希望我能幫忙她，讓她能對彼得更滿意，而不是想要改變他。

奧莉維雅也覺得問題出在自己身上。她認為如果自己更主動、更浪漫，或更有活力，她就能跟上馬丁的腳步。奧莉維雅的兩個姊妹和她的母親都嫁得不好（這三個丈夫都拋家棄子或有外遇），所以奧莉維雅心裡的罪惡感更重，因為跟忠誠又浪漫的馬丁在一起，她卻沒能心懷感激。

兩個女生也都害怕情緒末日，這幾乎總是情感操縱的一部分。在桑卓菈的案例中，情緒末日是暴怒。儘管彼得多數的時候都努力當個好人，但他有時候會爆發，而桑卓菈從來不確定他何時才會發完脾氣。等到這頓脾氣過去，他會表現得像是一切不曾發生。若是桑卓菈提起這件事，彼得會簡短的道歉，接著轉換話題。桑卓菈覺得他似乎永遠都不知道他爆發這件事情讓自己多難過。「不過他說了抱歉。」當我追問這個議題時，她告訴我。「我該怎麼讓他繼續聊這件事？」再一次，彼得「做的都沒有錯」。而且再一次地，他並沒有真正滿足桑卓菈的需要。

對奧莉維雅來說，情緒末日是馬丁噘嘴，還有隨後自己所感受到的罪惡感。沒能對他心懷感激已經讓她很有罪惡感了，所以看到他「帶著那種羞愧的表情在家裡晃來晃去」（她是這麼說的），她真的沒辦法應付，尤其他之後總是會送她一份豪華的禮物，讓她更有罪惡感。

跟魅力型或好人型操縱者打交道的女人可能很難（對其他人或對自己）解釋問題到底出在哪裡。樂於配合又浪漫的舉動似乎是好事，怎麼可能會有問題呢？

問題出在情感操縱。

魅力型操縱者會為了自己的好處演出一場大秀，同時試著說服被情感操縱的對象，這一切都是為她好。他告訴自己的伴侶，她應該享受他的浪漫行為，但是他並沒有真正確認她是否享受。他只是表演了一場，並且堅持要她享受。

好人操縱者會照自己的意願行事，同時試著說服他的太太，她已經得到她想要的了。或者他會有所保留，並且說服他太太他已經盡心盡力的付出，鼓勵她認為自己瘋了才會有所不滿。

結果被情感操縱的女人覺得寂寞、困惑，並且沮喪，不過她說不上來為什麼。如果她反對現況，操縱者會引爆他的情緒末日：他可能會大吼大叫，威脅要離開她，或者開始批評她。如果他引爆末日之後又會道歉，就像彼得這樣，或者像馬丁那樣會送上一份大禮，她的感覺甚至會更糟。從來就沒有人真正考慮過她的感受，但是她卻時時刻刻被要求相信對方有這麼做。這會讓人既孤單又挫折，這種狀況如果拖得夠久則會導致憂鬱症。

照顧自己：身心運動

情感操縱第三階段最艱困的面向，就是這將會讓你產生情緒上的疏離感，也不是曾經有過的最佳狀態。重新產生連結的最佳方式就是透過一些身心運動：瑜伽、太極拳、武術，以及其他形式的動禪。這些做法都是根源於同樣的系統，讓你靜下心，對深層的自我敞開心胸，不是透過討論、分析和想像，而是透過能讓身心靈合一的激烈動作。在附近的健身房、瑜伽中心或者武術中心找堂課，或者詢問你常去的健康食品店，或是非傳統的書店，請他們推薦老師。

你或許會比較喜歡簡單做些冥想，你可以從書本或是課堂上學習該如何進行。（詢問附近的瑜伽中心或武術中心有何推薦。）冥想過程中，你會靜坐十五到三十分鐘，專注於自己的呼吸吐納，並且讓自己的思緒飄散。冥想過後的人會覺得比較沉靜，與他人的聯繫感變強，而且更能處理壓力。想讓你最深層的自我有時間與空間得到傾聽，冥想也是個絕佳的方式。

我們為什麼留下？

為什麼在其他狀況下都表現得很強悍的女人們，比如梅蘭妮、吉兒、桑卓菈和奧莉維雅，卻會一直待在處於第三階段的情感操縱關係中呢？正如我們所見，情感操縱關係裡面最主要的互動包含了一位操縱者和一位被操縱者，操縱者需要身為正確的一方，才能維持他的權力和自覺，而被操縱者非常想得到他的認可。想要自覺更加良好，提升自信心，或者更清楚知道自己在世上的位置，只要你有一絲絲相信這一切都需要操縱者，那麼你就讓自己處在容易被情感操縱的狀況下。

不過在基本的互動之外，我還界定了四個主要的理由，說明為什麼那些情感操縱關係已經令人筋疲力盡，感覺不到快樂，而且元氣大傷，我們卻還會留下來。

暴力威脅

除了我界定的理由之外，進入第三階段的女人有時候還會害怕（甚至是已經經歷過）身體上的暴力攻擊，或者聽過操縱者威脅採取肢體暴力的手段。

如果你或者你的小孩曾經遭受身體上的暴力攻擊，或者你相信自己可能被打，請離開你家，另外找個安全的地方（親友家、收容所，甚至是一間餐廳），你可以在那裡打電話，並決定下一步該怎麼做。你首先要關心的是你自己還有小孩的安全，只有當你和孩子們在當下以及接下來的時間裡都安全無虞，情緒末日才會發揮作用。

現實考量

說實話，許多女人不想放棄經濟上的安全感或生活水準，這些都是她們身為操縱者的另一半（或者是老闆）所提供的。她們雖然明知自己不快樂，但她們或對或錯地相信較低的生活水準會讓她們更不開心。許多女人也覺得由於經濟、情緒的因素，離婚（或換工作）會讓她們的孩子受苦。有些女人認為第三階段的操縱者雖然是難相處的丈夫，但卻是好爸爸；或是她們看到孩子很喜歡他們的父親，儘管那些關係的某些面向也令人有所疑慮。受僱於第三階段操縱者的女性，她們目前的工作或許提供了特殊的機會，能讓她們發揮創造力，在專業領域上有所提升，或者獲得金錢上的酬勞。

沒有錯，有時候我們會錯估這些潛在的利益和障礙。我們誇大了留在情感操縱關係中所能獲得的好處，並且刻意淡化我們在這些關係外所能找到的機會。比如，吉兒很確定自己再也找不到像現在這個工作這麼好的機會。這部分也來自於她老闆對她產生的影響力，他覺得自己控制了她的職業生涯。然而等到她開始漸漸脫離情感操縱狀態，她才意識到自己既年輕又有才華，而且工作上的紀錄良好。就算這位老闆不會幫她寫出熱情的推薦信，她的前任老闆和傳播學院的教授肯定願意幫忙。她還有很多時間可以在自己選擇的領域裡面留下影響力，無論有沒有老闆的幫忙。

同樣的，梅蘭妮只要想到離開喬登，她首先擔心的就是錢的問題。梅蘭妮是由單親媽媽帶大的，她孩提時代的回憶都環繞在母親的恐懼之上，她媽媽會擔心沒錢付帳單。梅蘭妮花了好一段時間才明白，她那份市場分析師的工作比起擔任服務生的母親薪水高多了。儘管她可能無法繼續住那麼豪華的公寓，也無法前往由喬登買單的奢華度假行程，不過她不需要擔心基本生活所需。

有時候，我們對物質生活的顧慮是絕對合理的。我有一次問起桑卓菈是否考慮過離開彼得，她嚇得臉色發白。「我怎麼能這樣對我的小孩？」她問我。「他們那麼愛他。」我自己就是一個離過婚的母親，我知道她的意思。讓孩子離開父親是很困難的事，而任何作出這項決定的母親都想顧及小孩的需要。離婚或許是正確的決定，但也會帶來實質上的損失。

同樣的，如果吉兒面對不同的狀況，她也可能擔心自己的職業生涯。比方說，如果她已經五十幾歲了，她可能會假定自己很難找到新工作，這個假設很正確，如果她職級較高的話更是如此。或者她任職於一間特殊的公司，他們專門僱用特殊類型的記者，所以離職可能就代表轉換型態、工作的預算較低，或者會面對其他不想要的改變。選擇離開她身為操縱者的老闆可能代表著她將面對職業生涯的真正挫折。

無論是好是壞，我們並不總是清楚未來會如何。我們並不確定離婚對小孩的影響，或許維持一段糟糕的關係才對他們不好。我們並不確定生活上可運用的錢財較少的感覺，也不知道自己能找到什麼樣的工作。我們所能做的就是盡可能去推測與衡量，我們可能的損失相對於留在情感操縱關係中的代價，特別是那些令我們沮喪又不快樂的關係。當你處於第三階段，你常會覺得自己彷彿沒有任何能力，包括感到開心快樂。不過開心快樂就在那裡，你找得到，你就跟其他人一樣，有開心快樂的能力，也應該開心快樂。

害怕被遺棄或孤獨一人

我們許多人都受不了被排除在關係外的念頭，於是對我們來說，分手就像世界末日，我們無法想像自己一個人的生活。

我們許多人也普遍會有害怕被遺棄的想法，這個想法影響了我們的每段關係，包括我們的朋友、同事和老闆。在這些狀況下，離開或結束一段關係的想法可能會引發強烈的孤獨感，這種感覺甚至可能遠比最糟的情感操縱關係還痛苦。所以我們會理想化操縱者，然後拚命地讓關係走下去，而不願面對這段關係變得有多麼不開心與令人不滿意。

對我們當中的某些人來說，我們對於自我的認知正是來自身所處的關係，或者是因為某份特定的工作。舉例來說，我跟梅蘭妮討論到，如果不跟喬登維持婚姻關係的話，她會有什麼感受，她蒼涼地說道，「我就什麼也不是了，沒有他，我什麼也不是了。」

吉兒也說了非常類似的話。「如果我在這個工作上不能成功，那我就什麼也不是了。」她這麼告訴我。

我們得再次提醒自己，我們不知道未來將會如何。儘管我們很害怕，但是等到從情感操縱關係中解脫之後，我們也可能會覺得非常如釋重負。我們可能會發現到自己根本不覺得孤單，反而不覺得無力而且心滿意足。或者我們可能會一直懷念著操縱者，不過還是很開心能離開他。沒有錯，有時候離開或者結束情感操縱關係真的會引發我們擔心過的孤單和焦慮感，不過儘管我們很痛苦，我們知道自己作出了正確的決定。

在我們的文化中常會有以下的概念，如果你作了健康的決定，你就會得到不折不扣的幸福。我認為事實更加複雜，因為就算最健康的決定，還是可能會帶來憂傷、悲痛和恐懼。不過如果我們能面對自己的恐懼，並作出明智的選擇，我們之後會感激自己維持了完整性的自我。

害怕被羞辱

讓我們正視這個事實吧，一旦走到情感操縱第三階段，就表示你的關係進行得不太順利。承認狀況變得非常糟糕這回事，對我們許多人來說很丟臉。離開這段關係似乎就是承認失敗，而繼續留下來好像給了我們彌補損失的機會。

這肯定就是梅蘭妮對於自己婚姻的想法，吉兒對她的工作也是這麼想的。這兩個女人都覺得承認她們無力改善狀況很丟臉。梅蘭妮認為身心健康的人就能跟喬登好好相處，而吉兒相信只要成為出色的記者，就可以征服她無理的老闆。她們並不能實事求是地看待自己的操縱者，她們只想埋頭繼續努力。即使需要投入無比巨大的心力，似乎也比承認她們的「失敗」還好。

不幸地，我們無法逃避現實太久。無論你是否決定結束處於情感操縱第三階段的關係，一直忽視現狀絕對找不到讓自己，無論是外在或者內在，更快樂的方法。你必須承認有些事行不通，並且理性縝密地審視改善的可能性。

梅蘭妮需要對自己展現冷酷無情的誠實，她必須承認喬登是怎麼樣的人。她必須看見他的批評有多麼不公平、多麼不合理，而且傷她有多深。她必須看見自己變得有多麼不開心，她又覺得有多麼不安、困惑與沮喪。她必須承認她的婚姻就是如此，不是她理想中的那樣，只要進行足夠的療程就可以重新返回的天堂樂園，而是這段實實在在、令人沮喪、處於情感操縱第三階段的關係。或許她跟喬登的相處狀況能夠改善，或許不能，不過在梅蘭妮面對現實之前，什麼都不可能改變。

同樣的，吉兒需要看出她老闆的舉動有多麼不合理。因為他不理性的偏見或偏好，他或許寧可失去她（一位好記者），她必須面對這樣的可能性。她需要接受自己可能無法說服他，並且問問自己，如果事情是這樣的話，她想怎麼做。更努力工作，然後盡量往好處想沒有幫助，不過看清事實的真相則不然。

如果你正掙扎於羞愧的感受，你或許需要給予自己更多的同情，然後告訴自己，做錯一個或不只一個決定並不可恥。你或許甚至可以把羞愧帶來的痛苦當成小小的代價，而付出這些代價讓你脫離悲慘的狀態。

你也應該謹記時間會療癒許多傷痛。在你離開的當下感覺非常羞恥的狀況，等到你找到更好的工作，或開始一段更令人心滿意足的關係時，可能會變成一段模糊的苦澀回憶。

幻想的力量

我們許多人留在艱困的關係中則是因為幻想，我們對操縱者和自己的幻想。我們把操縱者當成自己的靈魂伴侶，覺得自己沒有這個人就活不下去，覺得那人是我們此生的摯愛。或者我們浪漫地相信「永遠都是好朋友」這回事，很珍惜一段長年的友誼。或許我們幻想著夠一路升官，覺得如果我們離開了身為操縱者的老闆，我們就失去了在專業領域上改善或成長的機會。說到家人，我們的幻想力尤其強大。我們許多人對父母和兄弟姊妹有著強烈的情感，因為這些人從小就認識我們，所以我們覺得自己虧欠他們、應該能夠仰賴他們，或者可以特別親近他們。就算我們長大後搬出去住，我們還是可能會很失落，因為我們雖然離開了他們，但我們還是懷抱著同樣幻想，覺得生命中有個萬能的角色，能照顧我們，並且無條件地愛著我們。

對我們所有的人來說，雖然我們或許沒能看出來，但幻想在情感操縱關係中扮演著有力

的角色。當我的患者、朋友或熟人熱切地評論自己的操縱者時，他們相信自己只是在陳述事實。以下是一些例子。

- 「一開始很棒，我不相信我們不能回到當初。」
- 「他是我的靈魂伴侶，從來沒有人讓我有同樣的感覺。」
- 「我總是想著他。我那麼愛他，我不能想像沒有他的生活。」
- 「她是我最好的朋友，她一直都是我最好的朋友。她永遠都在。」
- 「她那麼了解我，沒人像她那麼懂我。」
- 「她能看透我，我的生命中需要這樣的人。」
- 「我跟她有過那麼多美好的回憶，我們一起經歷了那麼多事。」
- 「這是我做過最棒的工作。我欠這個人太多，我不能讓他失望。」
- 「我從來沒有做過這樣的工作。」
- 「從來沒有人像他一樣，在我身上冒險賭一把。」
- 「他那麼有才華，未來一定會成功。我不想失去獲利的機會。」
- 「她是我媽，她為我付出了一切。我怎麼能讓她失望？」
- 「我永遠都能仰賴我父親。就算他對我大吼大叫，到最後他總是會為我而來。」
- 「我姊姊就像我最好的朋友。就算我們一直在吵架，我還是知道自己可以倚靠她。」
- 「我一直很崇拜我大哥，就算他有時候會奚落我，我很清楚他真的站在我這邊。」

我相信我的父母和朋友是真心誠意地說出這些話。不過我也相信，無論他們是否有注意到，他們並沒有完全誠實。

我們如此倚賴一段關係，而這段關係又令我們精疲力竭、覺得非常悲慘又困惑，這到底是什麼狀況呢？我們又是為什麼會放棄這麼多，只為了繼續待在他們身邊？

通常是無意識地留在情感操縱關係中的人，下定決心認為無論發生什麼事我們都必須能夠包容，而且我們有能力修復任何狀況。舉例來說，梅蘭妮需要相信自己是個和善、禁得起磨練的人，而她無所不包的愛應該（有必要的話，單槍匹馬地）創造一段快樂的婚姻。無論喬登表現得有多麼差勁，她都應該，也能夠，並且將會以充分的愛意，讓這段關係繼續走下去。面對她跟喬登在一起有多麼不開心，就代表著放棄這個理想的自己，無法純粹透過愛意搞定自己那難搞的丈夫。

同樣的，吉兒也需要看清楚自己，她很堅強、很有才華，沒有哪個老闆有辦法打倒她。她想要相信自己就算處在最艱難的狀況下，還是能把工作做好，單憑一己之力，她就能把糟糕的工作變好。承認她老闆不在乎她有多好，就像是放棄了自己。

正如你所見，這些都是幻想的力量。我們捏造了一個自己，無論面對何種情況，只要我們能夠採取正確的做法，那個版本的我們都能扭轉局勢。我們不但沒有放棄操縱者，繼續過自己的生活，我們反而拚命地試著說服自己，既然我們這麼堅強，所以他糟糕的言行舉止就無所謂了。

這麼努力的根本原因可以回溯至童年。有些令人失望而且不可靠的父母會將小孩的情緒

逼到無路可逃。面對他們真正的樣貌，有些時候他們的表現就像小孩那樣只關心自己，可能會令人難以承受。體認到她媽咪無法保護自己，而她爹地不會為她而來，一個兩歲的、四歲的，或者甚至是十二歲的小孩怎麼承受得了？小孩的家長既不可靠又沒有愛心，這太可怕了！我們知道自己年紀不夠大，或者還沒強壯到可以照顧我們自己，如果他們也辦不到，那還能倚靠誰呢？要是就連媽咪或爹地都不愛我們，那我們一定是毫無價值也不值得被愛，沒有人會愛我們。

於是我們不但不去看清那恐怖的事實，我們的爸媽無法照顧我們、愛我們，我們不但不去理解父母辦不到這些事是出於他們自身的限制，我們反而開始責怪自己（「這一定是我的錯」），我們後來也是這麼對待操縱者。不過我們不只責怪自己，我們編造幻想彌補遭受的漠不關心和令人失望的現實，這些幻想似乎給了我們更多的控制力。如果我們夠堅強、能力夠大，或許我們的爸媽沒辦法為我們而來也沒有關係，我們可以反過來照顧他們！「無論媽咪怎樣，我都會沒事的。」那個小女孩可能會跟自己說。或是「不管爸爸多麼令我失望，都不要緊」。我們試著把自己想像成強大、堅忍、善體人意、寬宏大量的人，只要能讓我們父母的失敗無關緊要就好。

不幸地，在這些滿懷希望的念頭之下，我們的心中埋藏著一個傷心、憤怒和恐懼的池子，身為一個小孩，我們卻無法指望某個強大又愛著我們的成年人來照顧自己。我們都需要來自他人的認可、讚美與愛，而只要碰上願意承諾我們的對象，我們就會受他吸引。不過容易被情感操縱的人不只吸引，我們還被三種幻想所驅使：

1. 就跟孩提時代一樣，那時候父母是唯一能滋養我們情感的來源，而今唯一能夠滋養我們的變成了操縱者。就只有他能給我們父母未能提供的、可靠的愛。他是我們的靈魂伴侶、完美的心靈導師、最好的朋友。我們所尋求的認可能透過他的愛來證明。
2. 如果他不能提供我們所需，我們會相信自己能改變他。只要透過我們的包容，我們的愛與以身作則的態度，我們能讓他變成我們想要，也應該要擁有的父母。
3. 無論他的表現有多糟都不要緊，因為我們夠堅強（或者夠寬宏大量，或者夠有教養）能超脫這件事的影響。如果我們不具備超群不凡的能力來改變他，那麼我們就擁有超群不凡的容忍力。

因此操縱者糟糕的舉止不但沒減少我們對他的喜愛，事實上反而讓我們更愛他，因為這種情況又給了我們機會，讓我們能夠證明自己有多麼強大。倘若我們嬰兒時期、兒童時期都能那麼堅強就好了！唉，可惜我們那時不是這樣，不過現在我們可以彌補！現在我們單憑意志力就能讓關係變得美好。如果這表示我們得忍受辱罵我們的人、對我們不理不睬的人，或者似乎比較關注自己的需求而不是我們的需要的人，如果這表示得要忍耐難相處的愛人、老闆，或者朋友，那就這樣吧。我們經歷過的一切苦難，至少現在得到了一點好的回報，美好的靈魂伴侶、絕佳的心靈導師、超棒的好朋友。我們堅信自己對於關係的幻想，因為這麼一來我們就有機會避開最深的恐懼：沒有人會用我們想要的方式愛我們，就跟我們小時候一樣，我們既失望又孤單。但這段期間以來，他糟糕的言行舉止讓我們變得比較不喜歡自己，

而且一直無法贏得他的認可，並據此證明我們有多麼好，既能幹又值得被愛。

好吧，如果你是這麼想的，那麼有個壞消息，然後還有個好消息。壞消息是，我們幻想著這段情感操縱關係可能具備的意義，但我們可能真的必須放棄這些幻想。有位患者講起這件事的時候，聲音因為憂傷而斷斷續續的：「我永遠找不到另一個跟他一樣的人了。」我必須盡可能平靜地說：「對，你可能不會。不過你真的想要嗎？你一直在告訴我你有多慘。為了維持這段關係，真的值得你付出這些嗎？」

患者也可能會生氣或者慌張地說，「失去這份工作我該怎麼辦？要是我再也找不到跟這個一樣好的工作怎麼辦？如果我再也沒辦法在自己的專業領域裡工作，或者不是做這種層級的工作怎麼辦？」而我必須回答：「你或許找不到跟現在一樣好的條件。不過維持現況一定會妨礙你，你沒辦法想像更好的可能性。」

如果患者說：「我十四歲就認識這個朋友了。我現在認識的人永遠不會知道我十幾歲的樣子，我認識的人中就剩這麼一個了。」我必須同意。「如果你失去這段友誼，你也會失去一些重要的事物。」我必須告訴她：「但是想想看你有多常告訴我，她對待你的方式讓你不開心。別忘了這一點，你還是覺得一段友誼值得這麼多的不快樂嗎？」

所以壞消息就是，如果我們選擇離開情感操縱關係，我們可能真的會失去一些特別的人事物。我們可能不會找到另外一個人，讓我們愛得如此熱烈、讓我們生活過得如此精采、讓我們以為彼此是靈魂的雙胞胎。我們可能不會找到另一位心靈導師，或另外一份工作，可以跟我們所放棄的相提並論。我們可能再也找不到讓我們如此在乎，而且又那麼了解我們的朋友，就像那個快逼瘋我們的操縱者好朋友。

好消息就是，如果我們有勇氣離開這些情感操縱關係，並且老實地看看它們到底讓我們付出了什麼代價，我們就能看見這輩子一直都在折磨我們的可怕恐懼，害怕不被愛，害怕孤獨一人。因為現在我們已經長到「可以當自己父母」的年紀，所以我們知道自己可以照顧自己，這是我們年紀還小的時候辦不到的。我們知道這是個充滿愛的世界，這麼多愛著我們的朋友、支持我們的同事，還有潛在的人生伴侶可能會進入我們的生活，並且取代那唯一一個、被我們深深仰仗的「靈魂伴侶」。

如果我們能夠明白，我們真實的自我並不真的仰仗另一個人來維持，我們不再是那個無助的嬰孩或小孩，我們並不那麼需要把爸媽當作英雄，所以我們終於可以享受生命中那些人的真正樣貌，而不需要他們成為我們從未擁有過的父母。我們可以當自己的父母，照顧我們自己，那麼我們的愛情、工作和友情都會基於愛與欲望，而非需要和渴求。我們也很確定，如果有人對我們不好，有需要的話我們有勇氣拒絕與離開，這也讓我們被善待的機會激增。

以我的經驗來說，離開情感操縱關係的人可能無法再次複製那種魔力與關係，能夠拯救他們免於自己最深的恐懼。因為不再牽掛著療癒舊時傷痛的需要，這些關係將會變得更為尋常，也更令人心滿意足。或許不會再有那麼讓人激動的時刻。可是那有這麼糟嗎？要是新男友的來電顯示讓你打從心底露出微笑，而不像過去那樣讓你心裡七上八下呢？要是你們共處的時光帶給你自在和平靜的感受，而不會讓你緊張到吃不下呢？要是你的愛情感覺起來不再像場驚悚危險的大冒險，或是一場挑戰，或者令人困惑的數學題呢？這段關係只會帶給你舒適與安全感，你會享受它的陪伴。

只要你能放棄驅動情感操縱的幻想，你們就還是可以擁有扣人心弦的對話，令人滿意的性生活，深刻的朋友關係，有意思的工作，不過這些關係或許不會像之前那麼強烈，因為你過去曾經非常渴望這些關係。對於自己重新創造的聯繫，你或許不會覺得它們拯救了自己，或者把你的世界搞得天翻地覆，但是它們不會讓你覺得如坐針氈。你就不會一聽到電話響起（或沒響！）就覺得七上八下，或者因為思考自己可以怎麼改變做法來讓對方開心，然後睡不著覺。你可以用成年人的心態生活，知道有時候自己可能會有點孤單，不過經常會感覺被愛，無論如何，你都不需要讓自己承受另外一個人的糟糕對待。

照顧你自己：進行治療或其他類型的協助

如果你覺得自己準備好了，考慮做些改變（或者至少想多知道自己還有什麼選擇），你可能會覺得自己需要一點幫助。身為一個治療師，我推薦你進行心理療程以支持你所尋求的進展。治療有時可能令人感到困惑，而且很痛苦，不過也可能是非常好的養分與後援。沒有什麼比得上有其他人對你有信心、理解你的顧慮，並且願意投入心力協助你達到目標，更令人如釋重負了。

如果治療療程不適合你，請考慮尋求其他形式的協助或者幫助。雖然生命教練並未受過治療師的訓練，但他們可能非常善於協助你定義目標，並且採行特定的步驟達到目標。宗教領袖和諮商顧問能夠提供支持，也能洞察你的心理（而且他們有些人也接受過治療師的訓練）。你可能會加入附近社區中心，或宗教機構的支援團體。如果你或者親近的人正在苦苦掙扎，無論是因為長期處於受虐狀態或有其他形式的成癮症，十二步驟計畫可能正好適合你。

當然，無論你採取什麼步驟，我都會催促你去找朋友和你深愛的人，至少要找個你信任的對象，他們心裡會惦記著怎麼做對你最好，而且還能看清你所處的狀況（有時候，找到符合以上兩項條件的人可能很困難！）。不過有些時候，就算朋友盡了全力也不夠，有時候你會需要有個比較處於你的生活之外的人，讓他們來幫助你釐清下一個階段該往何去。治療師或其他形態的協助者可以是那位「局外人」，他能協助你找到回去的路。

創造你的新世界

我想請你進行非常特別的視覺化活動，這個活動是心理分析師法蘭克．勒區曼（Frank Lachmann）有一回跟我分享的，他是我超棒的同事兼心靈導師。只要我感覺自己過度屈服於其他人的意願，或覺得無法清楚判斷自己是誰、想要什麼，我就會再做一次這個活動。雖然可能就跟我一樣，這件事能適用在你生活中許多情境之下，不過特別適合幫助你處理經常伴隨著情感操縱第三階段的疲憊與困惑。

你允許誰進入你的世界？

1. 想像你住在一棟美麗的房子裡，周圍豎立著漂亮的圍籬。花點時間想像這棟房子的樣子，它的格局、房間、陳設，也花點時間想像圍籬的模樣，用什麼材質做的？有多高？我要你想像這是道非常強大的圍籬，沒人能突破。
2. 現在，在圍籬上找個開口，受到歡迎的客人可以通過的出入口或者門口。你知道自己是這個地方唯一的守門者，你有絕對的權力決定誰能入內，誰又不能。你可能會邀請任何一個自己選擇的對象入內，也可能會毫無理由地就不讓任何人進來。花點時間感受一下，這是什麼樣的權力，你心中可能會浮現那些你打算放行的臉孔，同時也會想到你想排除在外的人，體驗一下身為房子守門員的力量。
3. 現在想像一下，只有好好對你說話並體貼你感受的人可以進屋。如果有人闖進來，然後虐待你，或者以任何方式挑戰你的現實，他就必須離開，而且除非他已經準備好，以後會善待你，否則就不能再回來。（有些人會在兩種態度間擺盪，他們可能有時會不理你，有時又對你很好，你可能會對此感到厭煩，所以或許會下定決心，無論他們態度多好，都不讓他們進門！）

4.至少花十五分鐘想像一下，描繪出你的房子、牆壁，還有你家大門口的樣子。然後讓你自己看看誰會想進門，以及你想讓誰進門。看看你決定可以或不可以的話，會發生什麼狀況。看看那些你拒絕或接受的對象會有什麼反應，並且感受你對那些反應的回應。

5.之後，如果你願意的話，請花點時間寫下你在這些體驗中學到了什麼，或者找個朋友聊聊。請記住，你可以把有圍籬的房子當作避難所，只要你有需要，這棟屋子永遠都在。

現在你了解到是什麼把你誘入情感操縱雙人舞，你也已經看到情感操縱第三階段會有多麼痛苦。停止情感操縱的時候到了！在下一章中，我會讓你看看該怎麼做。

第六章

停止情感操縱

隨著凱蒂與我的療程，她開始尋找停止情感操縱的方式。一開始，她對於改善自己和布萊恩之間的關係抱持著樂觀的態度。但是她發現到，她想讓他相信自己是個忠實的好女友，沒有跟人打情罵俏，結果這些努力卻常引發布萊恩的情感操縱，情緒末日（他對她辱罵吼叫）的狀況越演越烈。這樣的回應讓她害怕又難過，常常想要放棄。

凱蒂必須了解到，除非你完全準備好採取行動，否則你無法停止情感操縱，因此對於任何可能碰上的抵抗，無論是來自於操縱者或者自己，你都必須做好準備。只有當你願意離開這段關係時，你才能改變情感操縱關係，就算實際上你並不需要離開。但你必須接受，你的操縱者和你都可以有自己的看法，你既不需要屈服於他對你的負面評論，也不需要說服他，由他來認定你很好。若你的操縱者一直在懲罰你，不准你有自己的想法，那麼你必須願意離開他。在他清楚你想離開之前，他可能不會有動力改變自身行為。

所以在本章中，我將會與你分享六點計畫，讓你做好準備，帶著你做好準備。接著我會展示五種停止情感操縱的方式。

讓自己準備好停止情感操縱：六點計畫

1. 辨識問題
2. 同情自己
3. 同意自己做出犧牲

4. 跟你的感受保持聯繫
5. 激勵自己
6. 一次只進行一個改善生活的行動，接著再進行另一個

決心停止情感操縱

讓我們更仔細地檢視我剛剛說過的：只有當你願意離開這段關係時，你才能改變情感操縱關係。這非常重要，我要再說一次：**你必須願意離開**。

儘管在很多情況下，你可能會發現自己並不需要離開。有時候情感操縱雖然是慢慢地溜進關係裡，但你也能察覺它的存在，並杜絕它的影響。有時候，某些人只在特別沒安全感的時候，才會訴諸情感操縱手段，你只需要拒絕參與就能避免這個問題，你拒絕觸發關鍵的情感操縱誘因，那些會煽動你或操縱者踏起情感操縱雙人舞的話語、行動，或情境。若是你的另一半願意承認你們之間有狀況，好的伴侶顧問就能幫上忙，甚至你們自己的警覺就足以改變彼此的互動。跟有些操縱者相處，你可能無需斬斷所有聯繫，就能減少自身的涉入程度。在第七章中，我會協助你釐清，確認自己適不適合離開這段關係。但如果你不願意離開，這些步驟就不會有用。

為什麼不會呢？因為就像凱蒂，你多半都會碰上這樣的狀況，即便一切進展得十分順

利，但你的操縱者又回到過去的行事作風。人類天性就是如此，我們不會一夕改變。你的操縱者甚至可能會情感操縱，或是引爆更強烈的情緒末日，從大吼升級成尖聲叫嚷，批評挑剔的頻率從偶爾變成總是，週期性的冷戰變成連續好幾天的沉默。在這過程中，他可能會盡一切努力，讓你回復成過去被操縱的自己。

或許難以改變的不只有他，面對新的做法，你也有自己的懷疑。你或許會敗給依附的渴望，或者太想要來自操縱者的認可，難以抗拒那份渴求。你可能會想忘記所有的糟糕時刻，只記得好的那些。那也是人類的天性。我們大部分的人都會覺得改變非常困難，而且很少能夠迅速或突然改變。

這些強大的推力試圖讓一切維持原狀，那麼什麼能幫你對抗它們呢？儘管你與你的操縱者都強烈地感受到一切「應該」維持原狀，又是什麼能讓你做出不一樣的行動呢？

要想改變你的關係，只能靠你的決心，努力獲得自己想要的生活，零情感操縱的生活。為了堅守承諾，你必須什麼都願意做，就算需要離開人生摯愛，離開最好的朋友，或者離開完美的工作也在所不辭。你必須願意讓操縱者有他的看法，正如你也有自己的看法，不要屈服於他的觀點或意見之下，也不需要說服他接受自己的看法。你和操縱者都必須清楚知道，若你沒有受到尊重，或是會因為自己的意見受到懲罰，那麼你將不會留戀這段關係。

之前提過了，你或許並不會真的需要離開。不過如果你還沒有離開的意願，你可能撐不過接下來充滿挑戰的道路。

停止情感操縱：你願意結束這段關係嗎？

如果你作不了決定

- **想像下週這段關係裡的自己**。盡可能地觀察自己的細微之處。你穿著什麼衣服？臉上帶著怎樣的表情？操縱者的臉上是什麼表情？他說了些什麼？聽到他講話你有什麼感受？
- **現在想像一下明年這段關係裡的自己**。同樣地，盡可能觀察自己的細微之處。你過得如何？你在哪裡上班？什麼樣的事會讓你開心？想像自己跟操縱者在一起。你們兩個都說了什麼？你們兩個看起來是什麼樣子？想像兩人的樣子讓你有何感受？
- **接著想像一下三年後這段關係的自己**。同樣地，盡可能觀察自己的細微之處。你和對方的關係如何？你現在過得怎樣？這是你想要的生活嗎？
- **現在問問自己，這段關係是否能夠帶來你想要的未來，可能性有多高**。問問自己，如果你繼續留戀這段關係，你的未來會是什麼樣子。問問自己，你願意犧牲什麼來維持這段關係。問問自己，你願意付出什麼代價來換取自己想要的生活。

有幾件事情我希望你能銘記在心。首先，當你閱讀這六項準備建議時，請記得這段旅途可能有許多不同的路線。只要你覺得適合自己，不需要拘泥於順序，請任意嘗試各項做法。

我認為照著我所列出的項目按部就班地執行很有幫助，不過如果跳到後面的步驟能讓你有所進展，那麼這就是適合你的方式。你也可能會發現自己同時進行不只一個步驟。

你也應該清楚，在這個過程中自己當下的感受可能不會太好。就像凱蒂，你可能會發現自己很恐慌、很孤單，或者很難過。凱蒂開始抗拒布萊恩的情感操縱時，她會在半夜醒來，心跳飛快、胃部揪緊，腦中想的盡是自己跟這個人分手會有多孤單。白天工作時，只要想到自己遇見布萊恩之前有多孤單，還有想起剛開始交往那美妙的幾週，她過得多麼開心，她就會突然有想哭的衝動。她想起他看見自己時臉上一亮的表情，或者他幫她按摩雙腳的那些時刻，她不知道自己該怎麼回到沒有他的生活。她也可能會想起某次他指控自己太賣弄風情的狀況，她會氣到咬緊牙根，她之前從來不記得自己有這麼生氣過。

然後凱蒂會想起來，自己有多麼痛恨布萊恩總是對她做出各種指控，她會記起自己多麼不喜歡跟他吵架，還有被他吼過之後的感覺有多麼糟糕。她想起自己挺身對抗他，她讓他們倆都明白自己想被人尊重以待，她不想為了自己的意見而被懲罰，她記得這些感覺有多棒。她還是很焦慮、難過，而且寂寞，不過她也十分堅決。

當你開始注意到事情可以有所不同，你也會察覺到各種程度的憤怒與絕望，這些都是你之前根本不曾注意過的感受。你可能會覺得自己十分情緒化且難以預料，前一秒還很興奮，下一秒就疲倦又沮喪。這一切也都是人類在改變時會碰上的常態，所以請試著不要把這些感受看得太重。只要感覺它們，然後任其流逝。如果你體會到興奮、狂喜，彷彿站在世界之巔，盡量享受那些感覺，你要知道它們也一樣會過去。讓所有的情緒平緩下來需要一點時間，所以請保持耐心並且堅持不懈。

我也要請你記得，改變自己的行為舉止可謂成就非凡，你的餘生將因此得到豐厚的回報。無論你是否能夠拯救這段關係，你自身的改變將為你帶來健康，快樂且令人心滿意足的關係，無論之後是和現在的操縱者在一起，或者有其他的對象。你可能也會訝異於生命中有那麼多事情也跟著改變，你的工作、友誼、家庭，整體看來，你的世界也因為你投注於停止情感操縱的精力而有所改善。就算你正因為放棄所帶來的損失而哀悼，請記得為了你得到的事物而歡慶，或請至少心懷感激。

最後，我想請你留意停止情感操縱的過程，還有動員自己的過程，可能會花上很長一段時間。你可能在短短幾天之內就達成奇蹟，但你也可能好幾週都沒看到結果。你可能會看到一些進展，可是卻感覺你自己還有你的關係又陷入麻煩。我大概可以確定你將會經歷一些難熬的日子，但也會有一些美好的時刻，有些時候你很確定自己正在走回頭路，也有些時候你清楚自己就快抵達。無論如何，記得保持穩定的吐息，對自己懷抱同情心，並且多多親近你深愛又信任的人。只要你願意承諾，終將抵達。

可以讓你更加堅定的一些做法

- 每天都跟信任的朋友聊一聊，或者至少每週見一次心理治療師，以維持你自己的觀點。

- 寫下你跟操縱者前三次對話的內容，修改這段對話，提醒自己如果將來碰上這樣的情況，你想怎麼做。
- 回想上一次你感到快樂的時刻。寫下一段文字敘述，或是畫下來，或找一張會讓你想起那個時光的圖片。把這段文字或圖片釘在你每天都會看見的地方，提醒自己你希望新生活會是什麼模樣。

讓自己採取停止情感操縱行動的六種方式

1. 辨識問題
2. 同情自己
3. 同意自己做出犧牲
4. 跟你的感受保持聯繫
5. 激勵自己
6. 一次只進行一個改善生活的行動，接著再進行另一個。

讓你自己採取停止情感操縱行動：六點計畫

這裡有六種方式可以讓你準備停止情感操縱。你可以依照我的順序執行。或按照其他對你來說更合理的順序來進行。重點在於開始著手進行。

1. 辨認問題

如同我們先前所見，解釋問題到底出在哪裡可能很困難（就算對象是我們自己），尤其是當我們碰上好人型或魅力型操縱者的時候。我輔導的患者奧莉維雅（老公是魅力型操縱者的百貨公司採購）曾經跟我聊起一段令人挫折的對話，對象是個搞不清楚狀況的朋友。「他送妳的禮物妳不喜歡？」那位朋友用一種不敢置信的語氣說。「他想幫妳全身按摩，可是妳只想要洗個澡？妳就是為那種事不開心嗎？小姐，妳是有什麼毛病？」

奧莉維雅試著說明問題，但卻講不太出來、結結巴巴的。馬丁的禮物，打著褶邊的女襯衫、軟綿綿的睡袍、性感的女性內衣，對奧莉維雅而言，似乎都是為了他「幻想中的女性」所準備的，而並非為了奧莉維雅這個人，她會穿的是合身的套裝和款式簡單的內衣，而且喜歡裸睡。而她丈夫著名的全身按摩感覺總像某種大型企劃，奧莉維雅從來不覺得那令人放鬆。

如同我們所見，自己無法感謝丈夫的浪漫舉動，奧莉維雅對此很有罪惡感。我們初期療程中有很大一部分都在釐清這件事，為何她丈夫所送的禮物會讓她覺得疲憊又挫折，而不是感到被愛與珍惜。「我是說，有些人就不是那麼會送禮物。」奧莉維雅會這麼說。

「妳對他的禮物還有他的浪漫舉動有什麼想法，妳曾經告訴他過嗎？」我這麼問過。

「這個嘛，我有。多多少少吧。我告訴他自己不太喜歡全身按摩，我只想跟他一起窩在沙發上看電視。但是他似乎呆住了，然後看起來很受傷……我覺得我真的讓他失望了。」

「因為妳不感激他想為妳做的事，所以妳讓他失望了？」

「嗯，對啊。」

我問她，「奧莉維雅，全身按摩是為了讓他好過一點，還是為了讓妳舒服一些？」她不敢置信地盯著我。很顯然地，她之前從來沒有從那樣的角度思考過。不過奧莉維雅最後終於能看出問題所在：我的老公為我做了許多貼心事，但這些事情跟我到底是個怎麼樣的人似乎沒有關聯。我常覺得他的好意和禮物是為了讓他開心，多過於想讓我開心。更糟糕的是，到最後我都會覺得自己不太對勁，因為我不喜歡他的禮物。

釐清她的問題讓奧莉維雅有了前所未有的解脫感。她總算了解自己為什麼會覺得如此孤立與不滿足。她找到可以描述現況的方式，而不只是說她老公「不好」或者「很好」，並且專注地感受什麼狀況是自己無法接受的。

等你辨識出自己的問題，我建議你也可以區分一下，他做了什麼事，而你做了什麼事。對奧莉維雅來說，這個過程看起來像這樣：

他做了什麼事來對我情感操縱：送我不適合的禮物，然後期待我滿懷感激。

身為被操縱者，我做了什麼：覺得自己一定是哪裡不對勁才不喜歡禮物，我覺得孤單而且被人誤解。

更多如何辨識問題的範例

- 我的丈夫常常說我不對勁，結果我真的覺得自己很糟。我曾經跟他吵架，不過現在我不覺得有什麼好吵。我不喜歡聽見那些不好聽的，我也不喜歡總是這麼消沉。

 ※ 對方做了什麼事來操縱我：羞辱我。

 ※ 我做了什麼事讓我被操縱：跟他吵架（過去）；接受現況而且覺得很糟（現在）。

- 我跟這個朋友會花很長的時間爭辯同樣的事情，而且什麼都沒有解決。我到頭來總想著，為什麼我不是個更棒的朋友。我覺得自己好糟糕，我對這件事感到厭煩。其他的朋友不會讓我有這種感覺！

 ※ 對方做了什麼事來操縱我：指控我是個壞朋友

 ※ 我做了什麼事讓我被操縱：跟她吵架、懇求她改變心意，這樣我才不會真的變成壞朋友。

- 我的老闆似乎喜歡我，但我知道工作上有點不太對勁。她沒有邀我參加高階會議，但我之前都會參加，她還減少了我跟公司最重要的客戶之間的聯繫。她堅稱完全沒有問題，因此我知道她對我說謊。我不喜歡這種感覺，不知道到底發生了什麼事。

※ 對方做了什麼事來操縱我：把我排除在外，然後對我說謊。

※ 我做了什麼事讓我被操縱：表現得就像相信她的樣子（試著相信她）。

● 我的母親很擅長讓我感到罪惡。我只是希望她能告訴我，我在哪方面表現得很棒。不過我討厭自己如此盼望，因為這讓我覺得渺小又愚蠢，彷彿我得伏在她的跟前，好讓她開口說我是個「好孩子」。

※ 對方做了什麼事來操縱我：表現得像是我做錯了什麼。

※ 我做了什麼事讓我被操縱：加倍努力得到她的讚美，因為這樣一來她說的話就不會成真，我沒有做錯。

2. 同情自己

讓別人用差勁的態度對待我們，其中最毀傷靈魂的一點，就是我們會讓自己覺得，我們活該如此。當我們試圖當個更有責任感的人，並且了解這段我們曾經想逃避的有害互動，自己是怎麼參與其中，我們可能會覺得自己的確活該受到他人的錯待。畢竟我們參與其中。我們跟操縱者吵架，或屈服於他，或者告訴他我們不介意。我們試圖掌控局勢，或是想讓我們自己得到安全感。既然我們就跟他一樣有錯，那不管發生了什麼事，都是我們活該，對吧？

不對。這個步驟的目標並不在於訓斥自己，加重自己的罪惡感，或是分攤責任。你唯一的目標就是改善自身的狀況。為了達成這個目標，你需要清楚知道你是如何在這個問題上也推了一把，還有你可以做什麼來改變現況。但這不表示你「活該」碰上這些事，或者這件事「該怪」你，這是不同的概念。

如果你看到一個小女孩，她一直試著想讓某個憤怒、孤僻或者虛偽的成年人陪她玩，你會有什麼反應？如果她不停回頭找這個不願敞開心胸的人，來了一次又一次，每次都嘗試用不同的方法來引起對方的注意，你會怎麼想？如果她頭幾次就因為不開心而耍脾氣，或者亂踢亂打，還是講一些氣話呢？你會給她什麼建議？你會覺得她在想什麼？關於她自己，你還會跟她講些什麼呢？

我相信你會對那個小女孩充滿同情心，不過你也會建議她別再回來找那個大人，因為對方對她並不好。你可能會試著讓小女孩改變她的做法，不過你也能理解，在這麼糟糕的情況下她已經盡力做到最好，雖然這個當下她最好的表現並不利於她自己。

就跟你對待那個孩子一樣（或像你對朋友以及喜愛的人一樣），我想請你也同情自己，就算你正試著多認識自己一點，想弄清楚自己做了什麼，但這個過程中請對自己多點憐愛與感謝。有些時候，同情自己是最困難的事。不過以我的經驗，通常真正的轉變也是由此展開。

3. 同意自己做出犧牲

這件事無可避免：離開情感操縱關係可能會讓你付出好些代價。也因此，願意離開（即便實際狀況下你並不需要真的離開）常代表著可能會面對巨大的損失。

「我再也遇不到那樣的男人了。」我的患者告訴我。「我永遠不可能再跟這樣的人在一起，跟他一起的生活多麼刺激，他對我那麼熟悉，還是個性感又完美的靈魂伴侶。」

或者「我再也不會有這麼好的工作。那麼符合我的天分、能力、目標和夢想，我不可能再找到這麼好的職位。」

或是「我再也不會擁有像那樣的朋友，他這麼了解我，陪我經歷了這麼多事。」

或者「要是我不再跟我母親／父親／姊姊／弟弟／姑姑／舅舅／表弟說話，我無法想像我們家會變成怎樣。感恩節的晚餐會是什麼情況？誰會來參加（或者避不參加）我的生日派對？我怎麼可以讓我的小孩少了個親戚？」

就像我們在前幾章看見的，你可能會誇大自己的損失。你之後很有可能會遇到另外一個男人，找到另一個工作，交到另一個朋友，這些人會帶給你跟操縱者同樣多的快樂，甚至可能會過得更快樂。你在家中碰到的情況可能會有其他的解決之道，只是你現在還無法想像，那些做法可能會遠遠比現狀令人滿意。下一次，你可能會發現自己重視的東西不一樣了，或者你終於能夠得到一直以來心心念念的東西，而且還比之前的更好。

你也可能說得一點不差。你賭上自己的情感操縱關係，可能真的會失去一些再也無法擁有的事物。

重點在於，你不會知道。你只知道自己處於一段關係中，而這段關係會削弱自己的心神，並且耗盡生活樂趣。至於工作、朋友、伴侶、家人等方面，你為了留住這段情感操縱關係，可能已經做出非常重大的讓步。你可能已經放棄了自己的某些希望與夢想。我幾乎可以肯定，如果你不採取行動，情感操縱關係不太可能改善。改變的唯一希望只在你是否會有不同的表現。而且沒錯，如果你這麼做，你可能正冒著失去一些寶貴事物的風險。

對你來說，改變是否值得？你不可能事先知道，不可能知道真正冒了何種風險，到底又會得到什麼。那麼你是否願意進行信仰之躍？

唯一可以回答這個問題的人，當然是你。你知道自己可能冒著很大的風險，你是否願意採取行動，僅僅因為不願意繼續維持原狀？

我永遠不會忘記有個患者曾經告訴我，她之所以終於能夠離開情感操縱關係的原因。「我不知道接下來會怎樣。」她這麼跟我說。「我只是不願意一直心情這麼糟糕。」有時候你只需要知道這些。

幫助你進行信仰之躍的問題

- 我今天是否作出讓自己感覺很好的決定？那個決定是什麼？
- 我今天是否作出讓自己感覺很差的決定？那個決定是什麼？

- 我的生活是否符合我的價值觀？
- 如果不是，我必須做什麼來讓生活與價值觀相符？
- 關於我的最佳生活方式，我有什麼願景？
- 我必須怎麼做才能實現那樣的生活方式？

4. 跟你的感受保持聯繫

我們常常跟自己的感覺脫節，如此才能留在情感操縱關係中。為了停止情感操縱，我們必須啟動自己的感覺。

為了重新聯繫你的感受，請進行以下的活動。

喚醒你的感覺：隨手拿起筆和紙，迅速記下這些問題的答案，你可以採取自己喜歡的方式：句子、簡單的註記，任何你喜歡的方式。你也可以畫畫或者以圖示作答。

1. 回想最近一次令你情緒有所波動的事件。這件事可大可小，比方心愛的人生了病，或者跟銀行行員意見不合。請描述該事件。
2. 你有什麼感受？
3. 你有什麼想法？

4.你怎麼做？

凱蒂第一次嘗試這個活動的答案如下。

1.我去街角雜貨店買咖啡，但我找不到正確的零錢，店員看著我，他似乎真的很氣，最後終於說，「快點滾開就是了，省得擋住後面的人。」
2.我覺得心情很糟，也覺得自己很蠢。我覺得自己應該要找得到零錢。
3.我想我的動作太慢了。
4.我對他微笑，然後告訴他我很抱歉。

那次凱蒂帶著她寫完的東西來找我，我協助她發現到，她並沒有使用描述感受字彙來描繪她的情緒。「我覺得自己很蠢」並不是真正的情緒，那是個想法。凱蒂認為沒辦法快點找到零錢，就代表自己是個愚蠢的人。「我覺得我應該要找得到零錢」也是個想法，這是她認為自己應該辦到的事。我請凱蒂試著重做那部分，並且使用描述感受的詞彙，比方難過、生氣、沮喪、極為不安、擔憂、焦慮、害怕、丟臉、驕傲、興奮、快樂等等，真的用來描寫她的情緒而非想法的字眼。

「我猜我覺得很丟臉。」凱蒂告訴我，接著她搖頭。「這樣是不是很蠢？」她說。「這樣的事情為什麼會讓我覺得丟臉？」因為跟感受保持聯繫，凱蒂察覺到這個感覺，然後任這份情緒過去。如果凱蒂沒有注意到自己覺得丟臉，她可能會有很長一段時間都不自覺地感到丟臉。

我請凱蒂重做整個活動。以下是她第二次回答的內容。

1. 布萊恩生我的氣，因為我們從店裡回家的路上，又有個人對我微笑。他對我吼，我說，「你又那樣了。」他吼得更大聲。我走進臥室並關上門。
2. 他大吼的時候我覺得很害怕；我走開的時候覺得很驕傲。我想我也覺得有點丟臉。
3. 我認為他不應該吼我。我認為我應該留下來，但也認為自己必須離開。
4. 我待在臥室裡面等他吼完，然後我才出來準備晚餐。

這個活動讓凱蒂大為驚奇，因為她發現同一個事件竟然帶給自己這麼多不同的感受，和這麼多不同的想法。「我沒有意識到我很驕傲。」她承認。「這種感覺很棒。」

你可能埋藏自己感受的線索

- 你覺得「麻木」，對事物不感興趣、無動於衷，或是覺得無聊。
- 過去能讓你開心的事物，你現在卻不再享受了。
- 你覺得自己的性欲「死氣沉沉」。你不享受性愛，誘人的對象也不會令你興致高昂，你一點感覺都沒有。

- 你的身體每個月會發生好幾次狀況，比方偏頭痛、胃腸不適、背痛、感冒和流感，或發生意外。
- 夢境令你不安。
- 你發現自己對於某些事物會有情緒化的反應，而且你也清楚那些事情對自己來說不太重要，比方為了電視廣告落淚，或是對店員大發脾氣。
- 你的飲食習慣發生變化。你若不是吃得欲罷不能，就是對食物失去興趣。
- 你的睡眠模式發生變化。你若不是睡得更長，就是難以入眠，有時候兩者都會發生。
- 你莫名其妙地焦慮或提心吊膽。
- 你莫名其妙地感到筋疲力盡。

5. 激勵自己

情感操縱關係常讓我們覺得無助且無力，我們彷彿什麼都做不好。開始看見自己的力量會是改變的重要一環。

吉兒，這位有抱負的記者已經落入情感操縱第三階段，她的新老闆讓她非常虛弱，覺得這個階段尤為有用。看過前面幾章之後你會知道，吉兒覺得很難堪，因為她無法透過認真工作和天分贏得老闆的敬重。「我以為自己是個搶手貨，但看起來我什麼都不是。」她時常重複這句話。「如果我無法成功做好這份工作，那我就什麼都不是。」她拚命想獲得老闆的認可，等於是給了他控制權，讓他能完全控制她對自己的看法。如果他說她做得很好，那麼她就是做得很好。如果他說她沒有能力，那麼一定也是真的。吉兒怎麼能挑戰這處於緊要關頭的關係呢？

吉兒和我一起努力點醒自己，她擁有其他的才華、長處與能力，這些跟她的工作本身並不相關。我請吉兒列出自己的長處，聽到她堅稱自己沒有長處（沒有什麼要緊的），我就請她至少詢問三個朋友，請他們每個人幫忙，最少要講出五個長處。

下一回吉兒來接受治療，她拿出她的長處清單，然後哭了起來。她老闆這麼長時間以來慢慢地傷害了她構築的自我形象，忽然之間，她老闆的所作所為帶來的難過情緒全都湧了上來，她也很難過自己的做法，她讓老闆告訴她，她是什麼樣的人。記得其他人對她有不同的看法，這幫助吉兒重新想起對自己的看法。

吉兒了解到自身擁有的長處對其他人來說如此顯而易見，這也讓她有勇氣接受自己的短處。「之前就好像我是個很糟的記者，我需要那個人，我需要他來讓我覺得自己至少有點用。」吉兒後來這麼說。「我覺得自己什麼也不是，只有他有能力讓我有點用。但是當我發現到我本來就有用，我也就不那麼需要他了。然後我才終於能夠思考我們之間的關係有什麼不對勁。在那之前我無法這麼做。」

激勵自己的方式

- 列出你的長處。
- 挑戰自我批評或是負面想法，比方像「我不好」或「我永遠不會快樂」。
- 做一些讓你覺得自己很能幹的事。
- 避開對你有負面想法，還有會榨乾你精力的人。
- 讓自己待在看得見你的長處，並且支持你的人身邊。
- 依靠自己的長處，讓這些能力幫助你解決你所面臨的挑戰。

6. 只進行一個改善生活的行動，接著再進行另一個

採取行動的效果很強大，這點非常驚人，任何行動就算是再小的行動，都能改善生活。就算你的行動似乎跟這段關係沒有關聯，踏出這一步將會幫你做好停止情感操縱的準備。

舉例來說，我有個患者某天意識到，客戶經常邀請她參加社交活動，這些活動跟自己任職的公關公司有關，畫廊開幕、戲院活動、雞尾酒派對，偶爾還有新片特映會。她的丈夫也總是一同受邀，但他從來就不希望他們當中有人出席。在他的觀念裡，已婚的伴侶晚上應該一起待在家裡。

因此對我的患者而言，接受邀約是微小但重大的一步，她朝向改善生活的行動更近了一

步。她很享受當天的活動，她也明白對自己來說，雖然要面對丈夫的指責，他會說她很自私，而且對工作太投入，但當天晚上的開心值得這一切。她並沒有跟他正面衝突，沒有爭執情感操縱或者如何改變他們的關係。不過她自己開始有所改變。

我另外一名患者報名了人體素描課程。描繪裸體這個念頭總令她緊張，不過她很愛畫畫，而且畫畫課能讓她培養自己喜歡的能力，這似乎是個好機會。她從來沒有跟丈夫提起這堂課，幾個禮拜之後他發現了，卻不特別介意。不過她因為採取這個行動而讓自己更有能量，這種感受在後來驅使她挑戰自己的丈夫。

處於被人情感操縱的狀態數週、數月，或數年之後，停止情感操縱會變得很困難，部分是因為你不再是那個強大的自己，跟你剛踏入情感操縱關係時不可同日而語。因此在你準備停止情感操縱的時候，修復自己，讓那個自我有機會採取行動，會是十分有力的工具。

停止情感操縱

好的，現在你們已經準備好了嗎？接著就要開始停止情感操縱了！以下是基本的概念，五個概念上的小轉變會幫助你，讓你能改變你與操縱者之間的互動。這五個做法，你不需要一下子就做到，不需要按照特定的次序，甚至可能不會全部做完。只要從對你來說最易懂的方式開始，然後看看接下來會發生什麼事。

停止情感操縱五法

1. 在扭曲的故事中找出事實。
2. 判斷這段對話是不是真的權力鬥爭。如果是，請離開這段對話。
3. 找到你自己的和對方的情感操縱誘因。
4. 關注感受，而非「對」與「錯」。
5. 請記得你無法控制任何人的看法，就算你是對的也一樣！

1. 在扭曲的故事中找出事實

我們的操縱者常會告訴我們他所認為的事發經過，結果使得我們非常困惑。這些事件中包含足夠的事實，所以會讓我們認為這整段敘述都是真的。因此在扭曲的故事中找出事實，對於停止情感操縱來說會是很有用的第一步。

這個方法對麗茲來說特別有幫助，這位女士有個謊話連篇的老闆，老闆會暗地裡中傷她。無論她抗議什麼事，她老闆總會說出貌似合理的解釋。如果她問他，為何客戶會收到通知，告訴他麗茲不想再跟他合作，她老闆會堅稱是客戶說謊。如果麗茲印出那份通知，詢問誰是寄件者。她老闆會開始講起辦公室組織重整，解釋得非常複雜，或者把那份通知怪在麗茲部門裡的人；或者聳聳肩，看起來非常困惑。因為他看起來總是那麼溫和、友善而且平靜，沒有任何明顯的線索指出事情有什麼不對勁，沒人吼叫、沒人辱罵，除了麗茲自己的感受，沒有顯而易見的不愉快，但她變得越來越沮喪。因為公司裡面其他人似乎都被他唬住了，麗茲每次跟老闆談話之後都覺得自己越來越抓狂，因為他總是如此冷靜，而麗茲的情緒卻這麼失控，這種感受更顯強烈。

麗茲開始在扭曲的故事中找出事實之後，事情開始有所轉變。她發現如果強迫自己冷靜地直視事實，而不是她老闆的指責，或者她的辯解，就能讓自己的思緒非常清晰。「我彷彿頭下腳上地倒掛在天花板上。」有一次她告訴我。「然後我說：『麗茲！妳覺得呢？』我彷彿真的感覺到我自己和整個世界回歸正軌。」

當然了，如果麗茲的老闆是個值得信賴、樂於助人的人，他可能會對她說出完全一樣的話，但是在那樣的情況下，這些話不但不假，而且非常真誠。不過現在這個情境下，這些話就是想操縱她。有時候你無法只靠文字作出判斷，就連聲調、肢體語言和整體氣氛也可能不夠。有時候你必須問問自己，你心裡真正的想法是什麼，然後接受那份深度知覺。若你發現自己的判斷錯誤，承認並且修正錯誤。如果你發現自己想得沒錯，恭喜自己，然後繼續前進，繼續生活。無論是哪樣的結果，你的出發點都必須是你認知到的真實，而不是操縱者的版本。如果你把操縱者看得太理想，想保持對他的正面評價，你可能會用他所講述的事件經過代替你自己的真實感受。不過請別這麼做，因為你可能就這麼踏起情感操縱雙人舞。

麗茲的老闆說了什麼	麗茲之前怎麼想	在扭曲的故事中找到真實
「沒什麼不對勁啊。」	「天啊，那我為什麼會覺得不對勁呢？」	「好的，我知道事情不對勁，太多事情說不通了。不知道為什麼，但他沒對我說實話。」
「我希望你覺得你可以信任我。」	「我不相信他，但我真希望我可以。如果能讓一切都順利就太好了……」	「我不相信會扭曲事實的人。」
「如果你能多變通一點，我們會處得更好。」	「為什麼他批評我？為什麼他看不出來我有多認真工作？為什麼他看不出來我那麼努力嘗試？」	「問題不在於我不願意改變，問題是在他暗地裡中傷我，然後還謊稱沒這回事。」

2. 判斷這段對話是不是真正的權力鬥爭，如果是就離開這段對話

情感操縱之所以能這樣偷偷危害我們，有一部分是因為你並不總是明白某段對話到底在講什麼。讓我們再看一次凱蒂和布萊恩的爭執，他們在爭論凱蒂是不是在賣弄風情。但實際上到底發生了什麼事？

布萊恩：妳有看到那個今晚一直看妳的傢伙嗎？他以為自己是誰？

凱蒂：布萊恩，我很確定他沒有其他的意思。他只是想要友善點。

布萊恩：哇，妳真的太天真了！我以為經過這段時日之後妳會明白。他才不只是「想要友善點」，凱蒂。他在追妳。

凱蒂：他真的沒有，他手上戴著婚戒。

布萊恩：哦，講得好像那可以阻止任何人一樣。話說回來，妳幹嘛打量他啊？妳為什麼會注意他有沒有戴戒指？妳自己一定也對人家滿有興趣的。

凱蒂：我當然沒興趣，我跟你在一起了啊。

布萊恩：真不巧那個人就在我眼前跟妳調情，現在妳得找別人了。妳難道就這麼急，甚至不能等我走開就要找人換掉我？

凱蒂：布萊恩，我沒有要找人換掉你。我想跟你在一起，我的選擇是你。拜託你相信我。我只想要你，我永遠不會對你不忠。

布萊恩：妳至少可以對我說實話。

凱蒂：但我說的都是實話。你看不出來我有多麼在乎你嗎？

布萊恩：要是妳那麼在乎我，那就承認妳在注意那個人。妳至少該對我誠實，承認妳在注意那個人。

凱蒂：可是我沒有！你怎麼可以把我說得這麼糟糕？我這麼愛你。拜託你相信我！求求你，布萊恩——

布萊恩：凱蒂，別對我說謊。我無法忍受有人對我說謊。

他們吵了一個多小時，布萊恩越來越生氣，急著想證明自己是對的，而凱蒂則是越來越拚命地想說服布萊恩。如果她無法說服他，她覺得他就會證實自己是個多麼不忠實的壞女友，而她需要證明給他們兩個人看，證明自己是個忠實的好女友，也很有愛心的人。

由於他們兩個人深陷於「煤氣燈效應」，布萊恩和凱蒂講的都不是實際發生的事件。對布萊恩來說，這段對話是一場權力鬥爭，爭論的是他的立場正確與否。而對凱蒂而言，這段對話也是一場權力鬥爭：她試著讓布萊恩認可自己，如此一來她就不需要憂慮於他的指控，擔心他講的話都是真的。

權力鬥爭和真正的對話有什麼不同呢？在真正的對話中，即便他們有時會有點情緒化，雙方都真的有聽見，並且回應對方的疑慮。以下是另一種方式，在這樣的狀況下一對情侶可能會有不同的應對：

他：我不敢相信妳跟那個人調情！

她：但我們只是表現友善，只是在閒聊！那又沒什麼！

他：看起來肯定有點什麼。我怎麼分辨得出來？

她：親愛的，你不用分辨這些。我跟你保證，你是我的唯一，我還是跟你一起回家啊。我想要的只有你。

他：聽見妳這麼說真好。但我只要看到妳對別人送秋波，我就覺得快瘋了。

她：我沒有發現這件事情讓你這麼困擾，我很抱歉。但是我得告訴你，如果只因為你覺得我無時無刻都在調情，所以我就不能隨意跟其他人講話，那會讓我發瘋。

他：太可怕了！妳一點都不在乎我的感受！

她：我在乎。我真的想讓一切順順利利的。我們再想想吧，有什麼做法能讓我們兩個都接受？

就像你看見的，那段對話中有許多激烈的情緒，但不存在情感操縱情況。兩個人的意見天差地遠，但沒有人在玩權力遊戲；他們只是講述自己的感受，還有自己想要什麼。他說的是看見她跟人調情，他會有什麼感覺。她說的是如果她不能自由地跟其他人聊天，她會有什麼感覺。他並沒有試著證明自己是正確的，她也沒有；他們不過是努力解決一個難題：如果

他們想要的恰好相反，該怎麼做才能皆大歡喜。

如果你和操縱者真心想要讓某件事情順利進行，那麼你們會全心投入。你們會花上好幾個小時討論，或安排好幾次談話。如果這個議題對你們倆來說非常重要，你們可能會發現接下來的幾年都在討論這件事。兩個人在一起不代表你們對所有事情都有相同看法，尤其是針對某些你們永遠無法有共識的事情。只要你們彼此尊重，好好表達也認真聆聽，無論你們的情緒可能會有多麼激動，那麼就不會有問題（儘管有時候可能會很痛苦或很可怕）。

不過你若是判斷現在進行的是場權力鬥爭，停止情感操縱的第一步就是辨認情況，並退出對話。否則你還是會跳著情感操縱雙人舞。

以下這個範例是來自我的患者瑪麗安娜和她的朋友蘇，她們之間的某一場權力鬥爭。主要的議題看似單純：瑪麗安娜希望她們兩個在她這區碰面，但蘇希望碰面地點距離她家近一點。請觀察對話是如何失去了真正的主題，而情感操縱雙人舞又是如何展開。

瑪麗安娜：妳下週是不是可以過來這裡。

蘇：我比較想約在市區。

瑪麗安娜：我去市區真的不方便。妳不能過來嗎？

蘇：我們總是約在妳家附近。我不知道妳有沒有注意到，但事實如此。

瑪麗安娜：不對，我們沒有。

蘇：我們前七次碰面，有五次都在妳這區，說實話我已經煩了。瑪麗安娜，這讓我覺得妳徹底無視我。我真的覺得妳自以為是宇宙的中心，這很傷人。

瑪麗安娜：我沒想要傷害妳！妳怎麼能這麼說我？

蘇：我不知道我還能怎麼想。妳似乎是覺得就因為妳工作時間很長，所以其他人都要給妳方便。但妳知道的，我也有自己的生活。還是說妳不覺得我的生活有什麼要緊的？

瑪麗安娜：我當然覺得妳的生活很重要，妳是很好的朋友。拜託別生我的氣，妳想要的話，我就跟妳約在市區。

蘇：但是我討厭自己必須逼妳這麼做。這下子我覺得妳很自私，又愛操縱我。妳會讓我得到自己想要的，但也會讓我付出代價。我覺得我不可能贏。無論如何，妳都占了上風。

瑪麗安娜：求妳別那麼想。我們的友誼對我來說很重要，我受不了妳這樣講。

蘇：可是妳就表現得那麼自私，妳還期待我怎麼想？我有種感覺，我在乎的事物對妳來說都無關緊要。或許我們這一陣子不該碰面。

瑪麗安娜：拜託別那麼說。我可以做什麼來補救嗎？

你會知道這是權力鬥爭，如果……

- 對話包含許多辱罵。
- 你們一直討論同樣的話題。

- 你們有人或者兩個人都講到跟主題無關的事。
- 你們之前為了相同的事吵過好幾次，而且從來沒有真正解決爭議。
- 無論你們說了什麼，另外一個人會一直重複同樣的回應。
- 你感覺另外一個人掌控全局。

很顯然地，蘇和瑪麗安娜並不是真的在討論要在哪裡碰面。或許瑪麗安娜真的比較常挑選碰面的地點，所以現在應該要多配合。或許蘇真的有充分的理由發牢騷。不過這兩名女性都沒想要弄清楚事情的狀況，也沒想要做出真正的計畫。她們只是想知道誰的影響力比較大。如果蘇比較有影響力，她就能讓瑪麗安娜改變心意，並且同意瑪麗安娜是壞朋友。如果瑪麗安娜比較有影響力，她就能讓蘇改變她的心意，同意瑪麗安娜是個很好的朋友。

因為瑪麗安娜放棄了自己的自覺，允許蘇定義自己，蘇永遠都是法官兼陪審團，而身為被告的瑪麗安娜得懇求一個好的判決。結果這些爭執（就算她吵贏了）讓瑪麗安娜覺得虛弱又疲憊。她永遠得不到自己真正追求的事物，她想打從心底感覺自己是個好人，是個好朋友。她只有偶爾會得到蘇的「無罪」判決，但是只要下場「審判」開始，就會馬上撤銷。瑪麗安娜可能會暫時地贏個幾次，偶爾可能讓蘇收回最負面的評論，但她從未得到永久的勝利，也就是蘇徹底地同意瑪麗安娜是個很好的朋友。無論瑪麗安娜怎麼做，蘇總會保留判決的權利。瑪麗安娜確實不斷給予蘇這樣的權利，希望蘇能夠藉此判定瑪麗安娜「很好」，從而認可自己的自覺。這也就是為什麼，到頭來無論判決為何，瑪麗安娜永遠會改變自己的觀點，同意蘇的看法；她想要蘇（而非自己）來決定她的價值。

瑪麗安娜漸漸了解，當權力鬥爭開始，她應該致力於離開爭執，而非吵贏這場架。試圖贏得爭辯只會讓她繼續留在法庭上，懇求權力在握的法官大發慈悲。離開爭辯代表著瑪麗安娜拒絕被情感操縱，或許她會成為自己的法官，自己決定自己是誰，自己該如何行動，還有她「好」或「不好」。

瑪麗安娜開始使用幾個句子幫助自己減少投入的程度：「我們必須同意我們有不同的意見。」「我認為我們已經離題很遠了。」「我覺得妳在嚇唬我，我不想繼續講下去了。」蘇的回應時好時壞。有時候她會尊重瑪麗安娜的努力，此時她們倆會轉而聊起比較開心的話題；其他時候蘇會呼地一聲掛掉電話，晚點才會向她道歉。不過至少瑪麗安娜進一步強化自己的力量，並且負起更多自我評斷的責任，而不只是給蘇評斷她的權力，並且投身自己永遠贏不了的權力鬥爭。

想離開權力鬥爭，你可以說什麼

- 「你說得沒錯，但我不想繼續吵這個。」
- 「你說得沒錯，但我不想要別人這樣跟我說話。」

- 「如果你別再罵人，我很樂意繼續討論。」
- 「這段對話的走向讓我很不舒服，我們晚點再說吧。」
- 「我認為這段對話已經離題了。」
- 「我不認為我可以講出什麼有建設性的話，我們改天再聊吧。」
- 「我覺得我們必須同意彼此意見不同。」
- 「我不想繼續吵了。」
- 「我現在不想繼續講下去。」
- 「你說的話我有聽進去，我會想一想。但我現在不想繼續聊這些。」
- 「我真的很想繼續跟你談，但請你語氣好一點，否則我就不想講了。」
- 「我不喜歡我現在的感覺，所以我不想繼續講了。」
- 「你或許沒注意到，但你在對我說我看不清現實。不好意思，我不同意你的看法。我愛你，但我不想要跟你這樣講話。」
- 「我很愛我們之間親密的對話，但不喜歡你批評我。」
- 「你或許不是有意羞辱我，但我的感受就是如此，我不打算繼續講了。」
- 「我不覺得現在是聊這些的好時機。我們找個雙方都方便的時間，改天再聊吧。」

如果你想離開這場爭執，但仍舊表達出憤怒

- 「請別再用那種語調跟我說話了，我不喜歡這樣。」
- 「你一直用吼的，我聽不清楚你到底在說什麼。」
- 「你一直用那種不屑一顧的態度跟我說話，我實在聽不懂你想表達什麼。」
- 「你吼我的時候，我不想跟你說話。」
- 「你用那種不屑一顧的態度，我不想跟你說話。」
- 「我現在不打算繼續吵架。」
- 「我覺得你在扭曲事實，我真的不喜歡這樣。我晚點比較冷靜之後再跟你聊。」
- 「或許你不是故意傷害我的感受，但我現在難過到不想講話。我們可以晚點再聊。」

3. 找到你自己和對方的情感操縱誘因

請記得一件事，你和操縱者正踏著情感操縱雙人舞。你們兩人同樣有情感操縱誘因，就是讓你倆開始踏起舞步的事件。如果你能找到誘因，就比較有機會避開它們。

讓我澄清一下：我的意思並不是說你該為他的情感操縱負責。你參與了情感操縱雙人舞，而他也不須為此負責。我只是說，你們兩個都可能會開啟舞步，而且各自在面對某些特

定情境時，情感操縱更容易發生。所以請不要抱著羞愧或責怪的心情看待這個步驟。請專心找出情感操縱誘因，如此一來你就可以著手停止情感操縱。

找出可能誘發情感操縱的主題或情況。情感操縱是對於壓力的回應，人類覺得遭受威脅之時，才會變成操縱者或被操縱者。下方列出一些令人緊張的主題與情況，這些經常變成情感操縱引信。問問自己，你和你的操縱者是否無法應付以下議題：

- 金錢
- 性愛
- 家庭
- 假日
- 度假
- 人生抉擇，例如：婚姻、搬家、換工作
- 孩子
- 意見不合
- 習俗規矩，例如：「我們如果受邀共進晚餐，我們必須帶點伴手禮。」或是「參加正式活動一定要打領帶

金錢議題常會令崔絲和艾倫跳起情感操縱雙人舞。因為艾倫很注意金錢，而且很憂心負

債，所以收到帳單或是發生了意料之外的支出時，他常會進入情感操縱模式。弄清楚這點之後，崔絲決定在跟錢有關的事上多費點心思，她會避免自己開啟情感操縱雙人舞，也確保自己不會陷入反覆的爭吵，因為只要談到她的理財能力，對話就會變得毫無重點。

奧莉維雅了解到，只要關乎性愛，馬丁往往會開始情感操縱。如果她看似會以某種方式在性事方面拒絕他，他就會開啟魅力型情感操縱模式，他會點燃蠟燭，播放充滿情調的音樂，表現得非常浪漫，他想證明自己是個有性吸引力的人。儘管奧莉維雅不打算在沒心情的時候跟他做愛，但她可以盡可能地用最令人滿意的方式說不，並且準備面對可能隨之而來的情感操縱。

我輔導的患者桑卓菈，理論上，她擁有完美的婚姻，覺得家庭議題真的會讓她的好人型丈夫發作。只要跟他的家人或跟桑卓菈的家人有關，彼得往往會情感操縱。在此同時，每當桑卓菈因為他們的小孩而焦慮，她就會對彼得特別挑剔，結果也會引起彼得的情感操縱，因此那也是個麻煩的領域。

桑卓菈認真地花了好一段時間思考，不確定就只是減少與家人碰面的頻率，是否能改善她的婚姻。她決定試試看。雖然她不願意減少與自己家人的相聚時光，但她很樂意自己去拜訪他們。

桑卓菈也發現到自己情緒爆發之後，表現出來的焦慮和講出口的批評會讓彼得沒安全感。如果彼得發現桑卓菈心情不好或心生不滿，他就覺得自己無能為力、失去價值，因為他真心相信一個好丈夫應該能夠隨時讓自己的妻子快樂。無能為力的感覺會讓彼得想要情感操縱，這樣才能重新獲得掌控感；如果他能證明自己是對的，桑卓菈做錯了，那麼她的不滿意就是她的錯，而不是自己的問題，然後他會覺得自己更強大，自我感覺也更良好。桑卓菈知道這個過程不是自己的責任，但她的焦慮和批評為這些事起了頭。

所以她直接告訴彼得：「我知道我們一談到小孩，我往往就會變得很焦慮，然後表現得好像你什麼都不會。我知道我可以相信你，你是一個好父親，如果我曾經讓你覺得不是這樣，我很抱歉。我會試著控制自己，不過如果你下次再看到我太過焦慮，我真的很希望你可以提醒我。」

讓桑卓菈意外的是，彼得接受她的提議。情感操縱沒有停止，但大幅減少，而改變行為舉止現在「落到」她頭上！「現在我真的得要減少對於小孩的焦慮感。」她開玩笑地對我說，那時她正在描述她丈夫第一次要求她注意自己的焦慮。「多謝了！」但我看得出來她心裡如釋重負。她和彼得都因為這樣的安排變得更快樂，雖然還有很多事情沒完成，但桑卓菈覺得這是個好的開始。

你和你的操縱者特別容易踏入情感操縱雙人舞的主題和情境為何，你能不能找到它們？花點時間記錄下來。

找到你說了哪些話或做了哪些事可能引發情感操縱。同樣的，我想說清楚。如果你的話語或行動會引發伴侶的情感操縱，這不代表你得對他的惡行惡狀負責，也不表示你必須為了避免他生氣那麼煩惱。不過你的確可以選擇相對簡單的方式，換個說法或採取其他做法，你的關係可能會更順利。

舉例來說，如果看到女人掉眼淚，有些男人會覺得受到操縱而變得戒備。雖然我絕對不認為哭泣這件事本質上有什麼問題，但請花點時間想想，哭泣是否會在你的關係中引發情感操縱情況。你的眼淚是否讓操縱者感覺受到威脅？看到你掉眼淚之後，他是否很快就開始證明自己是對的？他是否會採取恫嚇、好人手法，或是魅力舉止，想讓你停止哭泣？你哭了之後是否會引發情緒末日？如果你認為自己的淚水已經成了關係中的情感操縱引信，請考慮一下別當著操縱者的面前掉眼淚，你可以控制自己的淚水或是離開房間。

同樣的，有些人對某些話的反應特別糟糕。以彼得為例，他受不了桑卓菈說「你傷害了我的感受」。只要她說這句話，他就會情感操縱，試圖混淆她的現實感，並且證明自己有多正確。如果桑卓菈不提「你傷害了我的感受」，而只是說「我希望你能換個說法」，彼得就覺得沒問題。不過「你傷害了我的感受」這句話裡面似乎有什麼真的會影響他。桑卓菈還是可以為自己講話，但只要稍稍改變用詞就能有很大的不同。

說到馬丁，他對於「那讓我很難過」這個句子很有意見。奧莉維雅發現她的丈夫真的有這樣的需要，他需要覺得自己能夠令妻子快樂，所以只要他覺得自己辦不到，他就會開始情感操縱，試著讓她承認一切都好。儘管奧莉維雅不願意總是在馬丁面前隱藏自己的難過，但她了解到馬丁對待這個情緒的態度比自己嚴肅多了。她決定如果自己真的很難過，那她會請他安慰自己，因為他只要能為她做點事，就比較不會情感操縱。不過如果自己的難過沒那麼急迫，不過是因為看了苦樂參半的電影，或是聽說某個不熟的朋友發生了什麼事，她會找女性朋友來排解傷心的情緒。

對許多男人來說還有一個誘因，那就是有人要求他們做某件辦不到的事。舉例來說，在他們剛開始交往的時候，凱蒂要求布萊恩幫她搬家。結果她唯一方便搬家的時間，恰好碰到布萊恩該去其他城市出差的日子。他不能改變工作安排，但他很討厭自己沒能幫上忙。凱蒂後來找了哥哥來幫忙，但布萊恩感受到的壓力和沮喪導致情感操縱提早爆發，他指控凱蒂利用哥哥來讓自己難堪，並且堅稱她哥哥從來就不喜歡他。

如果凱蒂已經知道這樣的情況是布萊恩的情感操縱誘因，她處理的方式可能會更好。她不會一派輕鬆地提到哥哥會來幫忙，接著大吵一架，她會改成這樣：「親愛的，我知道你有多麼希望可以幫我搬家，相信我，我超愛你這點。我也知道如果我真的需要你，你甚至會為我調整工作安排，不過我真的不希望你這麼做。光是知道你願意這麼做，那種備受寵愛及被人保護的感覺我實在難以形容！別擔心，我會找其他的處理方法。」她可能會讓布萊恩慢慢理解這個訊息，接著再找其他場合提到她哥哥會「代替他」。

這個方式或許可以避免布萊恩情感操縱，或許不行。但至少凱蒂已經盡力了，而且她可以做好準備，不以被操縱者的方式回應。

想想你的操縱者。請問是不是在某些特別的情況下，他特別容易情感操縱？有沒有其他的方式可以減輕他的壓力，減少情感操縱的需要？這些狀況發生時，你能不能特別注意，不參與他的情感操縱呢？

找到可能會引發情感操縱的權力鬥爭或操縱舉動。現在我們進入比較敏感的部分。請想想看你自己表現得不那麼美好的時候。你是否曾經太過挑剔或者要求太多，結果使得操縱者採取行動？你是否曾經無視於操縱者，或者利用他的弱點？你是否會說出或者做出一些明知會讓他抓狂的事？

老實說，如果你告訴我你從來沒有放縱自己做出這些玩弄權力的事，我會很驚訝。我們都不是聖人；我們偶爾會做出不光明磊落或者操縱別人的事。不過如果你能找到什麼主題會引燃操縱者，這可能會是個改變的好時機。

比方說，崔絲，我這名患者跟老公總是為錢吵架，發現如果她想要報復對方，就常會提起艾倫的工人階級出身。她會說出一些看似隨意但卻尖銳的評論，說他真的很了不起，雖然出身如此卻對好酒所知甚詳，她也會指著某個穿著破爛的女人說，「你覺得你媽會喜歡那種打扮嗎？」崔絲一度覺得這種小小的權力遊戲很合理，因為艾倫對她富裕的家庭背景多有批評，很看不起她。不過等到她發現自己的評論往往會引發情感操縱之後，她就有了放棄這些的動力。

你自己玩的那些權力遊戲中，有沒有什麼會讓你的操縱者發作的？你會考慮放棄那些舉動嗎？

辨識你是如何尋求操縱者的認可的，並且堅持得到他的安慰。相信我，我知道非常渴望來自他人的安慰是什麼感覺。想像著只有來自操縱者的認可能讓你感到安全，並且證明你是

個很好、有能力又值得被愛的人，我知道這是什麼感覺。不過我也知道，尋求來自操縱者的安慰，或者試著讓他緩解自己的焦慮感，常會讓他也感到焦慮，反而引發更多的情感操縱。

這就是凱蒂面對的情況。她越是渴望布萊恩相信自己是忠實的好女友，他的辱罵就傷她越深，布萊恩也越不開心，然後更加劇情感操縱的狀況。布萊恩認為自己的任務就是保護凱蒂，讓凱蒂開心。如果她覺得焦慮、害怕，或不快樂（尤其在他覺得這些是因自己而起時），他就會覺得受到極大的威脅。只要布萊恩覺得受到威脅，他就會情感操縱，這個做法當然會讓凱蒂更焦慮、害怕與不開心。結果就成了惡性循環！

好消息是，凱蒂有能力中斷這個循環。只要她能夠暫停自己的感受，她就能夠讓狀況冷靜下來，避免潛在的情感操縱。我們來看看這個做法在另一次爭吵中發揮的作用，這次爭吵的主題也是凱蒂是否跟人調情。

布萊恩：妳有看到那個今晚一直看妳的傢伙嗎？他以為自己是誰？

凱蒂知道如果告訴布萊恩他錯了，只會讓他想要證明自己是對的。所以她改為提出問題。

凱蒂：哇，你應該是看到了什麼我當時沒注意到的東西。呃，你可以再多說一點嗎？

布萊恩：他看到妳的時候眼睛一亮，他靠過來接近妳……他用了一大堆方式對妳獻殷勤。我不敢相信妳沒注意到，妳太天真了！

聽到布萊恩說她天真讓凱蒂非常不開心，不過她知道如果表現出不開心的樣子只會讓他情感操縱，所以她開了個玩笑。

凱蒂：天啊，要不是我知道自己是這個世界上最老練世故的女人，我真要開始擔心了！

布萊恩：什麼？

凱蒂：你說我很天真，但你不是真心的對吧？我知道我超棒的男朋友對我除了滿口稱讚之外，不會再說什麼其他的了。

布萊恩：哦，算了沒事。

請注意這個狀況中事情有多麼不同。凱蒂找到方法解決權力鬥爭。她沒跟布萊恩吵，她也沒有因為他說的話而難過，這兩種狀況都很容易讓他感覺受到威脅，接著開始情感操縱。在易燃的情境下，凱蒂選擇了替代的回應方式，中斷了情感操縱雙人舞，並且開始停止情感操縱。

面對一觸即發的行為的替代回應

- **開個玩笑：**「天啊，要不是我知道自己是這個世界上最老練世故的女人，我真要開始擔心了！」
- **問個問題：**「是喔，你覺得我很笨？哇，你應該是看到了什麼我當時沒注意到的東西，你可以再多說一點嗎？」註：如果妳用挖苦的語調講話，就是提油救火，但如果妳誠心發問，妳可能會得到回應。

- **辨識行為：**「上次你對我說那句話（或者用那種語氣說話），是因為你必須去母親家裡吃晚餐。現在也是類似的情況嗎？」
- **展現同情：**「我很抱歉你現在這麼不開心，我能幫上什麼忙嗎？」

4. 關注感受，而非「對」與「錯」

操縱者的指控常常包含事實。或許你對派對上的那傢伙真的太過賣弄風情了點，所以你欠另一半一句道歉。或許你為了跟辦公室新來的帥哥約會而放朋友鴿子，代表你真的是個壞朋友。操縱者把注意力全部集中在這些失態和錯誤之上，你皺著眉承認這些事。

接著你的操縱者更進一步。比方布萊恩，他堅持凱蒂有意想羞辱他。「妳想要公然洩我的氣，對吧？」他不停重複道。「為什麼妳就不能承認這一點。」

「但我不能承認這一點，這不是事實！」凱蒂會迷惑地回答。她問過自己，清楚知道她並沒有這麼惡毒；或許頂多是有點粗線條。但聽了好幾個小時傷人的指控之後，她開始在想或許布萊恩是對的。畢竟他似乎非常確定……而且他完全不接受她的說法……她知道自己應該做錯了些什麼……

同樣的，瑪麗安娜的朋友蘇也很擅長這回事，她很容易就找到瑪麗安娜的瑕疵和缺點。

無論她何時這麼做，瑪麗安娜都覺得無能為力，彷彿因為蘇能如此正確地指出她的缺點，蘇就可以全權定義瑪麗安娜的存在。瑪麗安娜變得無法對抗蘇，並更拚命尋求她的認可。

唯一可以讓自己脫離陷阱的方式就是停止擔憂，別再擔心你們誰對誰錯，專注在你的感受之上。如果你真的很懊悔，那就道歉，並且盡力彌補。但如果你只覺得困惑、受到攻擊、極為煩亂，或者嚇壞了，那麼一定有什麼不對勁。無論你做了什麼，即使你同樣覺得後悔，你都被情感操縱了，你應該立刻離開這場對話。

對瑪麗安娜來說，轉捩點發生在她最後一刻取消了跟蘇之間的安排，因為她想跟同事出門約會。以下是她們隔天在電話上的對話，瑪麗安娜如何選擇離開這場權力鬥爭。

蘇：妳怎麼能這麼對我？妳明知道我有多麼期待跟妳見面！我們約好了，結果因為妳想跟某個人出去，所以妳就在最後一刻取消？

瑪麗安娜：我知道，我很抱歉。妳生氣是應該的。但是他真的好帥，我又好幾個月沒約會了。不過妳說得沒錯，我不該找藉口。我該怎麼補償妳呢？

蘇：妳是什麼意思，補償我？妳故意的，妳想讓我知道對妳來說我有多不重要，妳有多麼高高在上。妳總是嫉妒我有男朋友，但妳沒有。妳是想藉機報復我嗎？

瑪麗安娜：哇，蘇，妳也扯太遠了。我不應該取消我們的約會，但我並不是想傷害妳才這麼做。我只是真的很想跟賈德去約會。

蘇：我不相信妳，而且我覺得妳也知道。妳就是想要報復我，承認吧！

通常這時候瑪麗安娜會更努力為自己辯解。不過現在她試著停止情感操縱。所以她沒回嘴，她決定退出爭吵。

瑪麗安娜：聽著，我很抱歉我取消了我們的計畫，如果妳願意告訴我該怎麼補償妳，我會很樂意改善現況，不過除此之外沒什麼好說的。

蘇：妳是什麼意思？沒什麼好說的？妳不只是侮辱我，現在妳甚至不想跟我打交道了！

瑪麗安娜：我是認真的。如果這段對話的走向是這樣，我就不想再講下去了。

蘇：我真不敢相信！這是另外一種報復我的方式嗎？

瑪麗安娜：不，這不是，而且我已經道過歉了。現在我還有別的事要忙，如果妳不願意告訴我該怎麼補償妳，那我要掛電話了。

練習抽身

- **檢查第二四一頁的附錄**。挑一個跟你的個性最吻合，而且你的操縱者最可能聽得進去的句子。如有必要請修正句子的內容，或者自己造個句子。
- **先找個朋友角色扮演**。指導你的朋友如何飾演你的操縱者，告訴他對方可能會怎麼說。接著扮演你自己，感受一下使用這些新句子的感覺。
- **寫下自己的腳本**。自己寫下對話。想像操縱者可能會說什麼，接著想想自己的回應。你甚至可能需要唸出來練習。「如果他說，『真是個笨蛋。』我會說，『親愛的，你聽好，我不希望有人這樣跟我說話。』如果他說，『我想怎樣跟你說話就怎麼說話。』我就會說，『那我要回家了。』」

- **專心在兩三個句子上**。請記得你的目標是離開爭辯，而非擴大事態。選擇一、兩個好用的句子，接下來只要不停重複這些句子，或保持沉默。你的操縱者非常投入，他想成為正確的一方，所以你不是要改變他的想法。不過你或許可以讓他知道，他的所作所為會帶來他不喜歡的後果。隨著時間的經過，他可能會因此想要改變。
- **選擇你的後果**。你打算宣告任何後果的話，請事先決定好。以下是兩個例子：「下一次，要是你又遲到超過二十分鐘，我就離開餐廳。」「你大吼大叫的時候，我會提醒你三次，如果你還不停止，那麼我就會離開房間。」請確保一件事，如果你還沒準備好採取行動，就別宣布任何事。你的目標不是要威脅對方，只是往你最有利的方向行動。
- **挑選退場策略**。如果你的操縱者拒絕結束爭論，那麼就必須由你來結束這場對話，可以透過掛掉電話、走開、轉換話題，甚至提議幫他倒杯茶，就跟崔絲在第四章所做的事情一樣。清楚自己將如何結束對話，就算你不需要使用這個計畫，也會讓你從一開始就覺得更能掌控局面。

5. 請記得你無法控制任何人的看法，就算你是對的也一樣

我知道情感操縱過程對我來說最大的誘惑點，在於我是那麼想讓我的前夫同意我是正確的。他覺得遲到三個小時也沒問題，問題在於我太過敏感，我就是受不了他這一點，所以我跟他吵個不停，試著要他改變心意。現在我已經知道我只是太過投入，我想控制他的想法，因為他的想法對我有宰制力。舉個例子來說，如果他回家的時間晚了三個小時，那我會反彈，但他只是用盡全力說服我，說我不理性、不獨立自主，而且控制欲太強。但我也投入同樣多的心力，我想說服他自己的沮喪合情合理。

過了二十年，我依然認為我是對的，他是錯的，我的沮喪當然很合理！但那已經離題了。我之所以一直困在情感操縱雙人舞中，是因為我無法接受我的丈夫只會用他自己的方式看待事物，不管我做了什麼都一樣。如果他覺得我不理性，他就會這麼想，無論我跟他吵得多兇，或者我的心情有多糟糕。他（也只有他自己）能主宰自己的思緒，無關乎我多麼正確，而且無論我做了什麼、說了什麼，他都不會因此改變，一旦理解到這件事，我就朝著自由邁進了一大步。

我的患者米契爾，他的母親瞧不起他的新衣服，而且還嘲笑他，有類似的經歷。我們的諮商療程中很大一部分都在討論他的母親，他謹守著傳統觀念，認為母親想怎麼看待他都可以。他的努力並沒有改變她的意見，但不再那麼介意她的想法倒很有用。

米契爾發現自己無法控制母親的想法，他有很長一段時間不願意接受這個事實。雖然他

的母親偶爾會展現贊同與喜愛，但其他時候她似乎很冷淡、抽離，幾乎是有點殘忍，這種差異讓米契爾非常挫折。他想要相信母親對待他態度的變化，某種程度上跟自己的行為有關，她的冷淡反映出他的失敗，而她的和善回應了他的優點。母親的行為是來自於她自己的狀況，而非肇因於他的缺點或成功，他非常討厭這個想法。

米契爾的掙扎特別令人難過，因為小孩理當能夠依靠父母，父母應該是愛與認可的穩定來源。就算父母不認同特定行為，他們還是能給予孩子基本的關注，不過米契爾的母親就是拒絕付出。米契爾渴望充滿母愛的認可，所以他很難接受自己可能永遠都得不到。

以米契爾來說，讓他能夠從母親的情感操縱中獲得自由的方法，就是終於接受他無法控制她的想法。「我不能控制她的想法，就算我是對的也一樣」成了米契爾的新咒語。儘管最開始他覺得「自己是對的，但卻孤單一人」很可怕，但他後來喜歡上了獨立且明晰的感覺。不再努力試著控制母親的回應之後，米契爾能夠自由探索自己的想法，並且依照自己的想法行動。

選擇你的下一步

現在你已經開始停止情感操縱，你可能會得到各式各樣的回應。或許就像桑卓菈和彼得，你與操縱者會找到新的相處模式。或許就像梅蘭妮和喬登的情況，你的操縱者完全拒絕改變。或者可能像凱蒂與布萊恩，你還在努力分辨自己的感受，找出行得通與行不通的做法。

你或許已經決定好你的下一步。不過若你還沒，翻到下一章。下一章節中，我將帶著你決定該離開或該留下。

第七章

我應該留下來，還是離開？

凱蒂很困惑。她的男友布萊恩占有欲很強，而她已經非常努力想停止情感操縱，也覺得自己已經有所進展。只要她離開情感操縱雙人舞，她會告訴布萊恩，她不想繼續討論下去，或者真的離開房間，避開他的指控，他常會撤退，有時候甚至還會道歉。凱蒂也覺得自己越來越能抵抗依附的渴望。她更能接受彼此在生活中意見不同，並且不再那麼急著尋求布萊恩的認可。漸漸地，她又開始覺得自己是個好人，不論布萊恩是否能夠證實這一點。

可是凱蒂告訴我，布萊恩似乎無意做出任何改變。如果凱蒂打斷情感操縱互動，布萊恩可能會撤退。但他還是跟以前一樣經常開始情感操縱流程，這表示她得一直保持警覺。只要凱蒂一個不注意，布萊恩抓到她在為自己辯護，或是為了某件她不認為自己有做的事情道歉，他似乎就會開開心心地繼續之前的模式。

「我覺得所有的改變都得自己來。」竭盡全力三個月之後，她說道。「不是說布萊恩一點都沒變，但他也說不上幫我很多。他就好像一塊大石頭，而我一直試著推他上山。要是我真的很努力，我就能有些進展。但如果我停下腳步，就算只不過是短短瞬間，他就會往回滾，或許這塊石頭並沒有變重，但也完全沒有變輕！」

因此凱蒂不確定接下來該如何是好。她還是愛著布萊恩，她也不想跟他分手。不過他一直指責她，還覺得世界是個危險悲慘的地方，這讓她的挫折感越來越重。她能期望多大幅度的改變？她不知道。哪些期望比較實際，哪些不過只是癡心妄想？還有最重要的，她需要對方改變多少，才願意繼續維持這段關係？

麗茲開始明白事情不會跟之前一樣。她花了太多的時間和精力，心神不寧地想著她老闆的事。有時候，麗茲會覺得老闆已經成了她生活中最重要的人，比起她的老公、她最好的朋友或者家人都來得更重要。「他凌駕於每一件事和每一個人之上，我討厭這種感覺。」她告訴我。「我想要回我的生活！」

麗茲面對的問題是，她那麼努力才獲得這個職位，她是否能要回自己的生活，並且保住這個工作。她想知道有沒有方法可以繼續這份工作，但不參與情感操縱雙人舞呢？或者她的老闆太擅長激怒她，也擅長操縱情境，結果就算是將他們的相處降到最低，情感操縱還是會發生呢？

麗茲認真思考自己的選擇。這是頭一回，她能夠清楚地看見自己在工作上有什麼選擇，她想到其他可以應徵的廣告公司，還有可能願意幫忙她找工作的聯絡窗口。她認真地花了好一段時間審視老闆有何盤算：他到底投入了多少心力想擺脫她，或者想讓她在公司裡被眾人孤立？她能做些什麼來改變這個情況嗎？還是他真的已經決定要踢走她？她也思索自己在這段關係中扮演的角色。覺得自己能夠不去回應老闆的挑釁，這樣的想法實際嗎？因為她之前總會回應，並且驚慌又絕望地想要取悅他。「改寫」自己的回應是否會花掉她太多力氣，結果她再也無法享受自己的工作呢？乾脆改變這段關係的樣貌，或者就直接離開，這樣不是更合理嗎？

米契爾終於明白自己被母親情感操縱的感受，那之後他有好幾個禮拜都相當沮喪。彷彿那些他逃避了一輩子的感受，那些憂傷、憤怒和無助終於找上了他，他有好一陣子覺得不知所措。「我就是不想再見到她了。」他不停這麼說。「我不需要她！這個人這樣對我，我為什麼會想跟她有牽扯呢？」

米契爾明白跟母親斷得一乾二淨是個重大的決定，他也不停地詢問我對此事的看法。我告訴他，如果一切順利，那麼我們該盡可能跟家庭成員保持友善的關係，因為那些關係包含了許多我們的過往，而且隨著我們年齡漸長，尤其在有了小孩之後，與家人的關係會變得越來越重要。話雖如此，如果這段關係真的太過傷人，已經無法修復，而且這些傷害還讓我們不能好好生活，那我們可能真的會想把這些有疑慮的人趕出我們的生活。

米契爾思考著他跟母親之間的關係，這段關係對他的生活帶來了什麼樣的影響，從他對衣著的選擇，到他能否對女友作出承諾。他也思考著該如何體諒母親。雖然有部分的他只想要把她完全拋出生活之外，他還是強迫自己考慮其他選項：只在假日拜訪她、見面的頻率從一週一次改為一個月一次、只在女朋友或其他朋友在場時才跟她碰面，而不是自己單獨面對她。他也想要放緩決定的速度，讓自己保留改變心意的空間，因為他之後可能會變得比較堅強。米契爾清楚自己必須想辦法改變自己與母親之間的關係，但是有好一段時間他就是無法決定自己想要的是哪種形式的改變。

花點時間作決定

如果我們決定從情感操縱中解放自己，通常在某個時間點會面臨這樣的抉擇，我們是要留在這段關係中，或者放手。就如同我曾經說過的，唯一能讓我們脫離情感操縱的方式就是離開的意願。而後我們則需要決定我們會不會離開。

面臨這個抉擇時，你可能會覺得自己別無選擇：你一定得離開，否則無法維持完整的自覺，也不會快樂。你也可能會覺得自己有好幾個選項，但離開是最好的一個。換句話說，你或許不一定會有絕望的感受，但你會在某個時間點了解到這段關係已經結束了。

你也可能會在面臨抉擇時，決定留下來。你可能覺得自己能讓這段關係繼續下去，或是儘管存在痛苦與沮喪，還是有留下來的好理由。

無論作出什麼決定，你都可能還是對操縱者懷抱著正面的感情。你可能還是瘋狂地愛著你的丈夫，或者非常喜愛你的朋友。家族中的操縱者可能會引發複雜的感受，愛意、憤怒、憂傷、沮喪、喜愛和困惑。如果你的操縱者是老闆或同事，你可能還是會看見繼續這份工作的好處，你甚至可能對操縱者懷抱著感謝、尊敬和喜愛之情。

我必須用力強調這件事，我們對操縱者的正面感受並不必然出於幻想。人類既矛盾又複雜，而且沒有人是完美的。操縱者對待我們的方式可能真的是一種虐待，也很有問題。不過他們也可能愛著我們、喜歡我們，給予我們關注與建議，帶著我們冒險、鍛鍊我們，或提供安全感。他們可能曾出現在我們生命當中某些重要時刻，也或許他們曾經幫助我們有所成長，而且是我們獨自一人辦不到的方式。他們可能擁有其他令我們讚賞的特質，也可能就是沒來由地打動我們。

當我們發現自己遭到虐待，或有人對我們態度不佳時，我們常會覺得需要做出激烈的回應。我們想讓冒犯者付出代價，我們想得到平反，想要反擊，想要有什麼能補償我們所承受的痛苦。我們無法相信自己曾經對這個人抱持著好感，因為我們現在覺得這個人很危險，而且很有殺傷力，我們甚至想要把這個令人生氣的傢伙完全趕出我們的生命。

這些感受很自然，我們的行動可能真的會受到這些感受所指引，不過也可能不然。有時候，我們對操縱者的激烈回應（特別是面對家人時），至少有一部分是出於對自己的沮喪之心。我們怎麼能這麼盲目？我們怎麼能讓別人錯待我們？為什麼我們無法變成理想的樣子，既強壯又獨立，而且不會承受那些差勁的對待？為什麼我們不能更強而有力？我們開始更仔細地檢視自己在情感操縱關係中的角色之後，可能會有種夾雜羞愧、不滿、憤怒又憂傷的感受。

留意並感受這些反應非常重要。它們都能幫助我們了解自己發生了什麼事，也幫助我們明白自己想怎麼處理。有時候，它們也會引發立即的行動。「快走。」它們告訴我們。「別讓這件事情繼續，一天都不行。」有時候，我們所能採取的最佳行動就是仔細傾聽這種急迫感。

不過有些時候，我們需要沉澱這些感受、平息強烈的情緒，然後再採取行動。特別在我們衡量終身關係時，比方事關伴侶或孩子，我們可能會想給自己一些時間探索各種選項。我

們的回應可能偏向暫時而非永久：選擇分居而非離婚，「暫時冷靜一段時間」而非終止所有的聯繫。我們或許會從某關係中退開，而且因為沒有正式向對方宣告此事，所以能有一些時間與空間作出影響未來的重大決定。

比方說瑪麗安娜，她因為自己與蘇之間的關係變得越來越沮喪。她很討厭她們緊繃且情緒性的對話，講完之後她都會覺得被人妄加評論、受人掌控。但是蘇跟她從高中開始就是朋友，而且她也不想要從此再也見不到她。她知道必須改變，但是她還不確定自己想不想結束這段關係，從中抽身，或是願意面對一段長久又折磨的過程，試著，她期待能在蘇的協助下，改變一切。

瑪麗安娜也清楚如果她直接坦白，告訴蘇她需要暫停一下，那麼絕對會引發另一輪類似的討論，而那正是她盡可能避免的。不過她不能就這麼不回蘇的電話，否則又會讓朋友質疑與擔憂。所以她跟蘇說自己最近工作很忙，並且解釋自己可能有一個月的時間都無法跟她碰面。她找到方法，將自己和蘇的聯繫限縮到簡短的電話和少少幾封e-mail。瑪麗安娜希望這個暫時的做法，「非正式地」限縮她的友誼之後，她能換到一些喘息的空間，然後更能釐清自己的感受，以及自己的打算。

那麼你如何知道自己下一步該怎麼走呢？以下四個問題能夠幫助你決定接下來如何進行。

關於該離開或留下的四個問題

1. 我跟這個人相處時能有不同的表現嗎？
2. 他跟我相處時能有不同的表現嗎？
3. 如果有可能改變我們的互動，我是否願意採取行動？
4. 實事求是地說，如果我盡了全力，我們的關係是否會讓我開心？

我跟這個人相處時能有不同的表現嗎？

如同我們在這本書中所看到的，除非你能有不同的表現，否則你的情感操縱關係也不會有所改變。停止情感操縱有賴於你脫離操縱者，選擇離開情感操縱對話，或者在情緒末日來襲之時離開現場。這代表你必須抗拒依附的渴望，並且願意讓操縱者有自己的看法，就算你知道那些並不正確也一樣。這代表你覺得焦慮、寂寞或沒有安全感之時，未必可以跟自己的操縱者分享，因為可能正好就是這些情緒引發他們情感操縱。如果你很焦慮而他無計可施，那麼他可能會覺得自己無能為力，於是他轉而尋求情感操縱來維持自己的影響力與掌控力。

接下來幾個問題你可以用來問問自己，你改變的意願有多高。接著繼續讀下去，看看凱蒂、麗茲和桑卓菈怎麼回答這些問題。

＊**當他開始對我情感操縱，我能夠離開對話，還是我常常需要向他證明自己是對的？就算我沒說出來，但我會一直在腦中跟他吵架嗎？**

凱蒂：我並不這麼需要身為正確的一方。我認為面對我的男朋友布萊恩時，自己做得到，對我而言，離開現場並不是最困難的。

麗茲：聽見我老闆扭曲事實讓我很抓狂！就算我什麼也沒跟他說，但我知道我會在腦袋裡面一遍又一遍地重複播放這段對話。我就是受不了聽他講那些話！

桑卓菈：我第一次選擇離開和我的丈夫彼得之間的情感操縱對話時，我真的心情很不好。我覺得胃痛，而且身體真的在發抖。我那麼想要把事情做好！但到現在我已實行了兩三個月，這件事沒有那麼難，所以我的答案是可以，我認為我現在可以很輕而易舉地辦到。

＊**如果他的情感操縱讓你開始焦慮，不管是對自己或是對你們之間的關係，我會需要尋求他的寬慰嗎？還是說我可以找到冷靜的方法，所以不需要依賴他？**

凱蒂：這部分對我來說很困難，我想依賴布萊恩。所以我不認為我能控制自己，我還是會請他安慰我。事實上，我不確定自己想不想要改變這個部分。我想要能夠要求男友安慰我，而且他不會因此生氣。

麗茲：哦，沒問題，這個我辦得到。我不需要那個男人來安慰我一切都會順利！我只需要他別再表現得那麼差勁。

桑卓菈：我覺得我可以做到這一點。這很困難，因為彼得常會注意到我看起來不開心，然後他會問我還好嗎，或是問我一切都還順利嗎。有些時候他真的很想聽見老實的答案，不過有時候只是另外一輪的情感操縱，而他會「證明」給我看，我沒有理由心情不好，因為他把一切都照顧得很好。所以我要能夠區分，他到底是真心的，或者只是在釣我。不過我覺得自己辦得到。

＊如果我說我要做某事，像是聽見他吼就離開房間，或者他如果遲到超過二十分鐘就離開餐廳，我有辦法堅守自己說過的話嗎？

凱蒂：我討厭這樣，我覺得我辦得到，不過我討厭這麼做。

麗茲：沒問題，我辦得到。我不是很確定這有什麼用，感覺上無論我怎麼做，他的行為都不會改變。

桑卓菈：可以，我辦得到。畢竟我跟孩子們好好練習過了。

在凱蒂、麗茲和桑卓菈都回答這些問題之後，我請她們各自總結一下對自己的發現。基於她們前幾個答覆，她們會怎麼回答這個大問題：我跟這個人相處時能有不同的表現嗎？

凱蒂：我大概可以，不過我現在沒那麼確定我想不想！如果無法與他分享自己的擔憂，或不能偶爾要求他安慰自己的話，為什麼要交男朋友呢？或許說到底我還是不想這麼做……

麗茲：我不覺得我可以繼續跟這個人共事，我會一直掛記著他對我做的事。我真的不覺得自己辦得到。

桑卓菈：是的，我覺得我跟彼得在一起的時候能有不同的表現。這些改變或許對我來說反而是件好事。

他跟我相處時能有不同的表現嗎？

讓我們暫時回過頭思考一下，是什麼讓人成為操縱者？人在感受威脅或者壓力時會轉而採取情感操縱，他回應壓力的方式就是證明自己沒有錯。這麼一來他才會覺得自己在這個世上既強大又有影響力，這麼一來他才能知道自己是誰。

有些人對於情感操縱非常投入，因為他們對自己很沒安全感，這導致他們堅持以情感操縱做為通常的應對模式。他們太過脆弱，所以會把握每個機會來操縱其他人的心情，以便獲得權力與控制感。

有些人只會在某些關係中情感操縱，而不會在其他關係中這麼做。他們或許會對伴侶情感操縱，但不會對員工這麼做。或者當老闆才會帶出他們身為操縱者的一面，對待伴侶則是體貼又憐愛。

還有些人只是偶爾情感操縱，他們以此回應來自關係內部與外部的壓力。如果你跟這樣的人結婚，他可能好幾個禮拜，甚至好幾個月都不會發作。後來你們突然因為錢大吵一架，或是他跟某一個孩子處不好，或是他工作上碰到了麻煩，或是他母親必須住院，忽然間他就開始對你情感操縱。

關於操縱者，以下是你需要自問的第一個問題。

＊他對於情感操縱有多投入？

凱蒂：老實說，我不清楚。有時候我認為他非常投入，因為他不停這麼做！其他時候，我改變做法，我發現他就收手了。我不知道這題的答案。

麗茲：哦，他全心全意地投入，至少對我是這樣。我看得出來他是哪種人，他永遠都要是對的，而且都要照著他的方式來。他真的很享受看著我俯首貼耳，百般討好。我離開辦公室時，看著他臉上的微笑。我不認為有什麼事能改變他。

桑卓菈：我覺得只要彼得有壓力，他就會情感操縱。不過我已經做了些努力，我停止情感操縱的效果還不錯。停止情感操縱讓我們能討論這個問題，而我們都想要改變。我會說彼得對於情感操縱沒那麼投入，儘管他永遠都會有這種傾向。

如你所見，麗茲和桑卓菈知道如何回答這個問題，而凱蒂不確定。如果你也不太確定，我建議你進行以下的活動。花一週的時間，盡可能地停止情感操縱。別接受任何一次情感操縱雙人舞的邀請，也不要放過任何離開舞步的可能性。避免所有控制、解釋、分析、幻想的誘惑，甚至也別跟操縱者協商。我幾乎可以肯定，他會在某個時間點試圖重新把你拖進舞步裡。不過請觀察一下，如果繼續拒絕的話會發生什麼狀況。

凱蒂做了這個實驗，以下是她的發現。

凱蒂：我整整一週都在試著停止情感操縱，但布萊恩還是一直對我情感操縱。我有時可以打斷這個過程，可是他會不停挑起這件事。我開始在想，事情是不是永遠都會像這個樣子……

如果你仍舊不確定這件事，不清楚操縱者跟自己相處時能否有不同的表現，那麼你或許該問問自己另外一個問題：他能夠理解我嗎？除去情感操縱互動之外，你是否感覺到他把你視為獨立的個體，而且是個讓他心懷敬意、愛意，並且願意傾聽的對象？還是他看起來總是比較關心他自己，證明自己是對的，讓你知道他是多麼好的人，或者展示他有多麼浪漫？你覺得自己被他觸動嗎？或是你常覺得他只是在表演？

如果你的操縱者通常都能夠體恤你，而且表達方式令你感到滿意，那麼你認為情感操縱有機會結束，或者至少減弱到你有辦法與之共生的程度，這種想法是很合理的。不過如果你知道這段關係中大半的時間既無法溝通也不令人滿足，操縱者或許也無法以其他方式理解你。那麼即便在他並未積極情感操縱的時候，他也可能無法對你展現親密與尊重。這樣的話，你如果試著停止情感操縱，那麼情感操縱的情形可能會減緩，不過你或許還是不會太滿意這段關係。

＊他能夠理解我嗎？

凱蒂：我不知道。我們剛交往的時候，我以為布萊恩是完美的男朋友。他那麼保護我，那麼愛我，跟他在一起讓我覺得很安全！不過我現在有點懷疑，或許他只是想證明自己很強大又能保護別人。只要他覺得自己辦不到，他就對我情感操縱。所以我猜在理解我這個方面，他不太行。

麗茲：我不知道這個人跟其他人相處的情況，但他肯定無法理解我。他所做的每件事，部分是為了自己的目的，部分是為了爭權奪利。我不覺得他對我這個人有任何了解。我不過是他的大棋局中的一個小卒。

桑卓菈：彼得對於自己的工作和碰上的問題十分投入，有時候他會忘記我也是一個人。而那就是他對我情感操縱的時刻，他需要證明自己是個多麼好的人，對他來說我並不是個真正的人，只是他的觀眾。不過也有些時候，他絕對很清楚我的狀況。他會注意到我心情不佳，並且要求跟我談談，然後他會給我真的很有幫助的建議。他會發現我很累，並且告訴我，「今晚我來哄小孩上床睡覺，妳停一停，好好休息一下。」我拜訪過我家人回家之後，他甚至會幫我們準備晚餐，因為他不需要一起去所以覺得如釋重負！所以是的，我認為他能夠理解我；有

些時候他做不到，但多數的時候沒問題。

你的操縱者能理解你嗎？他是否……

- 似乎能夠理解並且尊重你的觀點？
- 至少偶爾能清楚你的感受與需要？
- 至少偶爾會把你的感受與需要置於自身之前？
- 在他傷害你之後感到懊悔，這會讓他改變自己的行為？
- 自己就有意改變，而不只是想取悅你或是證明自己是個多麼好的人？

我再次請凱蒂、麗茲和桑卓菈總結一下，她們從操縱者身上學到了什麼。她們會怎麼回答這個大問題：他跟我相處時能有不同的表現嗎？

凱蒂：我不確定。目前我必須說，我不認為如此。

麗茲：絕對不能。

桑卓菈：是的，我認為他可以。不是無時無刻都能如此，但或許已經夠了。

如果有可能改變我們的互動，我是否願意採取行動？

因為情感操縱非常吸引人，所以伴侶似乎特別難以脫離這樣的互動。情感操縱關係經常會創造某種惡性循環，他具有攻擊性的行動會引發你的防禦反應，結果導致他變得更有攻擊性。

舉例來說，凱蒂意識到自己的情感操縱第一階段進展到第二階段，接著是第三階段，很大一部分是來自於她與布萊恩之間的互動。只要她感到焦慮或者需要關懷，他卻覺得對此無能為力時，他就會透過情感操縱來增強自己的掌控感。實際上，他會試圖說服她，讓她相信自己沒有理由感到焦慮，或者她並非真的需要關懷，再不然就是她不該有這些想法。不過他越是生氣，她就變得越是焦慮、防衛而且更需要關懷，結果只是讓情況變得更糟。

因此布萊恩第一次指責她打情罵俏的時候，凱蒂很肯定他誤會了，於是這麼回應：「親愛的，我才沒跟人打情罵俏！」「布萊恩，你這樣太不可理喻了，那個人只是表現友善。」「你真的沒什麼好擔心的。為什麼你看不出來的？」但隨著布萊恩持續地指責，她的自信開始消逝，回應也變得更加焦慮並且充滿安撫意味。「布萊恩，求求你把那句話收回去！」「我沒有別的意思，你要相信我！」「你把我想得那麼糟，我受不了，現在我覺得心情好糟！」

布萊恩是個焦慮又沒安全感的人，不過他不是個殘忍的人。看到凱蒂這麼不開心真的讓他很難過，但他並不認為自己該為此負責。再者因為凱蒂變得比較沒自信，結果她甚至更依賴且更渴求關懷，非常渴望布萊恩可以安慰她，證明他愛她。就如我們所看見的，布萊恩認為凱蒂的渴求是針對他個人，這讓他覺得自己幫不上忙，但他痛恨無力感。於是凱蒂越是渴望、他的指控就更惡毒也更負面。他們因此進入情感操縱第二階段。

在第二階段中，布萊恩言語侮辱與指控更甚，凱蒂也更加焦慮與渴求關懷，至於她懇求的安慰則讓他備感無力與失控。他為什麼無法讓這個女人快樂？為什麼他無法讓這段關係順利進行？他有什麼問題嗎？不，他不能如此脆弱絕望，他不能當個差勁的丈夫，或者那麼失敗的人。問題的起因不能是因為他的無能為力，他得要非常強大，所以肯定是她有問題。布萊恩的絕望與不安使得他加劇言語的指控與攻擊，甚至更努力地想讓凱蒂同意自己，認為他是對的，一切都在他的掌控中，她才是那個做錯、做得不好的人。因此這段關係終於進入第三階段。

你可能會加劇情感操縱狀況，因為你……

- 預期受到奚落

「我知道，我太蠢了。」

「拜託你原諒我，你也知道我真的很自私自利。」

「我不敢相信我竟然這麼自私。」

- 懇求對方體諒

「就算我一團糟，你還是愛我的，對吧？」
「親愛的，我真的好孤單。你難道看不出來我有多麼需要你嗎？」
「我不是有意要傷害你。你還在生氣嗎？」

● 假設他會對自己不好
「現在別大發雷霆。」
「拜託不要吃醋，你知道沒必要這樣。」
「我知道你會覺得我很蠢，但我就是控制不了，好嗎？」

凱蒂發現自己的回應會讓布萊恩更加焦慮，並因此表現得更有獨占欲，這讓她覺得很糟。就算她很清楚他的所作所為不能怪自己，但她也看到兩人共同塑造的互動模式裡面，她的回應就是其中一環。「跟我在一起對他來說是件好事，我想要這麼想。」有天在辦公室裡，她這麼跟我說。「不過我開始覺得自己帶出了他最糟糕的一面，他也帶出了我最糟的一面。」

就像我們在本書中不斷看見的，情感操縱狀況通常包含兩個人，這兩人非常不能忍受意見不合。他無法接受你不能按照他的方式來看待世界，而你無法接受他覺得你很糟糕。你們雙方都把額外的強烈需求帶入關係中，這麼強烈的張力很容易引爆另一輪的情感操縱雙人舞。你或許可以問問自己以下幾個問題，然後再決定你們兩人能不能改變互動的模式。

＊我有沒有支援系統？

我們已經看見了，情感操縱會挑戰你的能力，你是否能夠從扭曲的故事中分辨出事實。在沒有支援系統（朋友、你所愛的人們、治療師）的情況下，挑戰操縱者將會非常困難，因為他們會幫助你保持自覺，意識到真正發生了什麼事。這是個相關的問題：我是不是至少有個可以信任的對象（治療師、伴侶、朋友，或者兄弟姊妹），在面對他們時，我能夠誠實地訴說自己跟操縱者的相處情況，並且得到誠實的回應，讓我清楚到底發生了什麼事？

凱蒂：跟朋友聊這些會讓我很不自在。不過至少我有個信任的治療師！

麗茲：我當然有支援體系，丈夫、朋友、治療師。不過他們聽我說工作上的問題都已經聽煩了。

桑卓菈：是的，我有很棒的支援系統。他們說的話我不太愛聽，但我知道他們永遠都會對我誠實。

＊我能不能堅持自己的界線？

我們都已經清楚，你無法控制他，但你可以控制自己的反應。如果你很想改變關係中的情感操縱層面，你就需要堅持自己設下的界線，就算這麼做有時候感覺很糟也一樣。

假設你告訴他，「親愛的，我受夠了你總是遲到，跟你吵這件事我也已經煩了。下一次你要是遲到超過二十分鐘，我就會離開。」

到目前為止，一切順利。你訂下了界線，也清楚說出自己的想法，並且捍衛了自己。接下來是困難的部分：你在最愛的餐廳訂了位，整個禮拜都在期待這頓晚餐……而他已經遲到二十分鐘了。你能夠離開嗎？如果下一次又發生了呢？那麼再下一次呢？還有下下次呢？如果你做不到，不會有人因為你做不到就責怪你，但是你或許還沒辦法打從心裡改變這段關係。

凱蒂：我做得到，但我不太確定自己想不想這麼做。

麗茲：這對我來說不太適用。要是我對老闆訂下那種界線，他只會炒我魷魚。事實上，有些時候我認為他在賭我會不會乾脆那麼做，這樣一來他就可以炒了我。

桑卓菈：我已經這麼做了，而且這種方法有效。這麼做並不容易，不過絕對很值得。

* 我是否不僅能嚴守紀律，還有說出「住手」的力氣？

假設你已經跟操縱者說過，你不喜歡有人吼你。你告訴他，下一次他又對你大呼小叫的時候，你就會掛掉電話，或者離開房間，無論什麼情況都一樣。

只要你們吵架，你就採取這個做法，試個幾次之後會發現這很有效。你離開現場，而他冷靜下來不再吼叫，接著你們彷彿沒事一樣繼續相處。有時候他甚至會道歉，這讓你覺得棒極了，情況終於開始轉變！

後來有天他在家族聚會共進晚餐的時候對著你大吼，你的親戚和父母都在場。那麼你會

走開嗎？要是發生在某一晚，已經很晚了，而你只想要在自己的床上睡覺呢？你會起身去睡沙發，甚至去找間汽車旅館嗎？要是發生在某天早上，你正匆忙準備上班的時候呢？你會不會等他吼完，就這麼一次不提這件事呢？

你知道問題在哪裡了。這種改變需要你全心全力的投入。而並不是每個人都有力氣這麼努力，特別是在可能還需要關心其他事的狀況下。為了挽救自己的關係，你是否願意投入那種程度的心力，而且也明白這些努力未必會有回報？乾脆放手去找一個對情感操縱不感興趣的人，會不會是比較明智的選擇呢？

凱蒂：我有那樣的定性，不過我不確定我有那種力氣。

麗茲：這也一樣不適用在我身上。我不能對我的操縱者採取這樣的態度，因為他是我的老闆。如果我不照他想要的去做，他會炒了我。

桑卓菈：整天都在處理工作和小孩子的事，我很難擁有那樣的力氣。整個過程中我最不喜歡的就是這個部分。說坦白地，我恨這件事！不過為了拯救我的婚姻，我願意試試看。

＊我是否願意做出犧牲？

有時候，堂堂正正回應操縱者代表的是，你將錯過享受那頓浪漫晚餐、那場家族派對、那個安安靜靜待在家裡的夜晚的機會。你可能會有種感覺，自己放棄了讓這段關係舒適且有價值的部分，你為了挽救關係所做的努力事實上正在摧毀它。

堅持自己的信念可能也會讓你看起來像壞人，沒有幽默感、易怒，不太能接受逗弄，也不太容許別人犯錯。你是否願意放棄自己在某些人心中的正面形象，因為他們會覺得你太容易緊張，而且不夠寬容？

凱蒂：我辦得到，不過我在想自己真的不想這麼做！

麗茲：這個問題我可以回答：為了結束情感操縱我是否願意犧牲在公司中的職位——那麼認真工作才得到的位子。我是否願意離開這個美好的工作，只因為這個糟糕的老闆讓我的生命變得很淒慘？我漸漸覺得自己可能必須這麼做。不過這真的是一種犧牲。

桑卓菈：好吧，這可能是我最不喜歡的部分。不過有必要的話我辦得到，我還是覺得這段婚姻值得這些代價。

我再次請凱蒂、麗茲和桑卓菈問問自己那個大問題：如果有什麼事可能改變我們的互動，我是否願意去做？

凱蒂：現在我知道這代表什麼意思了，我不確定我是否願意這麼努力，並且為此做出犧牲。我本來以為自己為了布萊恩什麼都願意做……但如果需要付出這些，我就沒那麼確定了……

麗茲：我做什麼並不重要。這段關係不會改變。

桑卓菈：我認為我們很有可能挽救婚姻，所以是的，其中包含的步驟我都願意去做。

實事求是地說，如果我盡了全力，我們的關係是否會讓我開心？

這個問題將能真正讓你明白自己想怎麼做。看看自己實際上是怎樣的人，操縱者是怎樣的人，你必須做什麼來改變你們之間的互動，這些付出對你來說值不值得？你所能獲得的是否夠多，值得這一切的努力？或者你已經非常努力，看到的成效卻非常小，所以你最好還是離開？

你看到這個問題的當下有什麼想法？你是不是已經聽到自己的想法，它說著「留下」或「離開」？看看你的情感空服員，他們滿意你想到的答案嗎？當你想像著留下來的畫面，你的胃是否會因為抗議而緊繃？你的朋友是否會挑眉，或者搖搖頭、移開視線。如果你想像的畫面是離開，你是否感覺到難以抗拒的憂心，你的焦慮感有沒有示警。你的朋友是嚇壞了，還是覺得鬆口氣。看懂情感空服員的回應可能需要花點時間，不過請記得關注他們，傾聽他們想告訴你的話。我保證他們不會讓你失望。

發出警告的情感空服員

- 經常感覺到迷惑與混亂。
- 作噩夢，或者夢到焦躁的夢境。

- 事關你的操縱者時，對事情細節的記性非常糟糕。
- 身體方面的指標：胃部一沉、胸口緊繃、喉嚨疼痛、腸胃不適。
- 接到對方電話或者在他到家時，覺得害怕或特別緊繃。
- 特別努力說服自己和朋友，自己和操縱者的關係有多麼好。
- 感覺到自己正在忍受某些行為，而且那些行為會傷害個人的完整性。
- 信賴的親戚朋友經常表達擔憂。
- 避開朋友，或者拒絕跟他們聊起自己的感情生活。
- 生活失去樂趣。

如果你還是不知道答案，可以多花點時間。跟這些問題生活個一陣子，看看心裡浮現什麼答案。可能有天早上醒過來，你就會知道該怎麼做，你也可能會聽見自己用一種彷彿早已決定的方式聊起這段關係。你可能會給自己一個截止期限，允許自己有一段靜謐而專注的時間可以好好思考。

為了幫助你作出決定，我要分享一些論點，這些論點來自我的患者，這是她們決定去留的時候想到的。

我的患者為什麼選擇留在她們的情感操縱關係

- 「我真的很享受跟另一半說話。」
- 「如果有辦法可以讓這段關係繼續走下去，我都應該為了小孩試一試。」
- 「我沒有意識到這個問題有那麼多來自於我的參與。我想看看調整自己的行為之後會怎麼樣。」
- 「我們在一起很久了。」
- 「我很欣賞我的朋友，她擁有獨一無二的觀點，我不想要放棄我們之間的聯繫。」
- 「我願意減少跟母親碰面，不過完全不跟她見面會讓我覺得若有所失。」
- 「我希望我的小孩能認識他們的親戚，為了這一點我願意忍受許多的不愉快。」
- 「這個工作可能還會好個兩年。在那之後，我一定會繼續前進。」
- 「我覺得這個工作還有更多可以學習的，所以我會咬緊牙關想辦法繼續做下去。」

我的患者為什麼選擇離開她們的情感操縱關係

- 「我永遠不會想要這樣的交往關係，我沒辦法驕傲而且自在地告訴別人我的另一半是怎麼跟我說話，還有他會做些什麼。」

- 「擁有交往對象應該要讓生活更寬廣更豐富，但這一段關係卻讓我的生活變得狹隘又貧乏。就算我該為此負責，我還是厭倦了。」
- 「我不希望我的孩子長大之後，認為婚姻就是這個樣子。」
- 「我覺得我的朋友認不出我來了。」
- 「我只要想到他，我就會很焦慮。」
- 「我不喜歡被罵。就這樣。」
- 「一直都心情不好，我已經膩了。」
- 「我只是不想再有這種感覺。」
- 「我昨天哭了一整晚，真的夠了。」
- 「我討厭思考這段關係，我整天淨想著這件事！」

如果你依舊無法決定該怎麼做，讓我給你最後一個建議。請翻到第二〇七頁，那頁有個叫做「你允許誰進入你的世界？」的練習。請你再做一次這個練習，然後問問自己：你會允許你的操縱者進入這個世界嗎？如果這個念頭讓你開心，那麼或許你會想留下來。如果你的心一沉、胃部揪緊，或者你開始有種麻木與筋疲力盡的感受，你或許會想離開。若你真的無法下定決心，可以考慮試行分開。分開或許能夠協助雙方好好釐清這個問題。

針對這個問題：實事求是地說，如果我盡了全力，我們的關係是否會讓我開心？以下是凱蒂、麗茲和桑卓菈的答案。

凱蒂：我不確定，不過我在想答案會是否定的。我知道我們的關係會有所改善，其實已經好多了。不過或許布萊恩和我真的是帶出彼此最糟糕的一面，或許我該放手。我會抱著這樣的念頭生活個幾週，再看看之後有什麼感覺吧。

麗茲：我受不了離開這份工作的念頭，放棄我努力了這麼久的一切真的會讓我發瘋。不過我看得出來，事情不會有任何改善，而且我不能一直這麼過下去，我的生活都被這件事占據了。我希望我可以讓一切順利，不過我辦不到。

桑卓菈：我認為彼得和我真的有機會改善我們的婚姻關係。而且只要有機會能夠讓我們全家待在一起，我當然會希望能夠如此。所以我打算繼續努力繼續嘗試。這事很累人，不過至少我的付出會有回報！沒錯，我認為總的來說我很開心，我們很可能會有不錯的關係。

現在你已經決定要離開或是留下，接著你會面對另一個挑戰：讓你的生活保持在零情感操縱的狀態。無論你打算由內改變情感操縱關係，限縮一段情感操縱關係，或是離開情感操縱關係，你都還有些代辦事項。第八章中我會協助你完成。

第八章

杜絕情感操縱

現在你已經了解了自己在情感操縱雙人舞中的角色，並且已經找到新方式離開舞步。你已經了解到如何停止情感操縱，或許你甚至稍微試行過了。你也決定好要離開這段情感操縱關係中、減低情感操縱的強度，或者試著由內改變這段關係。

下一步呢？

你的第一步是決定目標。你是否打算由內改變情感操縱關係，希望可以維持現階段的親密感，或許甚至變得更加親密？你會試著限縮這段關係的親密程度，好讓自己從情感操縱中脫身？或者你打定主意徹底離開這段關係？每個選項需要不同的思維模式與不同的行動。

如果你試著由內改變情感操縱關係

由內改變情感操縱關係可能是最具挑戰性的選項，如果這段情感操縱關係已經持續了一陣子的話更是如此。你和你的操縱者已經建立了強大的互動，因此若你想要改變彼此的關係，你得作好心理準備，這將需要很多努力與投入。為了由內改變情感操縱關係，以下是你所需要的特質。

要投入

請記得，唯一能夠改變情感操縱互動的方式，就是你自己有所改變。當然了，你自身的改變可能還不夠，操縱者也必須願意採取不同的行動。不過若你不改變自身的做法，他根本不可能有所改變。

要警覺

你若想在情感操縱關係之中改變自己的行為，唯一的方式就是持續地理解自己的感受與反應。我並不是建議你全憑情緒行事，只是我們總會面臨這樣的時刻，我們知道這些焦慮、憂傷、憤怒，或是寂寞「不過是種感覺」，並不反映我們的現實生活；就像我們也有滿懷希望、興奮不已和被浪漫沖昏頭的時刻，這些也不太符合我們關係的實情。不過如果某種情緒持續存在，傾聽這份感受想傳達什麼訊息就很重要了。如果同時存在著兩種相當衝突的情緒——希望與絕望、快樂與憂傷、焦慮與寬慰，那麼傾聽訊息更加重要。我們傾向只注意好消息並忽略壞消息，如果我們不想離開這段關係的時候更會如此，但為了讓情感操縱遠離你的生活，兩種不同的情緒都需關心。

要誠實

我們在處理時會意識到問題的存在，但是解決之後就輕易地遺忘。在某些案例中，這可能是保持喜悅快樂的重要方式，但如果你想讓情感操縱遠離生活，你可能會想把眼光放遠一點。我建議你使用月曆。每天晚上快速寫下幾個字或是用一句話總結當天的狀況，請把重點擺在你的情感操縱關係。在當月月底，將日曆上的句子謄到一個三欄的表格裡面：「正面」、「負面」和「中性」。哪一欄最長？從你的表格看起來，這個月的整體狀況如何？關於改變這段關係與改變自己，從你的進展（或者缺乏進展）中你能得到什麼結論？

要守紀律

情感操縱是很強烈的互動，它們會促使雙方強力拉扯。如果你參與情感操縱關係，尤其是這些關係不只維持幾週時，我可以跟你保證，雙方的心中都會不只一次想回到舊有的相處模式。你很可能無法躲過每一次的誘惑；如果你辦得到，那你應該是超人。不過你的確需要跟緊自己，對自己保證盡可能利用每個機會展現不同的行為。（還有，如同我們在第七章中所見，如果這聽起來太困難，你永遠都有離開情感操縱關係這個選項，你可以跟另一個沒有這種麻煩過往的人重新開始。）

要負責

請讓我說清楚：我的意思並不是你該為操縱者的問題，或者該為這段關係的結局負責。事實上這是情感操縱關係帶來的問題之一：雙方都同意被操縱者要為每件發生的事情負責。他遲到三個小時，但你得負責，因為你為此「焦慮不安」。他不告訴你自己買家用品花了多少錢，但你得負責，因為你「要求很多」又「多疑」。他送你一大堆你並不特別想要的禮物，但你得負責，因為你「不主動」而且「不願意接受好意」。因此我不建議你繼續這樣的行為模式，事實上，我的建議正好相反！你可以就這段關係中自己的那部分負責，並且決定在沒能如願時打算怎麼做，要是他遲到，請考慮別等他了。如果他不告訴你財務資訊，請考慮從共用帳戶中領出你的錢。如果他送你不想要的禮物，退回給他或者直接退回店裡。別試圖改變他的行為，但也不要被動地接受。如果你不喜歡做這些事，那麼請接受你這段關係行不通，並決定你有何打算。

要有同情心

這個建議雙方都適用，無論是你對待自己，或者對待操縱者都是。你們都會犯錯，你們都會態度惡劣，至少某些時刻會如此。你不需要忍受永無限度的惡形惡語，但若是你的操縱者堅持要對你情感操縱，你可以提醒自己對方也在受苦，或許比你更甚。畢竟我們幾乎可以肯定他在成長過程中，至少被某個人情感操縱過，而且他無法阻止，因此他無法理解你怎麼有能力說不。你也該同情自己，允許自己表現出脆弱、需要關懷與不完美，你是個人類。你的同情心可能不會改變你去留的決定，不過一定能改變你做事的風格，不管是對待操縱者或是對待自己。

如果你想限制情感操縱關係

有些時候你就算知道情感操縱不太可能停止，但還是想要留在關係中。跟老闆、同事、親戚、老朋友，或許還有不想與之離婚的配偶，這些情感操縱關係都可能會歸在這個類別中。你也可能覺得某些關係只要保持距離，就能不受情感操縱侵擾，不過比較親近的時候就不可避免地會發生情感操縱。如果你想在不打破關係的狀態下限縮情感操縱，你需要擁有以下特質。

要善於分析

列出這段關係中容易發生情感操縱的所有情境：家族聚餐、與操縱者私下相處、年度評鑑等等。同樣的，列張清單寫下所有情感操縱發生時的話題，或許也記下時間、日期、星期幾，或者年份。辨識出這段關係中你該避開的重要層面，或在避不開的狀況下，你該怎麼防禦。

要精確

運用你的分析，決定自己在這段關係中應該減少那些投入，並確定自己可以接受哪種程度的往來。你只是想要減少跟這個人相處的時間嗎？想避免更親密的互動，也反對比較表面的往來？你是想要減少特定的對話，比方說不讓老闆提起私人的話題，或者避免跟朋友之間又長又累人的討論？你會想只在有一大群人作陪的狀況下跟對方見面，或只想一對一跟他見面呢？如果對象是家人，通常只有特定家族成員在場的情況下，才會引發某種相處模式。你會想要避免在這樣的情況下見到操縱者嗎？如果需要跟難搞的人相處，有時候有個能支持自己的人會很有幫助，你覺得這對你來說有用嗎？仔細想想有什麼能夠協助你限縮情感操縱。

要有創意

我的患者第一次跟我討論設下新的限制時，常會激動的解釋某個方式是怎麼行不通。如果我提議替代方案，她們之前沒有想過的方式，她們會驚奇地看著我，彷彿看著我剛從帽子裡面拉出了一隻最神奇的兔子。我們的思考竟然這麼容易就一成不變，真的令人印象很深刻。例如要是你覺得母親總是做一些你不能吃的東西，或許可以約她在博物館，而不是約在家裡。要是你的朋友堅持提起令人痛苦的話題，但你只想要輕鬆聊天，或許你可以做幾張「輕鬆日」券，你們下次碰面時開玩笑地交給她，並且提議在開開心心而不想充滿挑戰的日子，你們兩個都能使用這張券。對自己說某件事不可能之前，看看你是不是能想到有創意的方式繞過問題，而不是正面強碰。

要和善並且堅定

我想把這兩個建議擺在一起，因為對於很難設下限制的人而言，這兩項常被當作相反的特質，而非同一面硬幣的正反兩面。每當我們想要捍衛自己，並且對於設定限制感到既罪惡又擔憂的時候，我們傾向於誇大自己的狀況，也或許是因為我們太拚命想被聽見，我們忘記保持和善的態度。如果我們非常有自信，對於設定限制也很自在，則很容易變得太過和善。就算我們沒有自信，這也是那種「弄假直到成真」的情況。提醒自己，你有權設下任何你想要的限制，而且因為知道自己不會屈服，所以產生安全感，盡可能平靜又和善地維持自己設下的限制。

要投入

請記得，你是想改變的那一個；你的操縱者大概寧可維持現狀，至少一開始的時候會是如此。這表示你必須投入更多的精力以確保自己能如願以償，也知道自己會遭遇一定程度的抗拒。

要守紀律

堅守信念很困難，特別是在你的操縱者非常堅持的狀況下。不過如果你不能給予始終如一的堅定訊息，告訴對方你所設下的限制，那麼你可以確定的是不出幾週，你的關係就會回復原狀。若你設下限制是為了保住這段關係，那麼對你來說堅守紀律（並且全新投入）就特別重要：否則你就是冒著讓這段關係退步的危險，情況會惡化到你真的無法繼續留在這段關係中。

要有同情心

一如既往地，我要請你對操縱者和自己展現同情心。你們都不想面對這麼難以處理的情況，但是你們兩個人都在這裡。你們都在受苦，你們都會犯錯。即使你正忙著做一個艱難卻必須的決定，也請試著以同情的角度看待自己。

如果你想離開情感操縱關係

你可能會認為想避免關係中的情感操縱狀況，就是完全結束這段關係。或者你可能會覺得情感操縱情況腐蝕了你對操縱者的感情，以至於你不想繼續維繫兩人的關係。如果你想結束情感操縱關係，你可能需要擁有以下的特質。

要活在當下

離開一段關係很令人傷心，就算這個人已經不再使我們快樂也一樣。我們會很想將那樣的痛苦投射至未來。我們的不幸感覺如此真實，就在身邊，那麼鋪天蓋地。我們無法想像自己還能有別的感覺。如果我們曾經歷過糟糕的關係，我們甚至會更確信自己不可能碰上好事。如果我們對操縱者付出了很多，我們或許只能看到自己失去了多少。哎呀，或許感受這些痛苦是必要的，不過你不需要將這些感受投射到未來。提醒自己，你現在不快樂，你只能確定這一點。活在當下，一次只活一天，把未來留待之後再去擔心。

要樂於接受幫助

別試著獨自一人完成這些事。打給朋友，打給你愛的人，打給家人，找個治療師，上堂瑜伽課，開始冥想。做一些能給你一些安慰、寧靜、洞見和自己所需要的聯繫感的事情。我們的文化很強調咬緊牙關堅持到底，還有單打獨鬥。我不相信這種方式。我覺得碰上麻煩的時候接受幫助，伸手求援，才能真的讓我們更堅強。如果你正要離開情感操縱關係，你正在做的事非常困難，我向你致上敬意。也請你對自己致上敬意，並且請伸手求援。

要有耐心

現在你正在進行巨大的改變，可能是關於個人生活、職涯，或家庭生活，你可能會希望一切都能立刻改善。你可能會想在關係或工作上看到巨幅的進展。你可能也會期望自己大大地改變，成為一個不會再允許別人對自己情感操縱的人。我跟你保證，你已經朝著你想要的改變跨了一大步。不過你也幾乎可以確定這一切不會立刻就發生，就算它們真的發生了，那也會帶來另外一種挑戰。所以記得呼吸，想想那堂瑜伽課！並且抱持耐心。你花了一輩子的時間才走到現在這裡，所以請多給自己一點時間來完成你踏上的旅途。

要有同情心

我知道自己在每個清單的最後都列上這個建議，不過這是因為無論你選擇的是哪一種路線，我都覺得這點很重要。對你的操縱者展示同情心可能是非常療癒的事，同情自己更是如此。別對自己說些不好聽的話，別對自己太殘忍、不寬容大量，或者鄙視自己。接受你已經盡力做到最好，給你自己應得的同情。

重寫你的回應

現在你已經展開行動，處理最為迫切的情感操縱關係，你又該如何確保自己不落入過往的情況呢？遠離情感操縱的關鍵點，在於別依賴別人的認可來判斷自我的價值。想要自覺更加良好，提升自信心，或者更清楚知道自己在世上的位置，只要你有一絲絲相信這一切都需要操縱者，那麼你就是個等待被情感操縱的被操縱者。因此若想遠離情感操縱關係，建構一個強大清晰的自覺與自我價值非常重要。

想讓生活遠離情感操縱，以下是其他的長期建議：

- 傾聽自己內在的聲音（花點時間作白日夢、散步、觀想）。
- 寫日記。
- 經常與信任的朋友聊天。
- 如果你似乎快要陷入情感操縱關係，想想某位信任的導師或者你的榜樣可能會說些什麼。
- 問問自己：對我的女兒／妹妹／母親來說，這個人夠好嗎？
- 練習正面的自我對話。誠摯地告訴自己，你有什麼美好或值得讚美之處。
- 與心靈維持聯繫，滋養自己。留點時間禱告、冥想，或者就是安安靜靜地重新聯繫深層的自我。

- 回想自己的價值觀，你認為人們該怎麼對待彼此。
- 與能夠指認你靈魂的人相處。
- 相信「不」是個完整的句子，並且經常使用。
- 做些能夠強身健體的活動。
- 搜尋自信訓練課程或者領導力訓練工坊，你可以在那裡磨練自己的有效溝通技巧，自我辯護的技巧，以及協商的能力。
- 只做你想做的事。如果你不太確定，那就說不，你將會感覺到堅信的力量。
- 應用本書中的練習，強化並釐清自己的心智、情緒與精神。我特別想要請你利用那個想像練習，想像一棟漂亮房子，房子周圍是只有你一個人能打開的門（請見第二〇七頁）。當你覺得自己的承諾變弱之時，請練習讓對的人走進來，把錯誤的對象擋在門外。請記得，你能全權決定讓誰走進你的「房子」，並且決心再也不讓任何感覺不對的人進屋。請向自己保證，在這棟房子裡面，你再也不會進行任何一場不對勁的談話。

思考未來

你正朝零情感操縱的未來前進，我認為你還可以更進一步，這將能讓情感操縱遠離你的生活。你可能可以更仔細地檢視情感操縱狀況，觀察是哪些面向讓情感操縱這麼迷人，問問

自己為什麼覺得這些令人無法抗拒。

以我的經驗來說，來自我本身的情感操縱關係，還有我從患者、朋友和同事身上觀察到的情感操縱關係，除了我們已經討論過的面向，情感操縱背後還常伴隨著強大的魅力。我們常會覺得，跟其他的交往關係比較起來，情感操縱更刺激、更迷人也更特別；這些關係中的困難之處，正是其魅力所在。

稍微回想一下《煤氣燈下》這部電影。英格麗·褒曼所飾演的寶拉跟貴格利陷入熱戀，因為她相信他會給她一輩子尋尋覓覓的天堂，她的人生的確過得不安穩。寶拉幼時就失去雙親，由深愛的姑媽撫養長大，接著在她還小的時候，又因為姑媽被殺而痛苦萬分。由於失去了每個曾經照看過她的人，所以寶拉被送到遠離故鄉的地方上學，那是另一個國家，語言也不相同。她渴望能有一段關係，代替她失去的那些照看過她的人，她對於貴格利的需求特別強烈，因為她不只需要他愛她，還要他拯救她。

我相信我們當中有許多人面對自己的愛情、友情、工作，還有家庭等人際關係時，都會暗懷著「額外」的期望，不僅希望可以獲得現在的聯繫，也把這段感情當作是修復過去的一種方式。彷彿我們十分渴望某種形式的照顧、理解與感激，而操縱者不知怎地願意提供。食物在我們很想吃的時候味道最好；我們如此渴望獲得聯繫，因此讓我們的操縱者具備了救世主的特質：他讓我們感到完整，拯救我們免於孤單，讓我們得到寬慰，因為有個人能夠真正理解我們。或許他就是那個人，他能幫助我們證明自己，我們在這個世界上真的是個成年人，或者是個值得被愛的朋友；或許他就能讓我們知道自己對別人來說很重要，或者我們畢竟是個好人。無論我們渴望什麼，操縱者似乎都有辦法滿足，並且創造許多美好的時光，或者甚至承諾給我們美好的時光，跟我們生活中的其他部分相比，這段關係非常特別。我們或許也很喜歡自己能帶給他同樣的感受。

後來我們考慮離開情感操縱關係，讓自己的生活遠離情感操縱，但同時也渴望著那些特別的感受，不知道自己是否還能再次擁有這些。我們不知道下個愛人對自己來說會不會擁有同樣的性吸引力，以及他會不會成為我們的靈魂伴侶，就像現在的另一半這樣，或者像他曾經有過的那樣。我們不知道下個好朋友會不會跟我們的操縱者成為同樣的「終生摯友」。我們不知道是不是能找到同樣的工作，帶給我們能幹、成功與嚮往的感受。我們不知道若是放棄了與某個家族成員的情感聯繫，就算我們還跟這個令人有所疑慮的人保持聯絡，我們的生命中還會不會有其他人讓我們這麼有安全感，並且給我們無比的愛，我們一直都希望能從那個人的身上獲得安全感與愛，而也有些時候我們以為自己已經得到了。

以上所有問題的答案可能都真的是否定的。如果我們建立關係的時候不再那麼飢渴，他們感覺起來可能就不會那麼特別、那麼令人滿足。結束挨餓的強烈釋然可能比起吃到某種美食的單純喜悅更強烈。生活在戰場上，隨時需要處理生死交關的情況，這跟面對新的一天那種普通的興奮感比較起來，前者當然比較深刻。如果我們被迫將自己的情緒置於險境，如果我們跟一個難以預料的人交往，如果我們把自己的私人關係和職場關係當作彌補過往傷口的機會，那麼相反的，跟一個令人滿意的對象、擁有一份具有挑戰性的工作，並且活在當下感覺起來不會那麼刺激、那麼特別、那麼美妙。

因此當你展望未來，思考著無人情感操縱的生活時，請考慮一下自己是不是真的想要放棄這些，緊急狀況會帶來額外的刺激感與更深的渴望。若你不想，儘管你現在已經比較清楚情感操縱狀況，也更認識自己，所以能夠抗拒情感操縱的誘惑，但你或許又會發現自己被其他的情感操縱關係吸引。不過若你的情緒一直處於危險狀況，你或許必須接受自己不會在未來的關係中感受到這種激情，不過你也很有可能從中獲得更深刻持久的滿足感。

你不需要馬上作出決定，這甚至可能不會是有意識的決定。不過我相信，如果長期來說想讓自己的生活遠離情感操縱，這部分至關重大，所以在你選擇展開另一段關係或者面對職涯上的挑戰時，請記得這一點。

正確看待事物

此時你已然改變、限縮或離開一段情感操縱關係，你可能會對於和其他人建立關係感覺到另一種驚恐不安，無論是情人、朋友，或者老闆／同事。「我該怎麼知道呢？」你可能會想著，「哪些問題不過是『不可避免的衝突』，哪些則是情感操縱的警示？」

沒錯，每段關係都會有起有落，我們有時會覺得自己沒有獲得傾聽，也會有我們自覺受到漠視、忽略、無人理睬。我們會開始走進情感操縱關係，有一部分就是因為我們想找到愛與理解的完美組合。那麼我們該如何分辨普通的弱點與嚴重的缺陷呢？

關心這一點的人，我有兩個建議。首先，請從長期的角度看待自己的關係。總的來說，你在這段關係中是否感覺得到傾聽、受人感激，認為這樣行得通？總的來說，你是否得償所願？有沒有發生什麼大體來看不太重要的事，可是卻隱含著一種模式，漠視並忽略你的心情，還是你會認為這段關係的特色就是能獲得傾聽與尊重？

其次，看看你心裡的情感空服員。當你想到自己的關係，是否覺得喜悅、快樂與滿足？還是你會感到焦慮、不安以及不確定？你的感覺是否混雜著快樂與沮喪，墜入愛河的魅力伴隨著遭人錯待的痛苦？或者即使你不喜歡伴侶／朋友／老闆的某些特點，也不喜歡他或她對待你的方式，你還是感受到感激與快樂散發出來的穩定光芒？

發出警告的情感空服員

- 經常感覺到迷惑與混亂。
- 作噩夢，或者夢到焦躁的夢境。
- 事關你的操縱者時，對事情細節的記性非常糟糕。
- 身體方面的指標：胃部一沉、胸口緊繃、喉嚨疼痛、腸胃不適。
- 接到對方電話或者在他到家時，覺得害怕或特別緊繃。
- 特別努力說服自己和朋友，自己和操縱者的關係有多麼好。
- 感覺到自己正在忍受某些行為，而且那些行為會傷害個人的完整性。
- 信賴的親戚朋友經常表達擔憂。

- 避開朋友，或者拒絕跟他們聊起自己的感情生活。
- 生活失去樂趣。

如果你一直覺得跟某人的相處傷害了你以及你很重視的事物，那我會建議你跟著感覺走，離開這段關係。就算你只是「神經過敏」，許多人都擔心他們自己是如此，即使這段關係理論上很不錯，問題在於你太焦慮、太挑剔，或者要求太多，對你來說最好的打算還是離開這段關係，因為這段關係讓你抓狂，然後接著解決任何阻撓你享受的事物。操縱自己對於現實的感受，告訴你自己該有某種你根本沒有的感受，從來就不是個好主意。就算問題的確出在你身上，解決問題也比說服自己該有何感受來得好。

身心健全地活著

維持零情感操縱的生活有部分靠的是保持警覺，注意自己整體的生活狀況。你一直想著上一次跟男友、母親，老闆的吵架內容嗎？還是你會專注於你想要的生活，一個能夠維持自身的完整性、滿足又快樂的生活？情感操縱會大幅占用我們心靈，情緒與精神方面的能量。將這些能量投注在對我們而言真正重要的目標與夢想之上，能幫助我們遠離情感操縱。

新的可能

瑪麗安娜，我這位患者跟她的朋友蘇之間維持著情感操縱關係，她非常努力改寫那段關係的規則。退離蘇身邊一個月之後，她再次回到這段友誼，下定決心採取不一樣的回應方式。只要蘇嘗試開始長而痛苦的討論，瑪麗安娜就會退開，說些類似「妳的擔心我知道了，我不認為需要多做討論。」如果她自己因為與蘇意見不合而焦慮，或者似乎受到誤解，她就會要自己放手，不要向蘇尋求安慰與保證。如果她真的做了蘇反對的事，瑪麗安娜會嚴格地審視自己的行為，決定自己該怎麼想，若有需要她會道歉，接著繼續過日子。她不讓蘇評斷自己，她也不期待蘇赦免自己的罪。

令瑪麗安娜訝異的是，她們兩人都更加享受彼此的友誼。儘管有些時候她們倆都似乎想回到舊有的相處模式，瑪麗安娜盡力避免情感操縱雙人舞，而且大多數時候都成功了。她得到的回報是改寫了一段長期而且持久的友誼，雖然這段關係變得沒那麼激動，也不再是生活的全部。

桑卓菈也成功地改寫跟丈夫之間的關係。她和彼得有更多的相處時間，而且他們都很享受現在的相處方式，不像過去只把時間花在義務與責任之上。桑卓菈發現到，在她同意彼得不需要花那麼多時間與她的家人相處之後，減少了許多壓力，因為基於某些理由他認為跟她的家人很困難。雖然他們沒跟她的家人一起去旅行，但彼得也減少了跟自己家人的相處時間，結果他似乎更快樂也更平靜。桑卓菈發現彼得的母親很可能也情感操縱了彼得，就像他對桑卓菈做的那樣，所以減少家庭之間的聯繫對他們雙方來說都是好事。

桑卓菈也必須學著改變自己的行為。她不應該再把對小孩的焦慮感發洩在彼得身上，因為這無意之間傳遞了他不是個好父親的訊息。她也必須多留點時間給自己，讓自己在家庭之外找到其他能讓自己開心的事：在鄉間散個長長的步，跟彼得一起，或者自己出門；報名參加瑜伽課程；保留更多時間跟朋友喝杯咖啡。尋找更多支援體系能讓桑卓菈更能輕易地離開彼得的情感操縱狀態，結果也讓他更容易停止情感操縱行徑。雖然他們還需要努力，桑卓菈對自己的婚姻相當樂觀，而且她也不再有麻木的感覺。

凱蒂沒這麼幸運。她越來越清楚自己與布萊恩的關係之後，她可以看得出來，他們真的帶出了彼此最糟糕的一面。布萊恩侵略而負面的態度容易讓凱蒂感到需要防禦、焦慮而且需要關懷，但正是這些感受引發布萊恩的不安全感與沮喪。凱蒂漸漸相信他們永遠無法創造一段充滿愛的快樂關係，他們只會不停地觸發彼此的誘因，將彼此困在情感操縱雙人舞中。她意識到若自己繼續跟布萊恩交往，她的生活中永遠不會有長久的快樂，但要是她離開，至少還保有快樂的可能性。

凱蒂跟布萊恩分手之後，她過了一段時間才找到另外一個對象。很大一部分是因為她想確定自己真的改變了，對浪漫關係和對象能有不同的回應。她發現自己經常會選擇不好相處的男人當作交往對象，因為這些人會認為天底下只有她了解自己。特別而且被需要的感受讓凱蒂得到安慰；而今她已經知道這種親密需要付出什麼代價，她的另一半占有欲很強，而且經常怒氣沖沖，因為他們經常覺得孤單又焦慮。如果在他們的世界裡沒有其他人能了解他們，那麼凱蒂就變得極為重要，不過這也讓他們感覺到無比的壓力。

「如果我成功了，我就是世界上最幸福的人。」有一天凱蒂回顧自己的模式之後這麼告訴我。「但當我失敗了，我覺得自己是世上最糟糕的人。為什麼我無法讓這些人快樂？他指望我，我卻失敗了。我怎麼會是這麼糟糕的人？而且他們都那麼不開心，我當然會失敗，之所以沒有其他人能取悅他們是有原因的。我猜我喜歡這種感覺，認為自己能成功辦到其他人無法達成的事。不過我不喜歡一直苛求自己。」

凱蒂終於展開另外一段關係，她形容為「沒那麼激烈，沒那麼多靈魂伴侶之類的事」，不過最終比較令人滿意。「我不必一直想著威爾。」她告訴我，「雖然某方面來說我很懷念那樣。我還是有點喜歡『墜入情網』的感受，妳知道的，那種『墜入情網』的狀態，我只會想著他，還有接下來會如何。跟威爾在一起，我不需要思考這些，我知道他應該一直都會在那裡。有時候我覺得自己好像失去了什麼，但大多數的時候，我真的很快樂。」

麗茲也下定決心離開她在工作上遇到的情感操縱關係。對麗茲來說，這個決定極為痛苦。離開她這麼努力才獲得的高階職位讓她質疑整個職涯。儘管理智上明白她的老闆是個操縱者，只不過是在職場上贏了這一次，但她卻滿懷著失敗與一無是處的感受。「這麼認真工作有什麼用？」她一直問我。「為什麼我辦不到？」

經過了痛苦的幾個月之後，麗茲終於明白，從很多方面來看，她在廣告事務所的工作畢竟不是那麼適合她。她不知道是否因為工作本身並不那麼令她滿意，所以她才那麼努力追求工作上的成就感。最新一任老闆排擠她似乎是最後一根稻草，經歷長期的沮喪和失望後的最後一擊。她越是不滿足，就工作得越起勁，彷彿想逼著工作交出那些她得不到的滿足感。

麗茲還在釐清自己接下來想做什麼。她不用再想辦法克服不可能的情境，不需背負這樣的壓力之後，現在她在情緒上有了餘裕，可以看看哪種工作更適合她真正的才華、價值觀和口味。「我不知道接下來會如何。」最近她告訴我。「不過無論是什麼，我都很期待。」

至於米契爾，他終於下定決心，他不會完全切斷與母親之間的聯繫，不過會嚴格限制跟她的往來。他決定只有在女友或其他朋友的陪伴下才跟母親見面，至少在他母親開始對他講些輕蔑的話時，這些人可以給他精神上的支持。他不再每週都去父母家共進晚餐，不過他每個月至少會拜訪他們一次。而且他仍舊因為跟父母之間的關係而感到難過與憤怒，他還在想辦法處理這些感受。

對米契爾來說的好消息是，在他決定好怎麼跟家人相處之後，他生活的其他面向都開始有了好的發展。在他捍衛自己，情緒上也因此更有餘裕之後，他和女友的感情更好，這是米契爾頭一次在家人之外的關係中得到安全感。他也發現自己交了些新朋友，還擁有前所未有的自信。因為他變得更加堅定自信，他在研究所的狀況也跟著改善。他的教授似乎變得比較看重他，其中有個教授成了他的導師，他給了米契爾幾個之前沒能得到的工作機會。儘管米契爾跟母親之間還是問題重重且不快樂，但停止情感操縱帶給他另一種滿足感。

現在你有機會過著零情感操縱的生活，前往全新的未來。你有機會重塑或者離開令人不滿的關係，並且選擇一段新的關係，這段關係將會滋養你的自覺、活力與快樂。你有機會變成一個更強壯堅韌的人，你能夠繪製自己的航線，並且依照自己的價值觀生活。更重要的是，你能有機會探索真正想要的事物，在工作方面、家庭生活方面、感情生活方面，還有你自己本身。脫離情感操縱，你就能作出更好的選擇，挑選最適合自己的人事物。當你開始人生中這段全新的旅程，我祝福你擁有強大的精神與力量，也祝你好運。

附錄A

了解自己的情緒

建立一組「感受字彙」

情感操縱常會讓女人壓抑自身的感受，甚至可能會完全失去與感受間的聯繫。但是如果你不清楚自己有何感受，你也會失去了關鍵的能量之源，這份能量將能幫助你捍衛自己，並且對自己和操縱者明確表達自己喜歡的對待方式。了解自己的感受可以讓你與所需的感受有所聯繫，無論你是想要改善或者離開情感操縱關係，這都能夠幫助你。

了解自身感受的第一步，就是擁有能傳達心情的詞彙。感受詞彙能夠幫助你了解自身情緒。接著在你準備好告訴操縱者自己有何感受，還有你想要怎麼做時，你就有現成的文字。

請思考下面表列的文字。其中是否有適合你的單字？你是否能增加更多適合描述自身感受的字彙呢？

被拋下的　感激的　有創意的

夠格的　不好的　好奇的

深情的　無聊的　被擊敗的

矛盾的
焦慮的
沮喪的
絕望的
決意的
失望的
不滿足的
欣喜若狂的
不好意思的
精力充沛的
興奮的
筋疲力竭的
激動的
恐懼的
慌亂的
挫折的
開心的
很好的

自在的
自信的
無能的
獨立的
著迷的
不如人的
沒有安全感的
畏縮的
孤立的
嫉妒的
愛批評別人的
孤單的
討人喜愛的
憐愛的
悲慘的
誤解的
需要關懷的
擔心的

失望的
依賴的
心事重重的
排斥的
放心的
心滿意足的
驚嚇的
害羞的
愚蠢的
遲緩的
目瞪口呆的
遭受威脅的
反對的
疲累的
心有感觸的
麻煩的
不確定的
忐忑的

感謝的　樂觀的　緊張的
有罪惡感的　憤慨的　暴力的
快樂的　難以招架的　脆弱易感的
不友善的　疑神疑鬼的　美好的
信心不足的　親切友好的　憂慮的

重新取回自己的聲音

你的感受是最主要的力量來源，你得靠它才能捍衛自己，並且清楚告訴操縱者自己希望被怎麼對待。不過如果就連面對自己，你都無法將感受訴諸言語，那就很難知道自己有什麼感覺。請試著進行以下的練習，幫助你了解自己的感受，並且增進表達它們的能力。一旦找到自己的聲音，你就能夠對操縱者發聲，你將擁有新的能量與清晰的思路，並據以改變你的關係，如果你作了不同的選擇，這些也可能給你結束的力量。

第一步

請看看下列句子。它們之中有沒有哪一句描述了你的感受？

- 「我不知道自己做何感受。」

- 「我覺得麻木。」
- 「我不知道自己想要什麼。」
- 「我不知道什麼可能幫得上忙。」
- 「我猜我覺得有點奇怪。」
- 「我覺得乏味。」
- 「我覺得心情很低落。我不知道為什麼。」
- 「我就是對性愛不感興趣了。」
- 「我不想再維持這段婚姻了。」
- 「我的工作不是非常令人滿意。」
- 「我覺得筋疲力盡。」
- 「我總是很生氣。」
- 「一切似乎都惹到我。」
- 「我就是不再開開心心的了。」
- 「我很沮喪。」

第二步

選一個你最有同感的句子。把它單獨寫在紙上，然後從下表挑出一組字詞：

- 我之所以會有這種感覺是因為……
- 這個感覺是從……開始的
- 這種感覺一直持續是因為……
- 如果我沒有這種感覺，我會……
- 可能有辦法改變或停止這種感受，那會是……
- 我現在最想要的就是……

第三步

把你選的字詞寫在那個句子下面。接著倒數計時十五分鐘，要求自己整段時間當中都不能停筆。你可以先完成這個句子，或者想寫什麼都可以，不要停筆就好。如果你不知道要寫什麼，那麼就不停重複那組字詞或其他字詞，不停地重複、重複，再重複。你心中遲早會有不一樣的東西浮現。

如果你只是不停重複同樣的那組字詞，請在隔天重做這個練習，每天都做，做到你發現自己寫下不一樣的東西為止。（你也可以每一次進行這個練習時都挑選不同的句子、不同的字詞。）了解自己的感受並清楚表達出自己的想法，這將能幫助你為自己採取更健康與正面的行動。

畫出自己的感受

只要能將自己的感受訴諸言語，就能幫助你與它們產生聯繫（並且有能力為自己挺身而出），以其他的方式表達感受也一樣。如果畫畫比起用講的讓你更自在，請試著用以下的練習來釐清自己的感受，這或許能幫助你採取積極的行動來停止情感操縱行動。

第一步

找一面空白頁寫下「我的看法」。在這句話下方畫張圖或標示，用來表達你的看法，無論是針對自身現況，或者是與操縱者之間特定的問題。找一面空白頁寫下「他的看法」，也從他的觀點畫張圖。

第二步

花點時間跟自己的感覺相處，感受這些情緒對自己的影響力，有時候這件事非常重要。因此，請將這兩張紙收起來一整天。當你再次看見這兩張紙的時候，請準備好另一張空白紙。無論你重新面對這兩張圖片時想到什麼，有什麼感覺，都寫下來。或許這個新的切入點對你有所幫助，你會在內心找到出乎意料的決心，你會採取行動，並且為自己挺身而出。

附錄B

想像自己的關係

這個練習會讓你更了解自己的關係，你就更知道自己想作什麼決定。如果你能看清楚自己的關係，就能決定該留下、離開，或者展開停止情感操縱行動。但是為了作出這些決定，你必須搞清楚這段關係帶來的感受。看見自己現在身處的關係，就能搞清楚自己的感受。

如果你的關係中有些問題，回頭看看過去的關係會有幫助，你能釐清這些問題有多嚴重。若你的關係曾經很美好，不過現在已經變質，你想要重新獲得好的元素，並且改變不好的那些，但你不知道自己是否不切實際。若你發現這段關係一直都讓你不開心，令你沮喪，或是讓你覺得孤單寂寞，你就會知道期待這段關係好轉是否不切實際。

想像自己未來的關係，你就能感受到真正的自己，清楚自己真正的想法，知道這段關係到底還有多少走下去的可能性。是不是真的有改善的機會，你是不是能夠想像這段關係中還會有快樂的時光。問問自己這些問題，你就更能決定該留該走，你也能看見不包含情感操縱關係的未來。如果相比之下，你更喜歡那樣的未來，或許就該離開了。

最後，評估自己的關係能幫助你下定決心。或許你需要決定去留。你也可能會想試著停止情感操縱。你或許會想給這段關係一個期限：如果某個時間點之前沒有改善，你就會重新考慮並採取行動。無論你的選擇為何，評估自己的關係都能讓你作出適合自己的決定。

想像自己身處的關係

請閉上眼睛，思考一下自己最近和操縱者之間的關係。你心裡湧上的是什麼樣的畫面？你感覺到什麼樣的情緒？你怎麼看待自己？你怎麼看待他？面對心頭湧現的這些影像、念頭或感受，請不要審查也不要評判。就讓這些念頭任意掠過，然後留意這些思緒帶來了什麼。

然後請睜開眼睛，並寫完下面每個句子。你想寫多寫少都可以，如果你喜歡的話，可以畫張圖，或者創作一個畫面來表達你的回應。

- 我最喜歡「我的操縱者」的地方是＿＿＿＿＿。
- 我最不喜歡「我的操縱者」的地方是＿＿＿＿＿。
- 我最欣賞「我的操縱者」的特質是＿＿＿＿＿。
- 跟「我的操縱者」在一起時，我最欣賞自己的特質是＿＿＿＿＿。
- 如果我因為「我的操縱者」而沮喪時，我希望我能改變＿＿＿＿＿。
- 當我看見我們相處的樣子，我最大的感觸是＿＿＿＿＿。
- 我的情感空服員告訴我＿＿＿＿＿。
- 隨著我寫下這些答案，我覺得＿＿＿＿＿。
- 此時此刻我覺得身體＿＿＿＿＿。

想像過去的關係

現在請閉上眼睛，思考一下過去與操縱者相處的狀況。你心裡湧上的是什麼樣的畫面？你感覺到什麼樣的情緒？你怎麼看待自己？你怎麼看待他？面對心頭湧現的這些影像、念頭或感受，請不要審查也不要評判。就讓這些念頭任意掠過，然後留意這些思緒帶來了什麼。然後請睜開眼睛，並寫完下面每個句子。

- 我們過去的相處模式中，我最喜歡的一點是＿＿＿＿＿。
- 我們過去的相處模式中，我最不喜歡的一點是＿＿＿＿＿。
- 我有時會想重溫的時光是＿＿＿＿＿。
- 我絕對不想要再經歷一次的是＿＿＿＿＿。
- 當我看著那時的「操縱者」，我看到的是個＿＿＿＿＿的人。
- 當我看著那時的自己，我看到的是個＿＿＿＿＿的人。
- 當我看見我們相處的樣子，我看見一對情侶（朋友、同事、母女），他們＿＿＿＿＿。
- 我的情感空服員告訴我＿＿＿＿＿。
- 隨著我寫下這些答案，我覺得＿＿＿＿＿。
- 此時此刻我覺得身體＿＿＿＿＿。

想像你未來的關係

再次閉上眼睛，敞開胸懷。讓自己想想未來跟操縱者在一起的樣子。想像你們兩個人下個月的樣子，明年的樣子，還有五年之後的樣子。腦中浮現的是什麼樣的畫面？湧上心頭的是什麼樣的情緒？操縱者是你會想要交往的對象嗎？你會希望他成為自己的朋友、上司／同事或者家人嗎？最重要的是，你是不是自己最想成為的樣子呢？你正朝著發揮全部的潛力、完成夢想的方向前進嗎？有沒有好好品味生活中的樂趣呢？在你的想像中，未來充滿了可能與興奮，還是你覺得害怕、焦慮，或悔恨？同樣地請別審查或評判腦海中浮現的任何念頭。你只需要持續地要求自己看看未來，並且看清楚接下來發生了什麼事。

- 對未來的想像中，我最喜歡的一點是＿＿＿＿＿＿。
- 我的未來藍圖裡面最令我困擾的是＿＿＿＿＿＿。
- 我想成為的是一個＿＿＿＿＿＿。
- 我未來的關係將會協助我成為一個＿＿＿＿＿＿的人。
- 我未來的關係或能夠讓我免於成為＿＿＿＿＿＿的人。
- 我的情感空服員告訴我＿＿＿＿＿＿。
- 隨著我寫下這些答案，我覺得＿＿＿＿＿＿。
- 此時此刻我覺得身體＿＿＿＿＿＿。

想像無人情感操縱的未來

最後請再一次闔上眼睛，讓自己的心緒漂離，這一次請想像你來到了沒有操縱者的未來。看見自己脫離這段關係（或者脫離了限制多很多的版本）之後，下個月的樣子、明年的樣子，還有五年後的樣子。現在腦中浮現的是什麼樣的畫面？湧上心頭的是什麼樣的情緒？你生命中最重要的人是誰？你專心投入於什麼工作？你有什麼感覺？你最近好嗎？更重要的是，你是否成為自己希望的那種人？根據手邊已知的情況，在不加審查與評判的狀況下，請想像一幅可能的未來場景，操縱者不包含其中。

想好之後，請睜開眼睛，並且填完成以下的句子。

- 在我所想像的未來之中，我最喜歡的一點是______。
- 在我所想像的未來之中，我最擔心的地方是______。
- 我想成為的人是______。
- 離開情感操縱關係（或在較有限縮的關係）會幫助我成為那樣的人，因為______。
- 離開我的情感操縱關係可能會讓我成不了那樣的人，因為______。
- 我的情感空服員告訴我______。
- 隨著我寫下這些答案，我覺得______。
- 此時此刻我覺得身體______。

評估你的關係

現在你已經思考過了與操縱者之間的過去、現在和未來，讓我們集中注意力評估可能性，你該如何繼續這段關係，以及你想像這段關係在未來會如何進行。現在拿起筆跟紙，並完成下列句子。請記住，你想寫多寫少都可以。

- 當我想像自己對著情感空服員（我最明確的嚮導，能告訴我到底發生了什麼事）描述我的關係時，我聽見自己說＿＿＿＿＿＿＿。
- 當我的情感空服員看到我的關係，在我的想像中他們看見的是＿＿＿＿＿＿＿。
- 我想像一個小孩，一個年紀比我小的弟弟或妹妹，或者其他跟我親近的小孩，我想像那個小孩長大了，然後進入了一段就跟我現在一樣的關係。當我想像到這件事時，我覺得＿＿＿＿＿＿＿。
- 自從我處於情感操縱關係，我覺得自己變得更＿＿＿＿＿＿＿。
- 自從我處於情感操縱關係，我覺得自己變得比較不＿＿＿＿＿＿＿。
- 只要一想到這段關係影響了我，我覺得＿＿＿＿＿＿＿。

現在重新拿一張紙，從中間畫一條線。在左邊寫上：「我可能會因為……而想保住這段關係」，然後在右邊寫上：「我可能因為……而放棄這段關係。」請完成這兩欄。如果你願

意，隔個幾天請再重做這個練習，因為你可能會想到更多優缺點。

等到你完成所有步驟，請拿起最後一張紙。在最上方寫下，「我想要留在這段關係中，還是想要放手？」請依照你喜愛的方式，文字、圖畫、句子或者符號，填滿那張紙。你也可以讓那頁留白，就盯著那個問題一會兒。你可以懷抱著這個疑問生活，直到有個適合自己的答案浮現。

附錄C

照顧自己

紓壓與抗憂鬱的飲食

在情感操縱中苦苦掙扎的人也常遭受壓力、憂鬱的困擾。在你釐清事態發展，並且知道該怎麼做的過程中，照顧自己非常重要。請諮詢營養師，或者試著遵循紓壓與抗憂鬱的飲食，這種飲食方式能幫助你的思考更清晰，感覺更有自主能力。

- 每天吃三頓飯和兩次零食。低血糖會讓你覺得困惑與無助，至少每三個小時進食一次能讓你打起精神。每頓飯和零食都要包含高品質蛋白質：瘦肉、魚肉、蛋、低脂乳製品，或是豆腐。
- 多吃一點全穀物、豆類、低脂乳製品、新鮮水果和蔬菜。穀物、豆類和乳製品可以幫助大腦製造血清素以及其他必要的賀爾蒙，能夠幫助你對抗憂鬱，並且增強自尊與自主性。新鮮水果和蔬菜提供關鍵的維他命和礦物質，你的頭腦需要這些東西來維持清晰思考。
- 確保自己攝取足夠的Omega-3脂肪，這能從魚肉和亞麻籽中獲得。研究已經證實

Omega-3在對抗憂鬱時擔任重要的角色，它們能產生增強自信的賀爾蒙，並讓人感覺充滿希望且能夠自主。

想在飲食方面得到更多支援，我建議看看亨利．伊蒙斯博士和瑞秋．克蘭茲合著的《快樂的化學反應》（The Chemistry of Joy），還有凱瑟琳．狄梅森的《吃馬鈴薯，別吃百憂解》（Potatoes, Not Prozac）。

對抗壓力與憂鬱的補充品

以下的補充品能幫助你的大腦產生化學物質和賀爾蒙，大腦需要這些東西來對抗壓力，抵抗憂鬱，幫助你思考更加清晰。

- 每日攝取的優良維他命B群，需要包含至少：

  十到十五毫克的B_6

  四百微克的葉酸

  二〇到一百微克的B_{12}

- 每日攝取一千到三千毫克的魚油
- 每日兩次攝取一二〇到二五〇毫克的維他命C

- 四百毫克的維他命E，每日從食物中攝取
- 每天從綜合類胡蘿蔔素中攝取兩萬五千國際單位的β—胡蘿蔔素。
- 每日攝取兩百微克的硒

如果你並未服用抗憂鬱藥物，你可以每天晚上增加五十毫克的5—羥基色胺酸（5-HTP）。這個補給品會幫助你的腦袋產生血清素，這種賀爾蒙能夠幫助你入睡、增加自尊感，並且平撫焦慮感。如果幾天之後沒有注意到副作用，增加你的劑量至每晚一五〇毫克，或者每天分三次攝取一百毫克。

請注意：如果你正在服用抗憂鬱的處方籤，請不要服用5-羥基色胺酸，也請不要停用抗憂鬱的處方籤，改為服用5—羥基色胺酸。如果你正在接受憂鬱的物理治療，請告知你的治療師之後再開始服用5—羥基色胺酸。

同樣的，如果需要知道更多關於補給品的資訊，請閱讀亨利・伊蒙斯博士和瑞秋・克蘭茲合著的《快樂的化學反應》（The Chemistry of Joy），還有凱瑟琳・狄梅森的《吃馬鈴薯，別吃百憂解》（Potatoes, Not Prozac）。

睡眠能帶給自己能量，改善心境

睡眠非常重要，當你處在壓力狀態下更是重要。你需要所有能找到的資源來對抗情感操縱，所以請確定你每天都至少睡滿八小時。如果你難以入睡或睡不好，試著發展令人平靜的睡前慣例；避開咖啡因與其他的刺激物，就算天色尚早也不攝取酒精；睡前一個小時左右，吃些健康的碳水化合物點心（牛奶、水果、堅果、麥片、全麥麵包，或者糙米），請考慮天然的睡眠輔助物，比方纈草根或者褪黑激素。

大部分的美國人相對來說缺乏睡眠，每天晚上的睡眠時間至少短了一個小時。改善你的睡眠模式可能很有幫助，能夠讓你獲得清晰思考的能量，並且採取新的行動。不過如果你每天睡眠超過十到十一小時，你可能會想要將自己的睡眠減少至八或九個小時。在某些案例中，多餘的睡眠會增加憂鬱感，而且會讓你覺得懶散與疲憊。

運動能帶給自己能量，改善心境

運動有很多好處。運動幫你釋放壓力，製造讓頭腦健康的賀爾蒙，改善睡眠，大體上能夠增加你的自主能力與自尊感。是不是可以每天至少花十五分鐘進行溫和的有氧運動，快走就可以。可以的話，想辦法加到一天三十分鐘，一週五天，不過如果這個目標感覺起來不太可能達成，那麼就從小一點的目標開始。就算每天走路五分鐘也會讓你感覺比現在更好。

要是你已經規律運動？恭喜你！你邁出了這一步，你可以從更自主、更積極的角度看待生命。最常見的抗憂鬱藥方，選擇性血清回收抑制劑（SSRIs），包括舒憂（Celexa）、無鬱寧（Luvox）、帕羅西汀（Paxil）、樂復得（Zoloft）和百憂解（Prozac），在許多案例中都證實能夠增進自尊，對於某些週期性憂鬱的人來說更是如此。

致謝

人生的許多不同時刻裡，我由衷地感謝許多人，感激他們的友誼、他們帶給我的想法與靈感、對話與支持，謝謝他們一同奠下了這份工作的基石，並且讓這本書能夠面世。

我十分有幸結識了不起的經紀人理查・潘恩，他不但在二〇〇七年為這本書命名，還知道現在是再次將這本書端上檯面的好時機。同時我要好好感謝我的工作夥伴：已故的瑞秋・卡蘭茲，謝謝她始終堅信這份研究十分重要，應該出版成書，也謝謝她的創造力、能力與智慧！這些年間已經跟我成為朋友的兩位好編輯：艾美・賀茲和克里斯・波波羅，謝謝你們從一開始就對這個作品有信心。皇冠出版集團的黛安娜・巴洛尼和愛莉絲・戴蒙，謝謝你們看出此刻的社會需要這本書再版，並且真的讓書再度面市。我還要謝謝勒斯・蘭諾夫絕妙的洞見與指引，協助我將心理學的概念轉譯給更廣大的閱聽眾。謝謝法蘭克・勒曼，你讓我了解到我們自身擁有的能力，這能力能讓我們的生活不受情感操縱危害。

我要謝謝心理健康研究中心（Postgraduate Center of Mental Health）的老師與導師，特別感謝我多年的良師益友曼尼・夏皮洛（當然還有芭芭拉）、馬提・利文斯東、傑佛瑞・克林伯，以及埃爾・布洛克。

感謝伍侯（Woodhull）的每個女生，特別是我親愛的朋友雯德・賈格・赫曼和海倫・邱可；謝謝喬安・芬斯弗的西區早餐；謝謝娜歐蜜・沃爾夫鼓勵我寫這本書，謝謝妳支持女性應該擁有精神自由。謝謝艾芮卡·鍾、凱菈·傑克森·布魯維、泰拉·布拉可、珍妮佛·瓊斯、莉特·葛蘭尼克、梅莉莎·布萊利、吉娜·阿瑪洛、蘇珊·凱恩、喬伊·赫曼和珊·賈格·赫曼，以及每一個走進我們門扉、陪著我們走過美好景色的年輕女性，還有那些舉步追尋自己夢想的女生，謝謝妳們跟我們一起踏上旅程。

自從首刷出版之後，許多美妙的人們走進我的人生，成了我「一輩子」的朋友和同事。我非常感謝耶魯情緒商數中心（Yale Center for Emotional Intelligence）的每個人，謝謝你們的精神、見識與熱情，我的日常工作因為你們而充滿樂趣：尤其感謝中心主任、我的同事兼好友：馬克·貝克特和他的家人。謝謝我「其他的」家人：親愛的何瑞修·馬基尼斯、艾琳·克蕾斯比、愛倫·索力斯·莫瑞許，和艾思敏。

給我們親密的大家族成員：誠心地感謝我的寫作夥伴兼好友黛安娜·蒂威卡，當然還有阿勒俊·蒂威卡，謝謝我們的導師與益友查莉·埃里斯，贊助我們的彼得·薩洛維，還有已故的馬凡·莫瑞需，謝謝他總是鼓舞著我們，另外還有許許多多的朋友及支持者，尤其要感謝：安迪·法斯和派翠克·蒙特。同時非常感謝情緒商數與ＳＥＬ廣大領域中的同事，他們各以不同的方式持續耕耘這個領域：大衛·卡羅素、丹·高曼、理查·波雅齊斯、嘉里·切爾尼斯、莫里斯·埃莉亞斯、琳達·布魯恩·巴特勒、湯姆·洛德里克、潘·希格利、馬克·格林伯、蒂西·詹寧斯，和約翰·潘利特利。感謝黛安娜與強納森·羅絲提供空間與場地，這些談話才能夠進行。

感謝許許多多的工作夥伴，你們讓我的生活多采多姿，特別要謝謝凱瑟琳·李、索芮

娜・普林格、波妮・布朗、查琳・沃斯，還有我在耶魯時認識的多位好同事、好朋友——約亨・曼格斯、溫蒂・巴隆、吉姆・哈根、凱希・辛吉絲、艾斯利・佛瑞斯特、伊蓮・齊默曼、史蒂芬・赫南德茲、威平・戴克、艾莉森・侯爾澤、蜜雪・盧戈、黛娜・西蒙斯、丹妮卡・凱利、克勞蒂雅・桑提—費南德茲、溫蒂・巴隆、吉姆・哈根、妮姬・艾伯斯東、密德蘭・凱非、克雷格・巴萊、潔西卡・霍夫曼、賽斯・華勒斯、葛蕾絲・凱羅爾、米菈・華特斯、伊麗莎白・歐布萊恩、丹・寇德羅、莉莎・弗林、艾瑞克・葛瑞格里，和蘿拉・寇曲，以及蘇珊・里弗斯。特別感謝親愛的同事兼摯友安卓・瑞曲納和瑪莉雅・科蘭基，你們多年來串起了研究的重點。謝謝親愛的蘿拉・艾徒索與安卓・波特羅，這兩位親愛的朋友將我們的成果帶往義大利。

非常感謝凱蒂・奧蘭斯汀還有二〇一四年的耶魯公眾之聲團隊（Yale Public Voices Fellowship Cohort）給我機會，讓我學著如何將重要的觀念帶出諮詢室與學院殿堂，呈現在大眾眼前。

斯密洛腫瘤醫院（Smilow Cancer Hospital）以及耶魯紐哈芬醫院（Yale New Haven Hospital）的同事們，謝謝你們的遠見，你們看見善意溝通的重要性，也認為善意溝通將大幅影響人類的福祉，尤其是凱西・萊昂斯、羅伊・赫斯特、凱瑟琳・摩斯曼、斯密洛8的護理師、醫事技術員與腫瘤科的醫師們。我也要感謝道恩・凱皮諾與菲利普・葛洛弗。

非常感謝這段時間裡與我一同在Facebook共事的工作夥伴及友人，我們一起將情緒商數與善意同理帶進電子世界，特別是：阿圖羅・巴賈、傑米・洛克伍德、妮基・史坦畢利、凱莉・溫特斯、愛蜜莉・瓦洽，和安蒂岡・大維斯。以及更大善舉（Greater Good）的德莎・凱特納與艾米莉亞納・西蒙・湯瑪斯。

非常感謝星辰元素（Star Factor）的每位教練，你們本著奉獻與啟發的想法改變了教區和校園，我要特別點名朵洛芮絲・艾斯皮多，她把這些成果帶到紐約市。當然還要謝謝我親愛的朋友：珍娜・帕提，妳總能讓我們的願景不僅僅閃閃發亮。

謝謝重生計畫（Project Rebirth）中的每位成員，尤其是布萊恩和海倫・萊弗利、吉姆・威特克，和捷克・德哥亞，還有我既有同情心又雄辯滔滔的共同作者蔻特尼・馬丁。以及對我們敞開胸懷，分享故事的每個人，我要向你們致上最大的謝意。

感謝內在韌性（Inner Resilience）的教練們，多年來你們滋養了我們的內在：卡蜜拉・畢罕、琳恩・赫德・普萊斯、瑪莎・艾迪，當然還有我的良師益友琳達・蘭蒂艾里，你們以自身的願景創造這個團體，並且療癒了數以千計的人。

感謝克雷格・理查把我當作自己的願景，謝謝妮可・林普洛普羅斯和布萊恩・伯金斯，還有夏日教會學院的每個夥伴，特別感謝我的美妙女人週五夜夥伴：道恩・迪寇斯塔、艾菲・萊納、凱莉・萊儂、莎拉・薛曼和艾胥娜・巴茲。

因為法蘭克而得到這麼多美妙的朋友與家人（表親、阿姨及叔叔們），我心裡十分感激，感謝蜜兒與阿路・米勒，麗莎與比爾・萊希、瑪麗和約翰・德魯伊、周露妍和瑞秋、塔克・哈丁、西碧兒・高登和奇普・懷特、凱文・格里分、蒂兒・法蘭克福、彼得・奧歐、茱兒諾・達維斯。特別感謝泰瑞莎・岡薩雷斯，當然還有我們的家人：尼可・莫瑞提、安東尼奧・莫瑞提，還有琪琪・瓦里亞。

感謝我數位多年好友，由於我們充滿意義且深刻的對話，我才能對自我探索與相關的互動有更深入的了解：珍・羅森堡、瓊安・芬克斯坦、珍娜・帕提、琳達・藍提爾利、貝蘿・史奈德・托斯特、瑪德琳・伯萊、蘇西・伊普斯坦、羅伯・博斯坦、肯尼・貝克、多娜・克萊因、瑪莉琳・高斯坦、茱莉・艾貝拉、雪菈・卡茲、雪菈・恩尼區、崔普與帕蒂・伊凡斯、羅伯・薛曼、潘蜜拉・卡特、葉爾・汪達、伊蘭娜・羅伯茲、裘莉・羅伯茲、朱利安・以薩克、吉姆・費弗、比爾・齊托、史戴芬・魯汀、蘇珊・柯林斯，和安迪・凱波羅。還有跟我聊了一輩子的表兄弟姊妹們：已故的夢娜・馮・克里夫、謝莉兒・費勒、蕾絲莉・史波恩，和泰瑞・亞歌達。

感謝我有這麼多同事認為世界是個如此美好的所在：你們每天都鼓舞了我，尤其是危機短訊熱線（Crisis Text Line）的南希・露比林、我先開始（I'll Go First）的潔西卡・明哈斯、平等思考（Think Equal）的雷斯利・伍德溫、傑利珍娛樂公司的丹妮絲・丹尼爾、她慧（HerWisdom）的娜歐蜜・凱茲，以及無瑕基金會（Flawless Foundation）的珍奈・法蘭柯林。

我要對所有的患者與學生致上深深謝意，感謝你們跟我分享自己的想法與感受、夢想與挑戰，你們全都是我最重要的老師。

誠摯感謝賴瑞・赫希和博蒂・貝格曼對我家人的良好照顧。感謝各地CURE醫療院所，特別是蘇珊・考夫曼和麗莎・西格。我也非常感謝恩利克・米歇爾。

謝謝我的好父母：蘿茲和戴夫・史騰，他們愛護我、養大我、相信我，也支持我，知道有那麼多人閱讀這本書之後獲得了幫助，他們一定會很開心。給我已故的丈夫法蘭克：謝謝你充滿熱情地陪伴我，在我寫作的過程中支持我……還有其他所有的一切。

當然了，最深的謝意永遠獻給我深愛又充滿樂趣的家人：艾瑞克、賈桂琳、蓮娜和麗莎。還有特別特別謝謝我的孩子。史考特和梅莉莎，你們每天都點亮了我的生命。

本書所述之觀念與技巧，並無意圖替代心理健康領域的專業人士所執行之諮商或療程。若任何人於閱讀本書後，按照書中資訊進行任何療程、採取任何行動，或者施用任何藥品、草藥與製劑，針對其可能產生之後果，本出版商及作者不承擔任何責任。為保護相關人員的隱私，本書中的姓名以及任何可供辨識的資訊皆已經過改寫。

國家圖書館出版品預行編目資料

我以為都是我的錯：那些在親密關係中無所不在的情感操縱 / 羅蘋．史騰 (Robin Stern) 著；馬新嵐 譯.
-- 初版. -- 臺北市：平安文化, 2018.09
面； 公分. -- (平安叢書；第607種)(Upward；92)
譯自：The Gaslight Effect: How to Spot and Survive the Hidden Manipulation Others Use to Control Your Life
ISBN 978-986-96782-2-3(平裝)

1.人際關係

177.3 107013865

平安叢書第0607種
UPWARD 092

我以為都是我的錯

那些在親密關係中無所不在的情感操縱

The Gaslight Effect: How to Spot and Survive the Hidden Manipulation Others Use to Control Your Life

作　　者—羅蘋．史騰 博士
譯　　者—馬新嵐
發 行 人—平雲
出版發行—平安文化有限公司
台北市敦化北路120巷50號
電話◎02-27168888
郵撥帳號◎18420815號
皇冠出版社(香港)有限公司
香港上環文咸東街50號寶恒商業中心
23樓2301-3室
電話◎2529-1778　傳真◎2527-0904
總 編 輯—龔橞甄
責任編輯—楊惟婷
美術設計—王瓊瑤
著作完成日期—2007年、2018年
初版一刷日期—2018年9月

法律顧問—王惠光律師

讀者服務傳真專線◎02-27150507
電腦編號◎425092
ISBN◎978-986-96782-2-3
Printed in Taiwan
本書定價◎新台幣380元/港幣127元